U0737870

杨钟健
画传

地质古生物学大师山河为证的石语人生

[美] 于小波　陈平富　任葆薏　编著

中国科学技术出版社
·北　京·

图书在版编目（CIP）数据

杨钟健画传 /（美）于小波，陈平富，任葆薏编著
.-- 北京：中国科学技术出版社，2024.6
ISBN 978-7-5236-0703-9

Ⅰ.①杨… Ⅱ.①于… ②陈… ③任… Ⅲ.①杨钟健（1897—1979）—传记—画册 Ⅳ.① K826.15-64

中国国家版本馆 CIP 数据核字（2024）第 090126 号

策划编辑	邓涵文
责任编辑	张敬一
封面设计	末末美书
正文设计	中文天地
责任校对	吕传新
责任印制	马宇晨

出　　版	中国科学技术出版社
发　　行	中国科学技术出版社有限公司
地　　址	北京市海淀区中关村南大街 16 号
邮　　编	100081
发行电话	010-62173865
传　　真	010-62173081
网　　址	http://www.cspbooks.com.cn

开　　本	710mm × 1000mm　1/16
字　　数	280 千字
印　　张	20.5
版　　次	2024 年 6 月第 1 版
印　　次	2024 年 6 月第 1 次印刷
印　　刷	河北鑫玉鸿程印刷有限公司
书　　号	ISBN 978-7-5236-0703-9 / K · 392
定　　价	298.00 元

谨以本书纪念

中国科学院古脊椎动物与古人类研究所

成立 95 周年

代　序

杨钟健先生是五四运动的积极参加者，是享誉世界的古生物学家和地质学家，是中国古脊椎动物学的开拓者和奠基人，也是中国科学院古脊椎动物与古人类研究所的创始人。

他经历了我国历史上从封建主义到社会主义的重大变革的各个时期，为了探寻史前生物演化变迁的历史，杨钟健先生生前野外考察与参观访问的足迹，几乎遍及祖国的山山水水，以及亚洲、欧洲、北美洲和非洲的许多国家，留下了大量珍贵的图文记录，蕴含特有的历史印记与文化脉搏，他走过的辉煌而又艰辛的历程，与中国探求现代化的漫长之路遥相呼应。

《杨钟健画传》将杨钟健先生奉献社会、开创我国地质古生物学和古脊椎动物学研究的丰功伟绩，生动具体地呈现在读者面前，还原了一个既有历史深度又温暖、亲切、立体的科学家形象，在新时代、新征程上具有特别的现实意义，激励广大读者将个人理想融入国家发展需求，争做助力建设科技强国、实现高水平科技自立自强的追梦人。

杨钟健先生于 1897 年 6 月 1 日诞生在陕西华县龙潭堡一个著名教育家家庭，1923 年毕业于北京大学地质系，1927 年获德国慕尼黑大学博士学位，曾任北京大学、北京师范大学、重庆大学教授，西北大学校长。

1948年，杨钟健先生当选为中央研究院院士，历任中国科学院古脊椎动物研究室主任、中国科学院古脊椎动物与古人类研究所所长。杨钟健先生还曾于1950年5月出任中国科学院编译局局长，1952年被中国科学院评为一级研究员，1955年被聘为中国科学院学部委员（院士）。1956年，杨钟健先生加入中国共产党，1959年起任北京自然博物馆馆长。杨钟健先生还曾任第一至第五届全国人民代表大会代表、九三学社中央常务委员。

杨钟健先生1927年发表的博士论文《中国北部之啮齿动物化石》（德文）是中国学者的第一部古脊椎动物学专著，开创了中国学者对古哺乳动物化石研究的新时代，标志着中国古脊椎动物学的诞生。

在此后的20多年中，杨钟健先生几乎研究了我国当时所有能够发现的各类哺乳动物化石及似哺乳爬行动物"卞氏兽"，发现和记述了山旺动物群、静乐动物群和化石异常丰富的榆社盆地，为新近纪哺乳动物群的研究打下了坚实的基础。他对周口店"北京人"遗址哺乳动物化石的研究大大地丰富了我国中更新世哺乳动物群的组成。杨钟健和周明镇领导与主持的为期10年的大规模"华南红层"考察，获得了大量稀有的古新世哺乳动物化石，成为我国古生物学领域在20世纪70年代的一大成果，得到国际古生物学界极大关注和高度评价。

杨钟健先生是我国晚新生代陆相地层研究的推动者。杨钟健和德日进经过长期的考察，对华北以黄土为主的各种"土状堆积"及河湖相沉积物，进行了较详细的划分和对比，确立了中国北方黄土地层的大致分布范围、特征演变及与古气候和地壳运动的关系，为黄土风成说提供了可靠的证据，也为中国第四纪地层的研究奠定了坚实的基础。他的见解与结论，对我国晚新生代地层和古生物学的研究起了推动作用。

杨钟健先生是我国爬行动物化石研究的开创者。1938年，杨钟健发现了以许氏禄丰龙为代表的爬行动物群，证明过去一直被认为是第三纪的红砂岩中有很大的一部分应该是中生代的地层。此后10多年，杨钟健研究发表20余篇论文和3部专著，描述了这个动物群中包括假鳄类、原鳄类、副鳄类、虚骨龙类、肉食龙类、原蜥脚类、似哺乳爬行类及原始哺乳类等共计20余个新种。其中1941年发表的《许氏禄丰龙》是中国学者研究恐龙的第一部专著，装架后栩栩如生的许氏禄丰龙是中国第一具保存完整的恐龙标本。20世纪50年代，新的脊椎动物化石地点不断被发现，其中恐龙化石的发现尤其引人注目，如山东莱阳棘鼻青岛龙（1951年）、四川合川马门溪龙（1957年）、贵州兴义胡氏贵州龙等新地点、新层位和新门类的发现等。杨钟健及时组织了对这些爬行动物化石地点的大规模发掘，此后又有计划地组织开展了更大规模的考察和发掘，发表大量科学论文和多部专著。

杨钟健先生笔耕不辍，生前发表的学术性文章达500多篇，其中包括20余部专著论文及科普文集。杨钟健先生喜爱文学，出版游记和散文集《去国的悲哀》《西北的剖面》《剖面的剖面》《抗战中看河山》《新眼界》《国外印象记》《访苏二月记》等，他一生还写下了2000多首诗歌，2019年已收录在《杨钟健诗文选集》中出版，深受广大读者喜爱。杨钟健先生热心科学组织规划和科学普及工作，是我国地学和自然学科初创阶段的重要推动者之一。

在杨钟健先生开创与培育下的古脊椎动物与古人类研究所现已经成长为成果辉煌、国际一流的研究机构之一，新一代古脊椎所人延续了前辈科学家的优良传统，面向国际前沿他们站在巨人的肩膀上，借助改革开放带来的国富民强的历史机遇，用一项项重大发现，创造了一个个自然科学传奇，为中国和世界积累了一大批宝贵的科学和文化财富。

2024年是古脊椎动物与古人类研究所建所95周年，《杨钟健画传》与读者见面了，在我们隆重纪念、缅怀中国古脊椎动物学奠基人、著名地质古生物学家杨钟健院士之际，我相信杨钟健先生追求真理、追求科学、自强不息、刻苦钻研的治学精神将永远值得我们倍加珍惜和发扬光大，也必将激励新一代科技工作者接续奋斗，继承和弘扬好老一辈科学家与祖国同呼吸、共命运的家国情怀及潜心研究、献身科学的奉献精神，坚定理想信念，增强科技强国的使命感和责任感，用实际行动践行、丰富和发扬新时代科学家精神，为中华民族的繁荣富强和伟大复兴再建丰功伟绩。

周忠和

2024 年 3 月 20 日

前　言

每个人都有过童年的记忆，少年的向往，和青春的抱负。但是，很少有人像这部画传的主人公杨钟健院士那样，将自己一生的奋斗经历，保存在如此众多、如此精彩的照片、日记、书信与著述之中，为自己在20世纪历史变局中走过的人生道路，留下如此清晰可寻的印记。

杨钟健院士（1897—1979），字克强，陕西华县人，著名地质古生物学大师、中国古脊椎动物学的奠基人。1923年毕业于北京大学地质系，1927年获德国慕尼黑大学博士学位，1948年当选为中央研究院院士，1955年选聘为中国科学院学部委员（院士）。杨钟健院士是中国科学院古脊椎动物与古人类研究所的创始人和第一任所长，也是知名的博物馆学家和社会活动家。他以大师的毅力与远见，在逆境中图发展，使中国古脊椎动物与古人类学的研究，从无到有，发展壮大。他又以大师的风范与胸怀，对同仁、后辈谆谆善诱，坦诚相待。古生物学界上下、研究所内外，人们都亲切地称他“杨老”。

古生物学是生物学和地质学的交叉科学，研究地质时代中的生物及其发展的历史。不同时代的地层含有不同的古生物化石组合，蕴藏着丰富的地球历史信息和生命演化信息。古生物化石是地球历史的见证，是研究生物起源和进化、研究地层演化历史的科学依据。古脊椎动物学研究各类脊椎动物化石及其与地球发展历史的关系。古脊椎动物学研究的

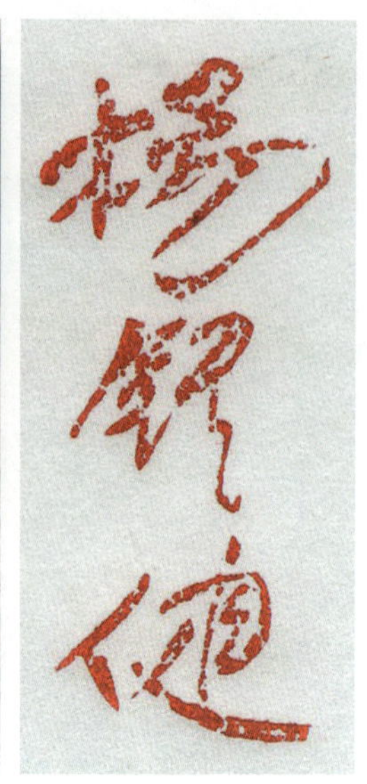

▲ 杨钟健院士（1897—1979）1975 年 9 月 25 日在自贡恐龙发掘现场。（油画绘制：饶定培）

门类包括无颌类、鱼类、两栖类、爬行类、鸟类和哺乳类等。由于人类也属于脊椎动物，所以研究古人类演化的古人类学，是人类学和古脊椎动物学的交叉学科。

作为一位地质学家和古生物学家，杨老在从事古生物地层研究的半个多世纪中，开辟了中国地质学与古脊椎动物学的许多新领域。在漫长的地质旅行和野外探古生涯中，杨老时常冒着酷暑烈日或刺骨严寒，在荒芜的戈壁滩上、在人烟稀少的穷乡僻壤中，跋山涉水，进行考察和发掘。他用双脚踏遍中国大地的山山水水，用双手触摸中国大地的一石一土。他把对中国大地的钟爱变成探索地球与生命历史的科学过程。在几十年的古脊椎动物学研究中，杨老笔耕不辍，发奋著述，共发表了 473 篇学术论文、21 部专著，还出版了 7 部游记。他一生研究、记述的恐龙、哺乳动物等古脊椎动物化石类型，总计 200 多个种、属，包括周口店的肿骨鹿、新疆的天山龙、云南的禄丰龙和卞氏兽、四川的马门溪龙、山东的青岛龙等。

杨老用他崇高的学术造诣和毕生的奉献精神，为“科学救国、科学报国”的初衷做了最感人、最具体的诠释。他走过的辉煌而又艰辛的历程，与中国探求现代化的漫长之路遥相呼应。和 20 世纪早期成长的其他著名科学家相比，杨钟健院士有着更为独特的社会经历。他在不同历史时期结识的中外名人，遍布政界、学界的各个领域。他不仅是一位伟大的科学家，更是 20 世纪早期有志青年追求真理、奋进报国的典范。杨老在五四运动时期投身社会变革的热血豪情，与他后来奉献科学的毕生执着相映生辉。

杨老在国际古生物学界享有盛誉。著名的伦敦自然历史博物馆，将杨老这张 20 世纪 60 年代的工作照，连同他研究命名的四川马门溪龙骨架照片，永久展示在恐龙展厅中，以表彰他对中国和世界古生物学的卓越贡献。杨钟健院士是享此殊荣的唯一亚洲学者。

▲ 杨钟健院士 20 世纪 60 年代的工作照。

杨老是怎样刻苦求学、实现少年理想，成为中国古脊椎动物化石研究第一人的呢？他又是怎样毕生执着、推动中国古脊椎动物学从无到有、发展壮大的呢？

本书将分章讲述杨老是怎样在逆境中图发展、实现少年理想、成为科学大师的真实故事。杨老毕生积累、保存的大量照片、日记、书信和著述，是了解中国现代科学发展史的珍贵遗产。本书以杨老遗存的照片、日记、书信与著述为主线，用图文并茂的方式，试图把杨老一生走过的道路，置于20世纪中国重大历史变革的框架之中，让读者能贴近历史、了解杨老独特的人生经历和亲身感受。

杨老从少儿到中学的启蒙时期，是在陕西华县的故乡和西安度过的。杨老从少年时期开始，就习惯以日记的形式记录自己的观感，并将日记、作文等装订成册，悉心保存。

1914年，他在中学时期的暑假日记中，写下自己的少年向往：

> 昨晚做梦，我为博士。我游广世界，我顶天立地，我干旋乾坤……

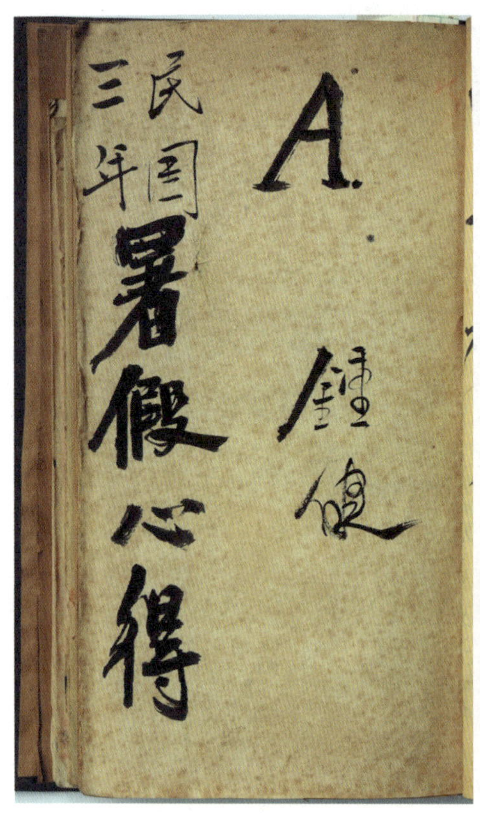

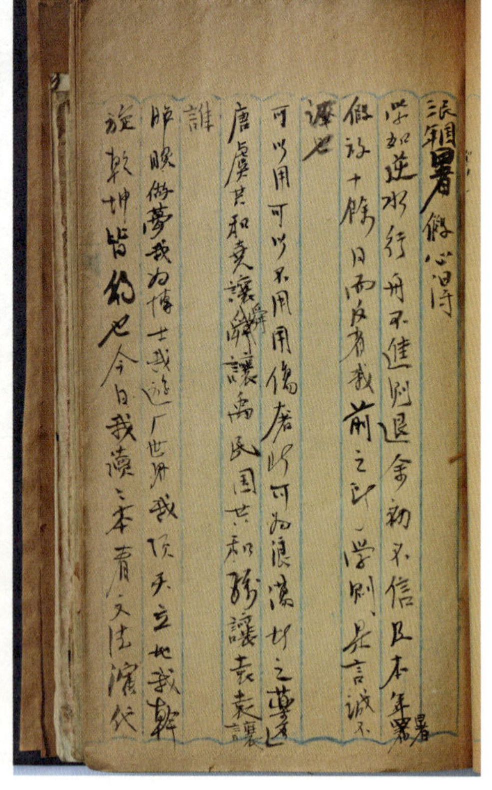

▲ 1914年，杨钟健中学时期的暑假日记。

1917年，20岁的杨老到北京求学，考上北京大学的预科班。杨老在北大求学时，正值五四运动和新文化运动蓬勃兴起。他满怀忧国之情和改造社会的热望，积极组织并领导陕西旅京学生联合会、共进社等进步团体，投身五四运动前后的各种活动。他还在当时影响最大的青年精英社团少年中国学会中担任过执行部主任。在此期间，他跟中国近代史上的很多重要人物有过交往，包括李大钊、邓中夏、毛泽东、恽代英、刘仁静、王光祈等。杨老还通过少年中国学会结识了后来成为著名科学家、教育家、哲学家、文学家和艺术家的各界精英。这一时期，杨老还创建了中国第一个地质学的学术团体北京大学地质研究会。他确定了自己投身地质、科学报国的道路选择。

20世纪20年代中期，杨老在德国慕尼黑大学攻读古生物学博士学位，此时他已立志毕生从事科学研究工作。20年代末，杨老获得古脊椎动物学领域授予中国学者的第一个博士学位后，回国在地质调查所任职。1929年12月，在他主持周口店化石发掘期间，年轻的古人类学家裴文中发现了震惊世界的第一个“北京人”头盖骨。随后，杨老又作为中方人员参加“中美科学考察团”“中法科学考察团”，赴内蒙古、新疆等地考察。他对研究华北新生代地层，特别是研究周口店“北京人”遗址的年代及“北京人”共生动物群的性质，作出了独特的贡献。1929年，著名法国地质古生物学家德日进（Pierre Teilhard de Chardin，1881—1955）写道：“裴文中先生是一位出类拔

▲ 20世纪30年代初，杨钟健（左）和发现周口店第一个“北京人”头盖骨的古人类学家裴文中（右）在野外合影。

萃的野外工作人员；杨钟健是第一流的研究人员，在野外工作方面亦是如此。”1937 年，杨老获得中国古生物学界的最高学术奖“葛利普金质奖章”。

从 20 世纪 30 年代中期到 40 年代末，杨老先后担任中央地质调查所北平分所所长、地质调查所昆明办事处主任、新生代研究室名誉主任、西北大学校长等职务。他的研究重点也逐步从古哺乳动物化石转到恐龙等古爬行动物化石。在抗日战争的艰苦环境下，他先后赴四川、甘肃、新疆和云南等地考察，在西南后方坚持古脊椎动物学研究。1938—1939 年，他和卞美年、王存义等人在云南禄丰发现大批脊椎动物化石，其中包括他于 1941 年研究命名的“许氏禄丰龙”。这是中国第一只保存完整的恐龙标本，装架后栩栩如生，被誉为“中国第一龙”。通过对禄丰蜥龙化石动物群中“许氏禄丰龙”“卞氏兽”等不同类群的研究，杨老成为当时国际上最活跃、最有成就的一位古脊椎动物学家。

杨老在 1948 年当选中央研究院院士，成为当时中国地质学界仅有的 6 位院士之一，获得民国时期学术界的最高荣誉。此时，他求学、考察的足迹，已经遍及祖国的山山水水，遍及欧亚、北美的城乡各地。此时，他的名字，已经和周口店“北京人”、云南“许氏禄丰龙”和似哺乳爬行动物“卞氏兽”等重大科学发现紧密相连，在世界古生物学界家喻户晓。此时，他实现了“游广世界”“顶天立地”的少年梦想。

从 20 世纪 50 年代初至 70 年代末，杨老历任中国科学院编译局局长、中国科学院古脊椎动物与古人类研究所所长、北京自然博物馆馆长等职务。他的研究对象涉及古生物学的众多领域，从山东青岛龙和鹦鹉嘴龙到四川马门溪龙，从水生和飞行爬行类到二叠纪陆生脊椎动物群，从山西三叠纪爬行动物群到“华南红层”哺乳动物群，数不胜数。在“文化大革命”的逆境中，杨老在被“批斗”之余，仍顽强地坚持科学研究的写作。20 世纪 70 年代末期，他又以“八十不老”的精神，再登庐山，探究第四纪冰川的奥秘。杨老不仅是誉满学界的科学家，更是杰出的科学组织者和社会活动家。他多次规划、领导大型古生物与古人类化石的发掘、考察项目。他极力推动科学出版事业和自然博物馆事业的发展。在困难的条件下，他坚持开展国际学术交流，为中国古脊椎动物和古人类学跻身国际古生物学研究的前列，奠定了坚实的基础。

▲ 1972 年，杨钟健在古脊椎所的办公室研究新疆吐鲁番盆地化石。

无论是在无垠荒野中发掘考察，还是在狭小房间内著书立说，杨老总是分秒必争，工作不息。他一生发表的科学论文、教科书、译文、科普作品、时论、游记等各种著述，共有 674 篇（部），其中包括学术著作 500 余篇。更为宝贵的是，他为中国培养了一支杰出的古脊椎动物与古人类学研究队伍。他亲手创建和领导的中国科学院古脊椎动物与古人类研究所（以下简称“古脊椎所”），是中国唯一专门从事古脊椎动物学、古人类学和相关生物地层学研究的学术机构，在当今世界古生物学研究机构中以卓越超群的科研成果为世人瞩目。

中国古脊椎动物学与古人类学的发展史，凝聚着杨老及所有老一代科学家的传奇与心血。杨老等科学前辈用行动写下的历史篇章，是他们为中国、为科学、为后代留下的历史宝藏。

杨老德高望重，在正式场合常被称为“杨钟健院士”“杨钟健教授”或“杨钟健先生”。作者在以下的章节中，为了行文方便，一般省去头衔或敬称，交替使用“杨老”和“杨钟健”这两个称呼。

编写本书的初衷，是要向读者、向后人、向有志从事科学研究的年轻人，真实地呈现杨老在逆境中推动中国古脊椎动物学从无到有、发展壮大的历史进程，呈现杨老皓首穷经、执着追梦而又胸襟坦诚的大师精神，呈现杨老忧国忧民、弘扬科学的心路历程。作者期盼，读者能通过本书，了解杨老饱经沧桑的独特阅历，了解杨老对人情世态、时局变迁的内心情感，借以缅怀杨老毕生推动中国古脊椎动物学发展的传奇业绩。作者也期盼，不同领域的读者，能够通过杨老毕生奋斗的故事，对古脊椎动物与古人类学和地质古生物学有所了解。作者更期盼，读者中的年轻朋友，能通过本书，聆听历史的呼声，感受老一代科学前辈们彼时彼处的志向与情怀。

目　录

第一章　家庭与启蒙时期（1897—1916年）

1897年6月1日（光绪二十三年五月初二），杨钟健出生于陕西华县龙潭堡村的一个耕读之家。华县在历史上曾被称为华州或咸林。华县位于渭河南岸、秦岭东部的少华山下，西离古都西安有70多千米。龙潭堡村坐落在秦岭北麓的潭峪口，离华县县城3千米远。2015年后，华县改为渭南市华州区。

家庭的熏陶、时代的风云，影响了杨钟健一生的发展道路。

▲ 杨钟健在20世纪50年代重返故乡时拍摄的“龙潭”木牌。这个有几十年历史的木牌，曾长期挂在通往龙潭堡村的路口。

▲ 华县龙潭堡村内的杨氏旧宅。

1. 家庭熏陶

杨钟健出生之前，清政府刚刚在中日甲午战争中战败，各国列强进一步蚕食中国，朝廷内外要求变法革新的呼声日益高涨。在他出生的第二年，康有为、梁启超等人试图通过光绪皇帝实施变法，以扭转晚清时期中国日益衰落的困境。但是，历时103天的戊戌变法以失败告终，光绪皇帝被慈禧太后囚禁，康有为和梁启超逃往国外，谭嗣同等“戊戌六君子”惨遭杀害。

杨钟健的父亲杨鹤年（字松轩，1872—1928）先生，是著名的陕西教育改革先驱。1893年，杨父在21岁时，以“通场压卷”的成绩，考取清代秀才中的“廪生”资格。在科举制度下，只有考试成绩一等者才能获得廪生资格。廪生可以从朝廷领取廪米津贴，在地方上享有相当高的地位。杨父随后到泾阳县的味经书院游学，师从清末著名的思想家、教育家、陕西维新派领袖刘光贲（号古愚，1843—1903）先生。味经书院以讲时务、重西学著称，而刘古愚则因主张维新变法、倡导西学，与康有为齐名，号称“南康北刘”。和杨钟健的父亲一样，不少刘古愚先生的及门弟子，成为辛亥革命和民国时期的陕籍知名人士，其中包括民国元老、检察院院长于右任，同盟会陕西分会会长、陕西省教育厅长郭希仁，水利专家李仪祉和《大公报》主编张季鸾，等等。

杨钟健的母亲王太夫人（1874—1961），一生勤苦节俭、助夫教子。

杨钟健的父亲杨松轩深受刘古愚革新思想的影响，立志育才救国、

▲ 杨松轩先生遗照。这是 1923 年杨父在上海送杨钟健赴德留学时的照片。

先慈王太夫人逝世三周年纪念
1874.3.29.—1961.7.2.
心中儿女手中针，黄土游踪故土身。
八十八年一梦往，千秋母爱付儿孙。
杨钟健谨志。

▲ 杨钟健母亲王太夫人 1929 年在新皮库胡同家中。1964 年，在母亲逝世 3 周年时，杨钟健在这张照片上题字，以示思念。他写道：“心中儿女手中针，黄土游踪故土身。八十八年一梦往，千秋母爱付儿孙。”

献身教育。在味经书院游学时，杨父和友人顾熠山、郑云章等组织了“友仁学会”，宣传革新思想，反对八股文等迂腐传统的束缚。后来杨父又创办“集义书社”，成立“天足振学会”，提倡“戒缠足，兴女学”，鼓励妇女解放，开设模范女校。杨钟健回忆道：“父亲平日留心新出版物之阅读，其思想之进步，非一般人所能望其项背。”

杨钟健的父亲积极推动家乡和全省的社会活动和教育事业。1909 年，杨父在华县加入了孙中山、宋教仁、黄兴等反清志士领导的中国同盟会。辛亥革命爆发后，同盟会在华州成立分支部。杨父主持分支部的活动，并为赴前线抵御清兵的革命军筹措粮饷。1912 年，杨父曾短期出任陕西军政府的教育司次长。1913 年至 1918 年，杨父当选陕西省议会议员，后期又当选省议会副议长。1919 年，杨父离开省议会，返回家乡倾心发展教育事业，他创建了华县私立咸林中学，并任校董会董正。

杨松轩先生呕心沥血致力教育，不幸于 1928 年底，病逝于他亲手创办的咸林中学。北京大学校长、中央研究院院长蔡元培先生撰写《杨

▲ 杨松轩先生的墓园坐落在离龙潭堡村不远的半山腰上。墓园中的墓碑在松柏绿荫中庄严肃穆，供世人敬仰。“松轩墓”为著名书法家启功所题。

松轩君家传》，称赞他“以教育事业终其身，如君者洵无间然焉”。南开大学创办人、中国著名教育家张伯苓先生高度评价杨松轩矢志教育的执着精神和他在西北教育界的重要地位。张伯苓写道：“先生为人精明刚毅，守正不阿。数十年如一日，为学校而亡身……先生自谓‘视学校如家，爱学生如命’，诚非虚语……总观先生生平言行，实不愧为时代之先驱。其治事才干，尤为人所难能……先生之死在西北失一办理教育之领袖，在中国失一服务社会之人才，而在余则少一教育救国之同志矣！”

杨钟健出生时，父亲26岁，母亲24岁。家里还有继曾祖母、祖父母，以及父亲下面的二叔、叔母、三叔和四叔。杨钟健出生的次年，继曾祖母去世。杨钟健作为家中长孙，受到祖父母和所有家人的关心爱护。

杨钟健的祖父杨耀海（字增龙，1848—1922），一生农耕经营，并积攒钱物创办义学。他立下“十年读书之训”，令子孙必读十年书，如可造就，便再续学深造。杨钟健回忆道：“祖父是一位和蔼的老人。他日夕在家劳作，有时夜出，为竹园灌水，往来于谷道及堡巷之间，孤身赤足独行。每当农忙之时，祖父下地摘棉、晒杏干、收麦等工作，辛苦之极。”祖父“平生的嘉言懿行，一直为众人所称道”。

1922年，祖父杨耀海去世后，当时的继任民国大总统黎元洪赠予杨耀海老人“乡国垂型”的匾额，并颁发一等银质褒章，以表彰老人热心善举、捐资兴学等贡献。北京大学校长蔡元培为杨耀海老人撰写墓表，北京大学教授、新文化运动领袖李大钊为老人撰写墓铭。

杨钟健年幼时，父亲在外教学，家中主要的劳动全靠祖父母和母亲。当时家中有房舍六间、薄田十余亩和一头耕牛。祖母刘氏夫人是旧式家庭中的标准人物，勤纺织，严治家，节衣缩食。

杨钟健的二叔杨鹤守（字仲规，1879—1928），早年从商，后在家里襄助祖父母、务农供家。姑母早年跟诸叔一道读书识字，后来嫁到附

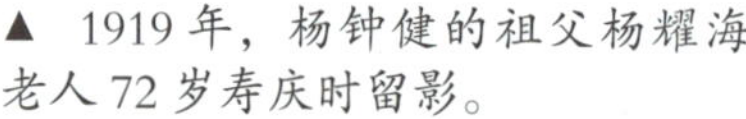

▲ 1919 年，杨钟健的祖父杨耀海老人 72 岁寿庆时留影。

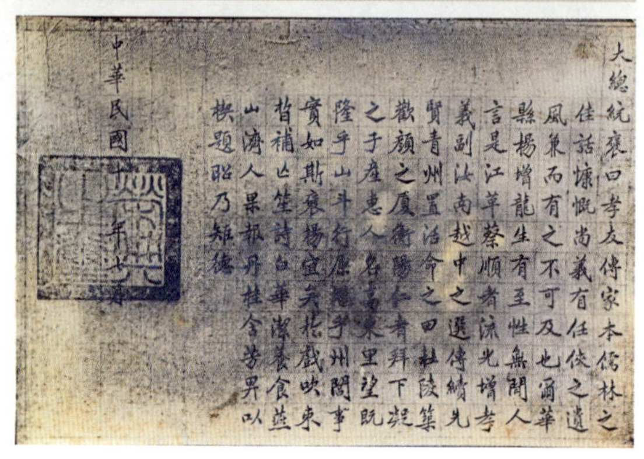

大總統褒曰孝友傳家本儒林之
佳話慷慨尚義有任俠之遺
風兼而有之不可及也爾華
縣楊增龍生有至性無間人
言是江華蔡順者流光增孝
義副汝南越中之選傳續先
賢青州置活命之田杜陵築
歡顏之廈衛陽人青拜下擬
之于産惠人名高東里望既
隆乎山斗行厚睦乎州閭事
實如斯褒揚宜矣花戲吹東
皙補亡笙詩白華潔養食蒸
山海人果報丹桂含芳畀以
楔題昭乃矩德
中華民國十一年七月

▲ 1922 年，时任民国大总统的黎元洪赠予杨耀海老人“乡国垂型”的匾额，并颁发银质褒章。

近耐村的段家。三叔杨鹤庆（字叔吉，1884—1966），早年赴上海、日本求学，成为同盟会会员。辛亥革命爆发后，他“未带一文，只包馒头数只”，离家赴西安支援起义队伍，在革命军的炸弹队中担任营长。辛亥革命后，三叔又返日学医。归国后曾任西安陆军医院院长、军医课课长、红十字会会长等职务。四叔杨鹤瑞（字季符，1892—1959），比杨钟健只大 5 岁。早年曾和杨钟健一道读书，辛亥革命时也醉心革命。后赴北京大学读工科矿冶系，曾在陕西省建设厅任职。

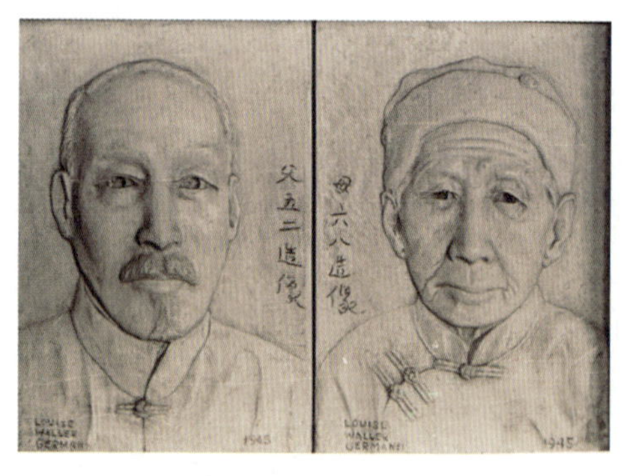

▲ 1945 年，纽约自然历史博物馆的艺术家杰曼夫妇为杨钟健父母特制的凸版肖像。

杨钟健一生铭记父母的养育之恩。1945 年，他受当时经济部资源委员会的派遣到欧美考察。在纽约自然历史博物馆研究、考察时，他特意请博物馆的艺术家兼好友杰曼夫妇为父母制作了举世无双的凸版肖像。杨钟健和杰曼夫妇等博物馆友人保持着终生的友谊。

2. 童蒙求学

1902 年，杨钟健的祖父和父亲等人，在龙潭堡村外的观音庙创立了“蒙养学堂”。按照清政府管学大臣颁布的“壬寅学制”，蒙学堂一般 4 年，随后依次是 3 年寻常小学堂、3 年高等小学堂、4 年中学堂、3 年高等学堂或大学预科、3 年大学堂。“蒙养学堂”是华县最早的新式学校，学生一改读经之习，用上海出版的文字课本读书识字。当时，科举制度尚未退场，八股文章仍未废止。在风气未开的西北乡间，蒙养学堂等新学校、新事物，受到各方保守势力的顽固抵制。父亲杨松轩不顾各种阻力，陆续在家乡创办小学、中学，开教育救国的一代新风。

1902 年，不满 5 周岁的杨钟健入蒙养学堂学习，成了学校里最小的学生。6 岁到 10 岁，他跟随在各地教学的父亲，陆续在甘露寺、雨金屯等地辗转学习，读完了蒙学堂和初等小学。1907 年，父亲和顾熠山、郑云章等友人发起组织了华州教育研究会，并在县城西南的大王庙成立教育会附设两等小学堂，包括初小和高小。杨钟健随父到校学习，成为高小一年级的学生。1908 年，教育会附小搬到华州县城内的少华书院旧址，成为后来私立咸林中学的前身。

1910 年冬，13 岁的杨钟健在教育会附小读完了高小课程。按照当时的体制，成绩在 80 分以上的仍然称为廪生，70 分以上的称为增生。在同班毕业的 13 人当中，杨钟健的年纪最小，但他却是增生中的第一名或第二名。1911 年春，他得到省提学使司（清代主管教育的省级官署）发下的高小毕业证书。在隆重的毕业典礼上，杨钟健身穿在省城西安定做的毕业服，聆听身为校长的父亲发表毕业训词。父亲告诉学生，在内忧外

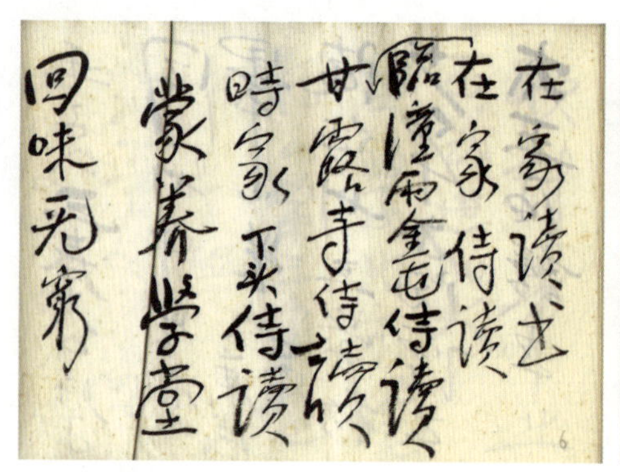

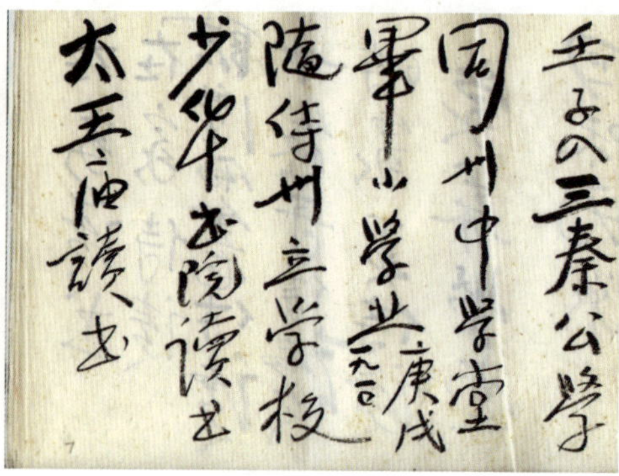

▲ 杨钟健晚年时抄录的早期教育经历。

患之际，“内政修，诸生蒙其福；外患烈，诸生受其祸”。父亲鼓励学生以国家、社会为己任，“将来无论内政如何敷衍，外患如何急迫，始终不失为吾国国民之资格”。

杨钟健高小毕业时，华县还没有一所自己的中学。1911 年暑假后，刚满 14 周岁的杨钟健独自离家，到华县 45 千米以外的大荔县同州中学堂学习，但他很快便辍学回家。10 月 10 日，武昌起义爆发。随后，辛亥革命运动的反清浪潮传到陕西，但运动打击的对象却在混乱中偏离本意。乡间保守势力乘机攻击一切新教育、新事物，将华县城内的新式学校和官府衙门一同捣毁。父亲创建的教育会附小也难逃财产受损、书籍失散的厄运。这段时间，杨钟健只得随父在家避乱自学。

辛亥革命拉开了中国从帝制走向共和的序幕。1912 年元旦，孙中山先生在南京就任中华民国临时大总统。1 月 22 日，孙中山声明表示，只要袁世凯促成皇帝退位并赞成共和，自己将让位袁世凯。2 月 12 日，垂帘听政的隆裕太后发布末代皇帝溥仪退位的诏书，正式结束了中国两千多年的皇权帝制。2 月 13 日，孙中山向临时参议院提出辞呈。但袁世凯拒绝定都南京，于 3 月 10 日在北京宣誓就任第二任临时大总统。变幻莫测的政局风云让华夏大地依然笼罩在内忧外患的阴影之中。

1912 年 3 月，陕西大局稍定。杨钟健的父亲因为多年致力教育而赢得了崇高的声望，被任命为陕西军政府教育司副司长。杨钟健随父赴西安，考入西安三秦公学新成立的留德预备班。父亲到西安履职后，因为不习惯官场作风，几个月内便辞去副司长的职务，返回华县，专心主持教育研究会附小的工作。杨钟健在暑假回家后，因志趣不合，没有再返回西安的留德预备班。他的志向是考入正式的中学班，按部就班地不断深造。

3. 少年养志

父亲和三叔等家人参与辛亥革命活动、热衷社会改造的言传身教，辛亥革命后蓬勃兴起的新思潮、新团体，都深深地影响着少年时期的杨钟健，在他心里点燃了关心国事、参与社会的强烈愿望。他在日记和作业中，时常表达对国家命运和前途的关注。

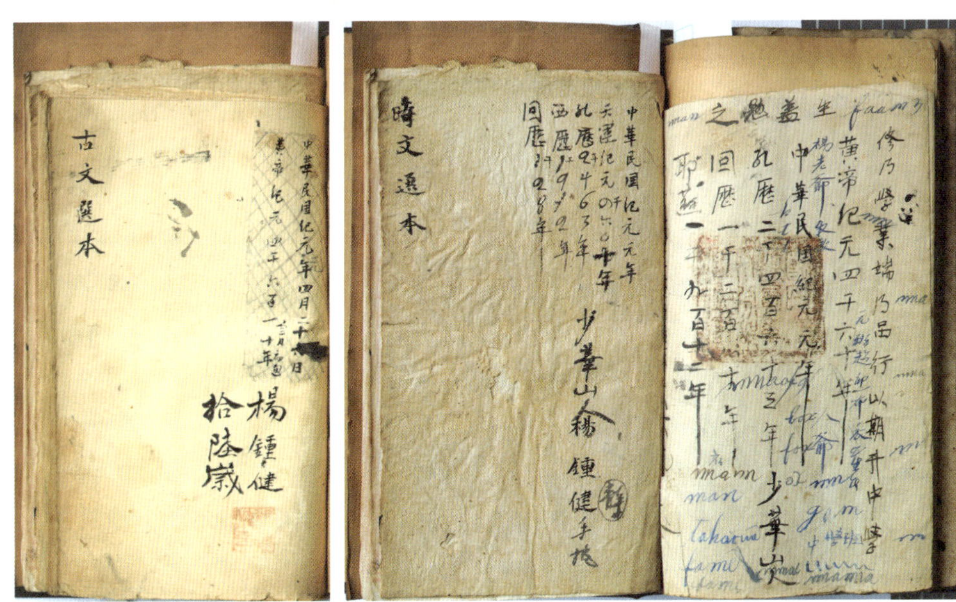

▲ 杨钟健1912年手抄的《古文选本》和《时文选本》。在《时文选本》中，他以“少华山人杨钟健”为署名，并在扉页右侧写道：“修乃学业，端乃品行，以期升中学。”

1912年，15岁的杨钟健在《时文抄本》中抄录了《论国家与人民之关系》一文。文章说：

既生中国之土，既为中国之民，当使我中国名声洋溢，当使我中国权威日振以称雄于地球……为国家计即为一身计耳。

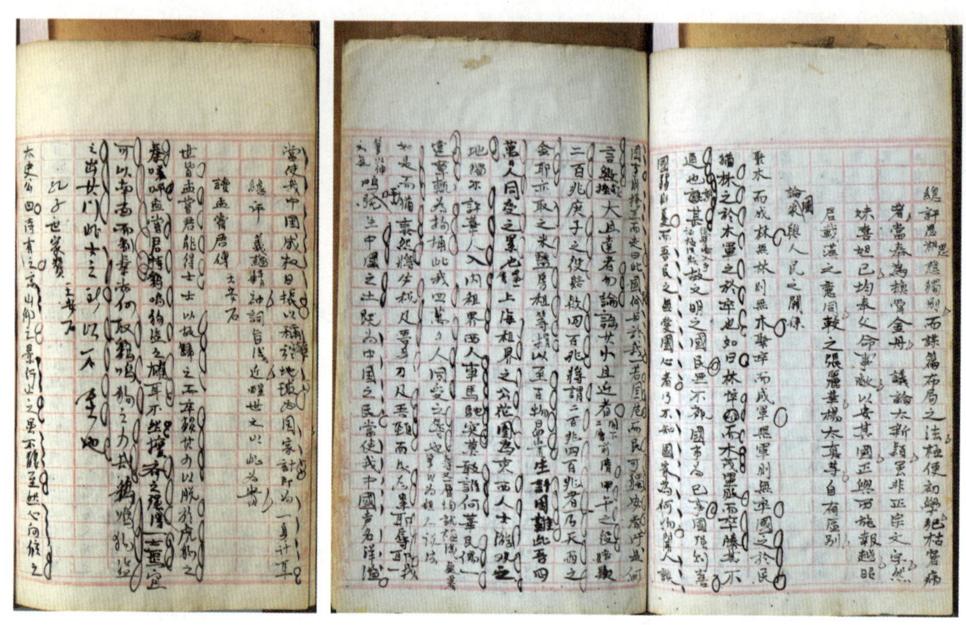

▲ 1912 年，杨钟健在《时文抄本》中抄录的《论国家与人民之关系》一文。

同年 12 月，他在自己的《进步日记》中，再次谈到国家命运。他说：

> 呜呼，小固不可以敌大，弱固不可以敌强。优胜劣败，天演之公例也。二十世纪之世界，强者存，弱者亡，一定不移之理也。故欲立国于今日之世界，必先求与人平等，共登舞台，不稍退步，否必招沦亡。然欲与人平等，尤必修己国之内乱。上下同心，以谋大局。

1913 年春，西安的三秦公学开始办中学班。不满 16 岁的杨钟健再赴西安，考入三秦公学的首届中学班，开始了离家过学生生活的人生阶段。此时，父亲又当选为陕西省议会的议员，时常到西安开会议事，父子二人得以不时见面。

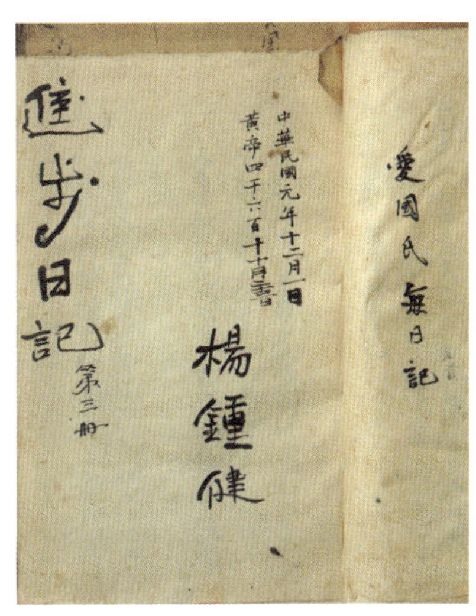

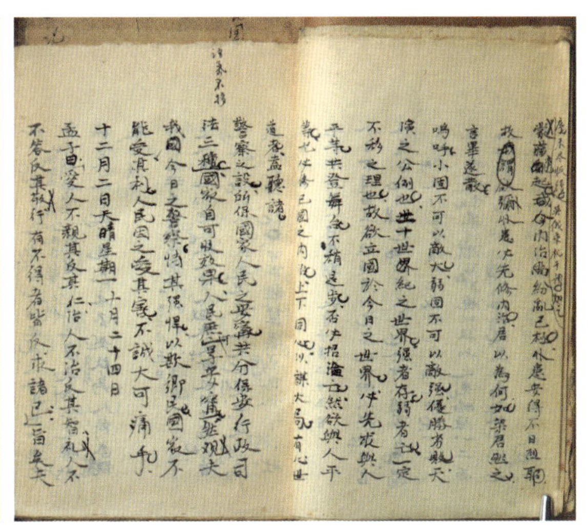

▲ 1912年12月，杨钟健在《进步日记》第三册中，写下自己对国家命运的看法。

三秦公学是由日本归来的陕籍革命党人创办的新式学校，当时在西安声誉最好。学校的很多教员都充满革命思想，提倡侧重理工、侧重实用的新式教育。教员中对杨钟健影响最深的是同盟会早期成员朱濋芳先生。他当时已经60多岁，极富革命思想，教国文、伦理、历史等。他曾为杨钟健的一篇作文写下这样的评语："健笔凌云，中学甲班，此为冠冕。"

1913年，早期国民党的领袖人物宋教仁遇刺身亡，孙中山发动了讨伐袁世凯的"二次革命"，但以失败告终。杨钟健回忆道：

> 辛亥革命对于我是一个很大的刺激，又因父亲及三叔均富有革命思想，我当然受到很大的影响。民元以后，孙文让位，一时报纸上的中心人物为孙、黄，孙为孙文，黄即黄兴。我那时不知为何对黄产生了无比的敬仰，遂自己以克强为字，表示崇敬。……我在中学、大学时期，对政治及社会活动很有兴趣，早年作品此类内容为多，也可以说受了黄兴的影响。

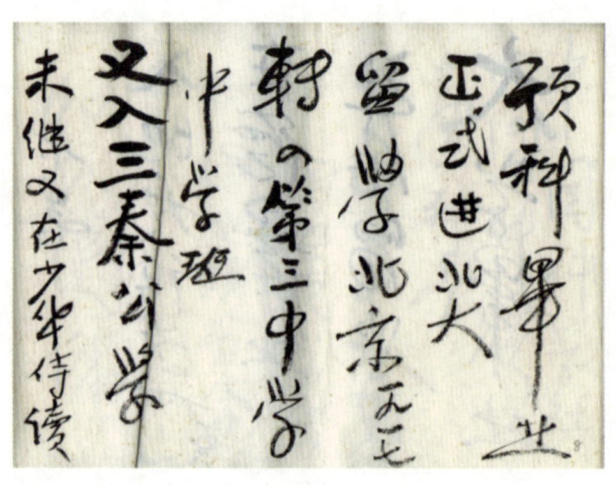

▲ 杨钟健晚年时抄录的部分教育经历（中学至大学）。

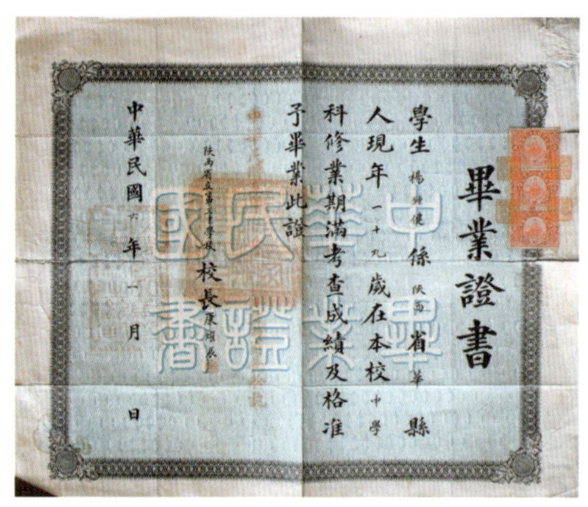

畢業證書

學生楊鍾健係陝西省華縣人現年一十九歲在本校中學科修業期滿考查成績及格准予畢業此證

陝西省立第三中學校校長

中華民國六年一月日

▲ 1917 年，杨钟健的中学毕业证书。

1915 年 2 月，三秦公学的中学班和西北大学的中学班合并，成立陕西省立第三中学。此时，杨钟健离中学毕业还有两年的时间。

1915 年春假时，在祖父母的关切催促下，将满 18 周岁的杨钟健和省立女子师范学校的学生刘望桂结婚。这桩婚事是双方家长在“天足振学会”成立时为他们幼年子女约定的，以履行“有子不娶缠足妇，幼女不许缠足”的会员约定。刘望桂的父亲刘经轩是杨钟健父亲杨松轩的挚友，早年曾一起游学于味经书院。杨松轩称赞刘望桂“性温和，善解人意”。杨钟健也曾在当年八月十五前一天的日记中，以“乙卯望月、望日、望桂”为题，从新婚妻子的名字引申到中秋赏桂，借景抒情。

1915 年底，袁世凯宣布恢复帝制，但几个月后便在反对声浪中病逝。黎元洪成为继任大总统。

1917 年初，杨钟健从省立第三中学毕业，成绩甲等。

和杨钟健出生时相比，杨氏一家的经济状况已逐渐富足，房屋、地亩增加。父亲致力办学，二叔杨仲规弃商就农，三叔杨叔吉在东京学医，四叔杨季符在北大读工科。

杨钟健中学毕业时，在日本学医的三叔希望他去日本学兽医，在

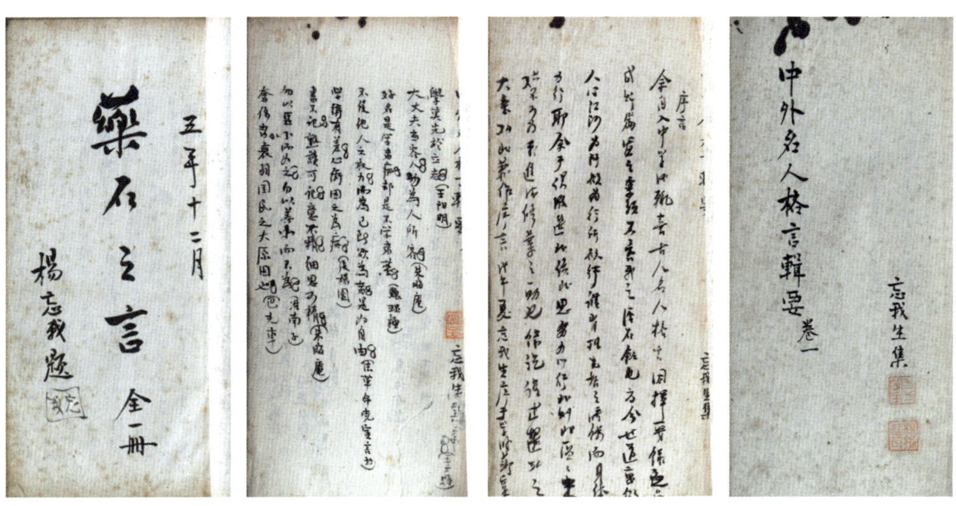

▲ 1916年，杨钟健将各种格言、名句，抄录汇总成《中外名人格言辑要》和《药石之言》等集册，置于案头，当成座右铭，并用“杨忘我”署名。

北京大学学工科的四叔希望他去北京学矿业，而他自己则希望去北京学哲学。

杨钟健对哲学的兴趣，主要出于他对人生哲学与人生目的的思考。他经常抄录、汇总各种有益人生处世的格言、名句、谚语等，并装订成《中外名人格言辑要》《药石之言》《中国谚语录要》等集册，置于案头。从王阳明的“学莫先于立志”，到魏象枢的“好名是学者病，是不学者药”，到法国革命党人追求自由的名句，他都视为座右铭，一一抄录，用以明志自勉。在《中外名人格言辑要》里，他对江河日下的世风表示不屑。

杨钟健在少年时期保存下来的日记、作业、信函等，处处反映了他思考人生、执着上进、热衷参与、关心国事等突出特点。这为他在大学时期积极投身五四运动、寻求救国之路奠定了坚实的基础。

第二章　北大岁月

（1917—1923年）

1917年至1923年的北大岁月，是奠定杨钟健一生发展道路的关键时期。他从一个初进京城的陕西青年，成长为一个阅历丰富的五四学生运动骨干。他又在学习中对地质和古生物学产生了浓厚的兴趣，最终选择了投身地质、科学报国的道路。

在蓬勃兴起的新文化运动感召下，在中外知名学者的言传身教下，杨钟健热衷探索东西方文化的不同思潮，寻求救国之路。他忧心忡忡地目睹了北洋政府时期的政局动荡，满怀激情地参加了五四游行和各种进步活动。通过参与并领导陕西旅京学生联合会、共进社、少年中国学会和地质研究会等团体的活动，他培养锻炼了自己的组织能力和社会活动能力。他结识了李大钊、邓中夏等很多中国近代史上的重要人物，并与遍及学界、政界的青年精英群体建立了长久的情谊纽带。他身在京城的最高学府，却时刻关注着陕西家乡的政局和教育情势的发展，通过各种刊物向家乡介绍新思想、新知识，并为父亲在华县创建的私立咸林中学介绍教员、订购书刊。北大时期的杨钟健不仅为五四学生运动尽到时代的职责，也为陕西和整个社会的变革立下不可磨灭的功绩。

▲ 1919年初，杨钟健在北京留影。他当时是北大理预科二年级的学生，在1919年秋进入北大本科地质系学习。

1. 初抵都门

1917 年 2 月 18 日，杨钟健告别了家乡的亲人，在父亲挚友薛辑五先生的带领下，首次离开陕西，踏上赴北京求学的漫长旅程。

杨钟健从家乡东行，出潼关后，到河南观音堂搭东去洛阳的火车，再换车到郑州，然后乘火车北上。经过 7 天的辗转，他在 25 日抵达北京。正在北京大学读书的四叔等人到车站相接，安排他住进宣武门外的华州会馆。

进都门的当天，杨钟健在日记扉页抄下《论语》中的子夏语录“日知其所亡（无），月无忘其所能”，激励自己在全新的环境中，博学强记，刻苦学习。

远游求学的杨钟健，每逢月初和月中，必与父亲等家人通信，禀报平安。父亲也在信中对他鼓励、引导，并就体育、道德、学业、交友、节俭等诸多方面有过恳切训言。杨钟健回忆道：“我之能在平奋发，此训

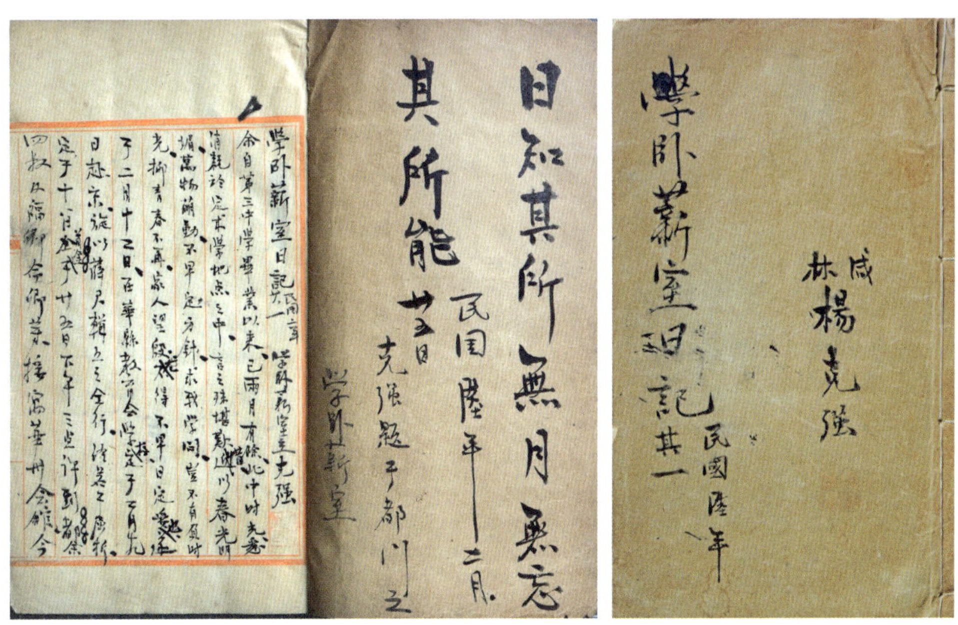

▲ 1917 年 2 月 25 日，杨钟健抵达北京当天的日记。他以“学卧薪室”为斋名，以示刻苦求学的决心。

言实有重大作用。”

杨钟健进京后，利用暑假之前的时间，在北京大学预科的补习班学习。他如果能在暑假前通过补习班的考试，便可在秋季直接升入北大预科。在日记和信件中，杨钟健描述了初进都门、刻苦求学的情景，表达了对政局多变的担忧，也诉说了京城趣事勾起的种种感慨。3 月 20 日，他在日记中写道：

> 升学议题，以英文、数学、国文为最要。……余自抵都后，从事升学之预备，而于英语一科，尤再四致意。每日必作英文一篇，进步与否，虽不敢必，而拿定恒心，不一毫放过。

当时，北洋政府中亲日派的国务总理段祺瑞，正在鼓动中国与德国断交并加入第一次世界大战的协约国阵营，进而挑起了与继任大总统黎元洪之间的“院府之争”（指当时国务院与大总统府之间的政争）。杨钟健在给父亲的信中，对中国在第一次世界大战时期的险恶处境表示担忧。他告诉父亲：

> （儿）于国家大事亦不敢置之度外。每欲饭后闲步、夕阳将坠之时，辄至阅报室一浏览之归，而志之日记中，闲评以私意。

他又在日记中写道：

> 我国贫弱落后状，今又将加入战争旋涡，与协约国同一行动。此后状况，真难预测。然弱国无外交。我国无可外斯定理乎。自修之余，真不禁令人愁心也。

杨钟健在预科补习班的学习情况，可以从他悉心保存的作文试卷，略见一斑。他的作文题目多与社会、政治、历史、文学有关。1917年5月，他的作文《论英雄与历史之关系》，教员评语是："眼光远大，颇能发挥尽致，能多研古文，笔端当更雄高骞举。"对他《论社会风俗》一文，教员的评语是："笔端畅达流利，能曲传其意，佳作也。"对他《论利用时间为学问事业之根》一文，教员的评语是："雄通磅礴，有志之文也。"其他作文包括《论拿破仑》《论小说与社会之关系》《论文章与政治之关系》等。

1917年5月，他在给父亲的信中还坚持说："儿入文科学哲学之意迄今未改。"

时间很快到了6月中旬，杨钟健离预科补习班的考试愈来愈近了。6月13日，他在"学卧薪室"日记（其二）的扉页上，抄下"从前种种，譬如昨日死；今后种种，譬如今日生"的名言，表示要努力上进，事事从眼前着手，步步从脚下开始。

这时的国内政局，变得更加诡异莫测。段祺瑞与黎元洪之间的"院府之争"愈演愈烈。效忠前清皇室的"辫子将军"张勋，在天津集结了三千多人的"辫子军"，趁机胁迫黎元洪解散国会。杨钟健在日记中表述了他对时局的忧虑和不安：

> ……户外世事已扰乱万分。桑梓情形，尤糜烂不堪。……方寸中何时不为此国家抱悲观，何时不为我故土祝治安。

7月1日，张勋悍然上演了复辟帝制的闹剧，拥立12岁的溥仪再度登基，在北京街头重新挂起前清的黄龙旗。7月3日，杨钟健和四叔等多名陕西学生，在乱象中结伴离开北京，返回华县家乡。

为期12天的张勋复辟很快被段祺瑞平定，北洋政府进而落入皖系军阀的控制之中。当杨钟健暑假过后返京时，得知自己已经通过补习班的考试，取得进入北大预科的资格。刚满20岁的杨钟健，实现了进入京城

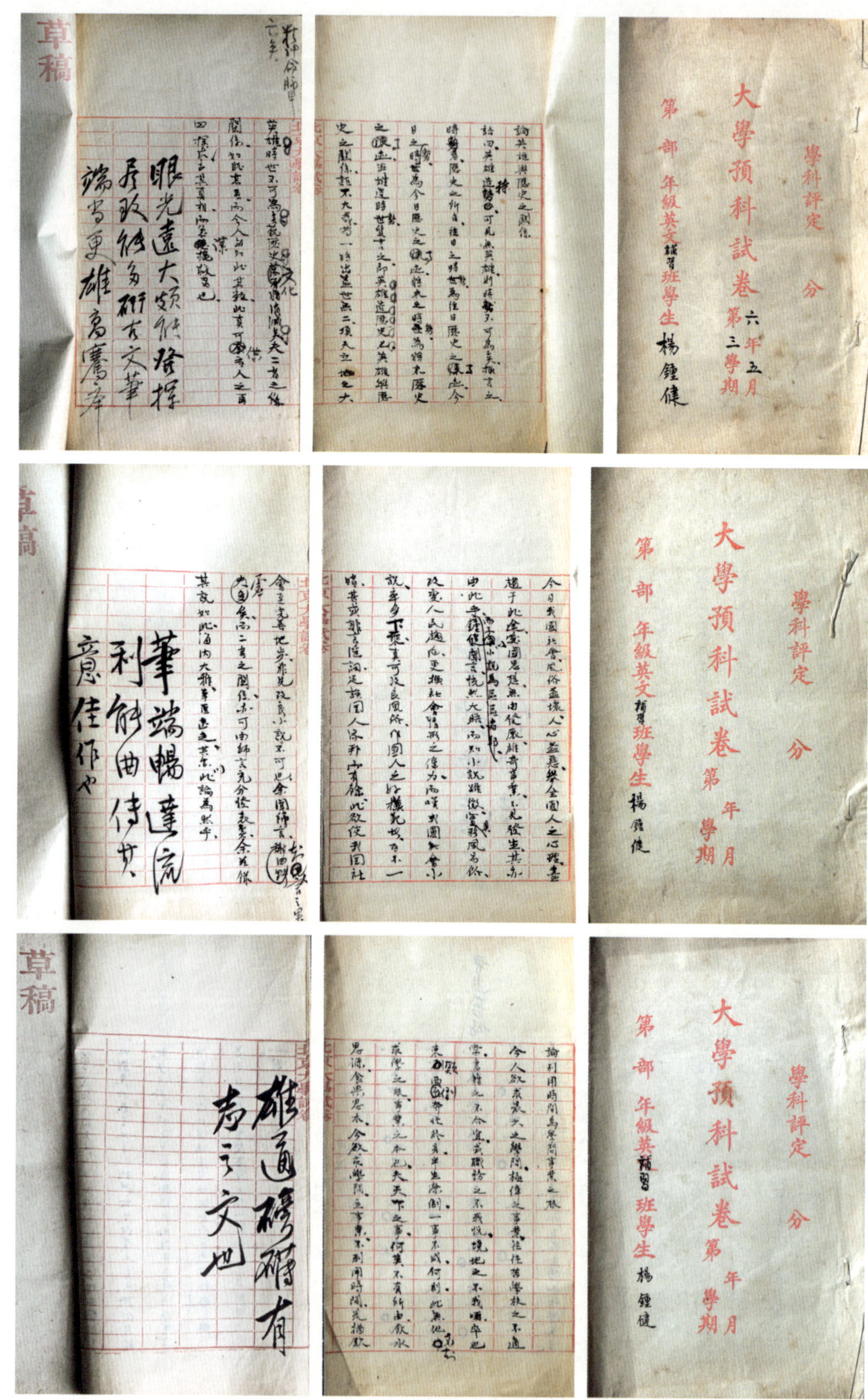

▲ 1917 年，杨钟健在北大预科补习班的部分作文试卷和教员评语。

最高学府求学深造的心愿。

2. 预科生活

1917 年 9 月，杨钟健开始了略显陌生的北大预科学习生活。这时，蔡元培校长正在积极推行校务改革和学制改革。蔡元培提倡“思想自由、兼容并包”，引进新人物、新思潮，努力把北大办成以文理两科为主的真正综合性大学。蔡元培将预科学制缩短为 2 年，本科学制延长至 4 年。杨钟健开始考入的是北大文预科。但是，由于四叔等家人都坚持让他学实用科学，他便在 1918 年初改入理预科。这为他今后投身地质，走科学报国的道路打开了机遇之门。

当时，北大理预科因为人多，分为甲、乙、丙、丁四班。杨钟健被

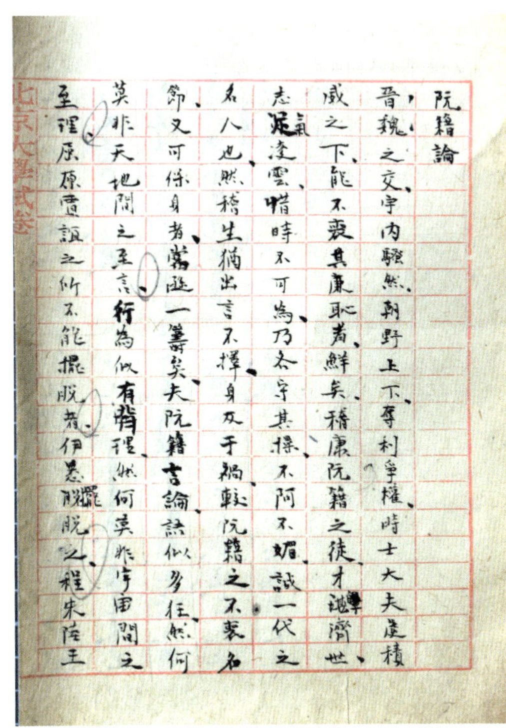

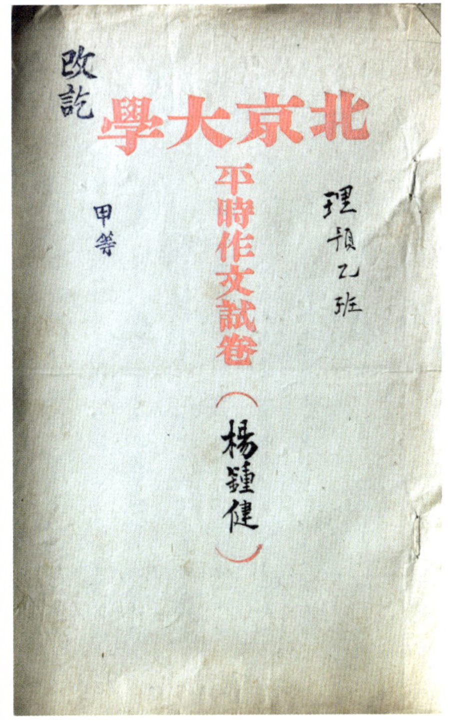

▲ 杨钟健理预科时期的作文试卷，成绩“甲等”。

编入乙班，在北大马神庙街公主府校区上课。历史悠久的公主府校区，是1898年北大前身“京师大学堂”成立时使用的校址。1918年后，北大又在位于汉花园街（现五四大街）的沙滩建成“红楼”，称为“北大一院”。马神庙的公主府老校区随即改称“北大二院”。杨钟健回忆道：

> 虽然预科也有文理之分，而预科的课程实际是一种基本训练。……理预科也要学文科的课程，如哲学、社会学之类。……理预科的教授阵营甚整齐，许多课都是本科教授兼任。……预科的功课相当繁重，主要为英文、数学、国文三者，此外还有生物、理化等课程。

▲ 1917年，马神庙街的公主府校区的大门外景。公主府校区是杨钟健在北大理预科上课的地方，也是1898年北大前身“京师大学堂”成立时使用的校址，后来改称“北大二院”。

1917年12月，刚上预科的杨钟健正赶上北大庆祝建校20周年。当时北大选定的周年纪念日是12月17日，即原来京师大学堂举行开学大典的日子。他用章士钊设计的北大校庆纪念笺给父亲写信，讲述北大校庆时喜忧参半的情形。

喜的是，蔡元培在校内推行民主管理、提倡教授治校，并号召学生

"抱定宗旨、砥砺德行、敬爱师友"，使校园内各种团体、会社空前发展。忧的是，1917 年下半年的国内政局持续恶化。在段祺瑞平定张勋复辟后，冯国璋接替黎元洪任代理大总统。段祺瑞与冯国璋之间的政争很快发展成第二次"院府之争"，使北洋集团分裂成皖系、直系的对立阵营，埋下更大的内乱隐患。同时，孙中山因段祺瑞拒绝恢复被张勋解散的第一届国会，在广州组建护法军政府，形成南北对峙的局面。

北大校长蔡元培是民国革命元老，曾任孙中山南京临时政府的首任教育部长。章士钊时任北大文科研究院教授，曾推荐李大钊到北大任教并兼图书馆主任。范源濂（字静生）是著名教育家，曾四度担任教育总长职务。中国最早的生物学研究机构"静生生物调查所"即以范源濂的字命名。

在学习和生活上，杨钟健严格督促自己。他告诉父亲说：

（自己）每天六点半起床，徐行清洁。运动毕后，读英文读本片时，即携书赴校。……早粥，无饭无馍，聊御早寒而已。八点有课，即上教室听讲。八点无课，仍在教室读书。十二时课后用午饭。白米而外如卵大之馍二耳……饭后休息片时或在阅报室浏览一过。

10 月，他又写信告诉父亲：

儿虽居北京污劣社会中而努力自爱，不敢稍染恶习而违慈意。儿居京近二年矣，未一入剧团、一吸烟草。衣服用品力崇节俭。即北京名胜诸地亦未敢一游。惟于书籍不可少者必购之。演说会就近者辄听之（如近欧战讲演，由国际研究社担任。共十二次演完，现已五次矣）。

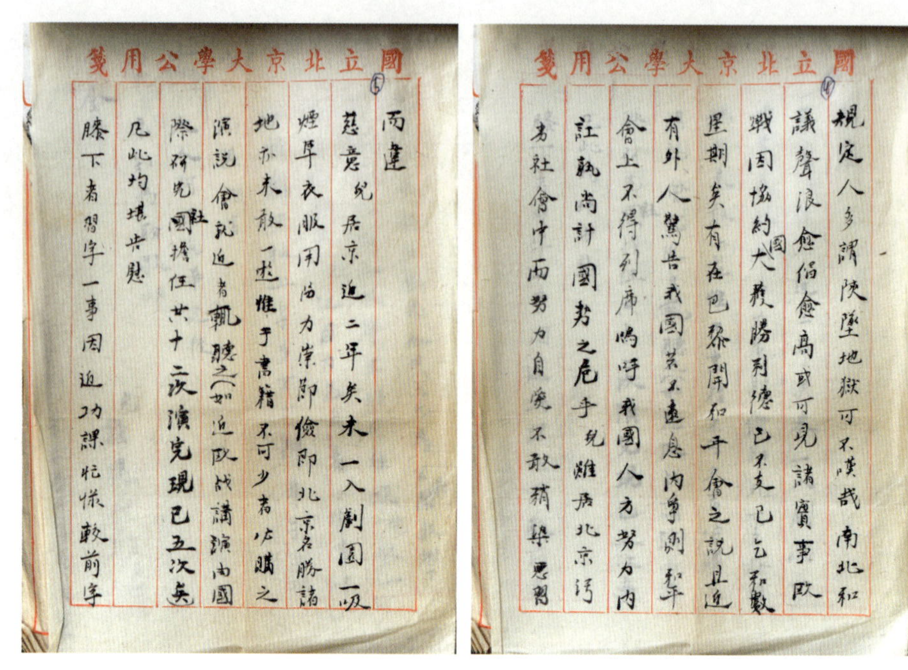

國立北京大學公用箋 ④

規定人多謂陝墜地獄可不嘆哉南北和
議聲浪愈倡愈高或可見諸實事歐
戰因協約國大獲勝利德已不支已乞和數
星期矣有在巴黎開和平會之說且近
有外人罵告我國若不速息內爭則和平
會上不得列席嗚呼我國人方努力內
訌孰尚計國勢之危乎兒雖居北京污
為社會中而努力自愛不敢稍染惡習

國立北京大學公用箋 ⑤

而違
慈意兒居京近二年矣未一入劇園一吸
煙草衣服用品力崇節儉即北京名勝諸
地亦未敢一悉惟于書籍不可少者始購之
演說會訊近者輒聽之（如近歐戰講演內國
際研究國權社廿十二次演說現已五次矣
凡此均堪告慰
膝下者習字一事因近功課忙碌較前字

▲ 1918 年 10 月，杨钟健在写给父亲的信中，描述自己的预科生活。

1918 年是杨钟健家中亲人变故的多事之年。11 月 28 日，他的妻子刘望桂因感染流行病而在家乡骤然去世。为了不影响儿子的考试，父亲等到期末考试完毕后，才在 12 月 15 日写信告诉儿子这一“最伤心之事”。

父亲说：“余知汝得此消息，必痛积于心，而不能自已。然事已至此，徒伤何益，愿汝毋再添汝祖父及余之悲，当自求解脱，此不如意事可也。”

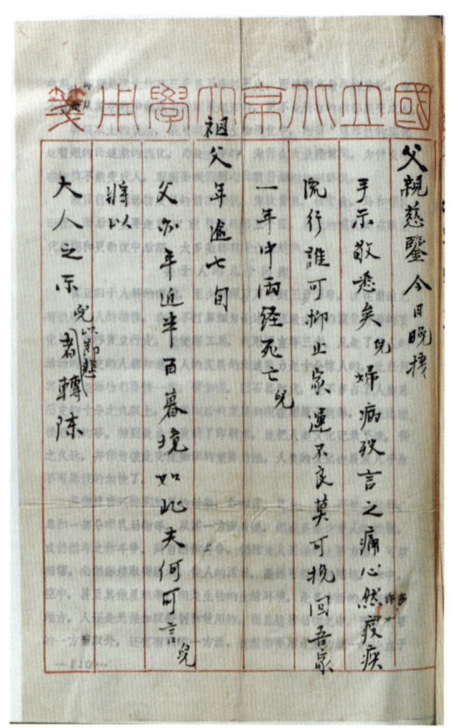

國立北京大學公用箋

父親慈鑒今日晚接
手示敬悉矣兒婦病歿言之痛心然疫疾
流行誰可抑止家運不良莫可挽回吾家
一年中兩經死亡兒
祖父年逾七旬
父亦年近半百暮境如此夫何可言兒
惟以
大人之示兒亦節慰者轉陳

▲ 1918 年 12 月，杨钟健得知第一任妻子在家乡病逝后，写给父亲的回信。

杨钟健接到家信，受到这一意外的打击，“觉得十分悲伤”。他忍着内心的痛苦，回信告诉父亲：

儿妇病殁，言之痛心。然疫疾流行，谁可抑止。家运不良，莫可挽回。吾家一年中两经死亡。儿祖父年逾七旬，父亦年近半百。暮境如此，夫何可言。儿将以大人之示，儿以节悲者转陈。

他像父亲期许的那样，坚强地承受着这一意外的打击，不让心中的悲痛过多地影响自己的学习。

1918 年，国内政局更加动荡不安。年初，日本向段祺瑞控制的北洋政府提供大量贷款，但以将来在山东获取权益为条件。5—6 月，皖系首领段祺瑞操作大选，产生“安福国会”（又称“新国会”），遭到南方粤、桂、滇、黔、川等五省抵制。9 月，安福国会选举徐世昌为大总统，接替冯国璋，但遭到吴佩孚等直系军反对，为后来的直皖战争埋下伏笔。此时，第一次世界大战接近尾声，中国在国际上因内乱不休而处于险恶莫测的境地。

8 月，杨钟健在给父亲的信中，对家乡匪患和国内乱局表示忧虑。他写道：

近日桑梓匪患较前何如？际兹秋残冬初之时，人民若再不能安枕以谋衣食而流离失所，则有地方责者之罪益深矣。然湘省战起，衡山寡色，蜀滇不靖，泸水为寒。黄河决口，水灾延及三省。秦中患匪为害已逾四年。凡吾国之大部不罹天灾即受匪患，不受匪患即遭兵燹。

10 月，杨钟健又告诉父亲：

欧战因协约国大获胜利德已不支，已乞和数星期。亦有在巴黎开和平会之说。且近有外人惊告我国，若不速息内争则和平会上不得列席。鸣呼。我国人方努力内讧，孰尚计国势之危乎。

11 月 11 日，第一次世界大战宣告结束。杨钟健在信中说：“大和议会将于巴黎举行。我国受此次和议之影响，不可不为注意。”不出众人所料，1919 年的巴黎和会，很快成为五四运动爆发的导火线。

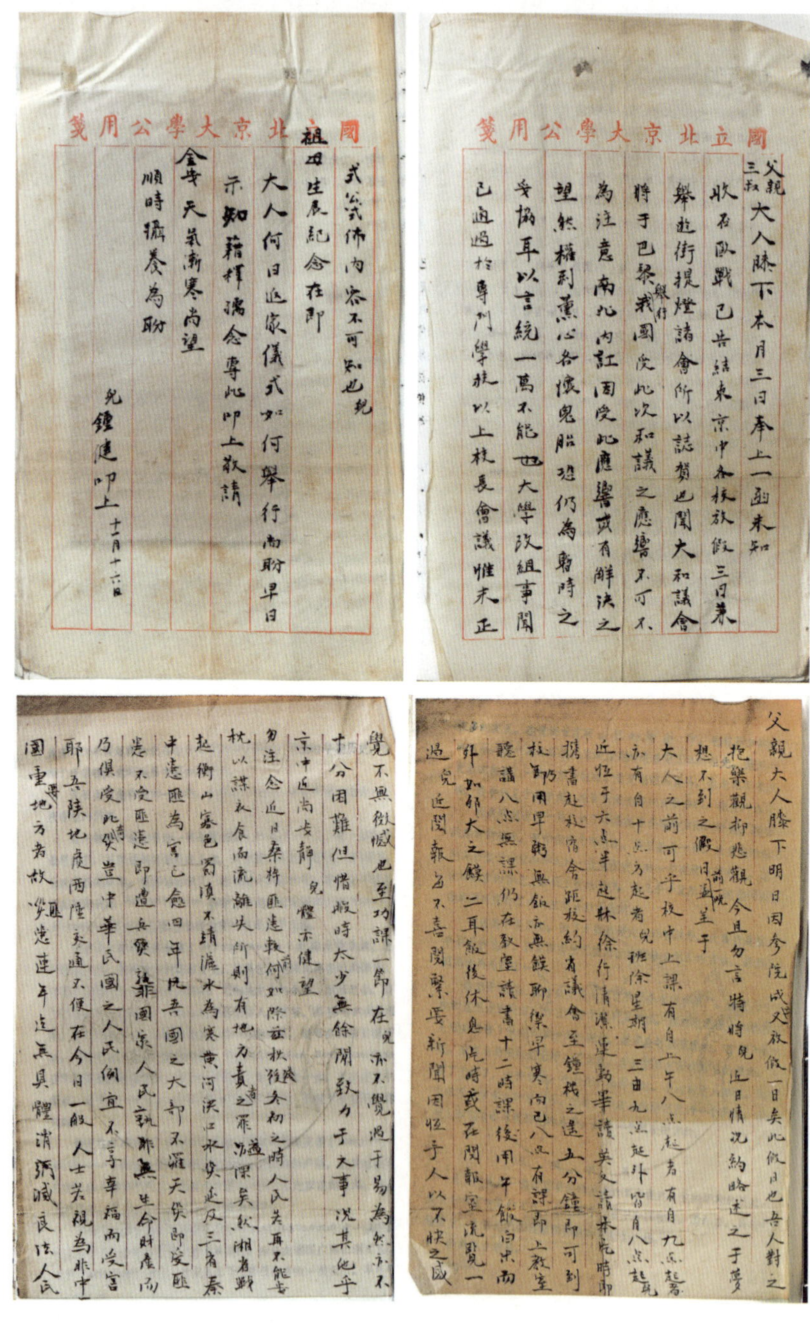

國立北京大學公用箋

父親三叔大人膝下本月三日奉上一函未知
收否歐戰已告結束京中各校放假三日并
舉遊街提燈請會所以誌賀也聞大和議會
將于巴黎舉行我國受此次和議之應響不可不
為注意南北內訌因受此應響或有解決之
望然權利薰心各懷鬼胎恐仍為暫時之
妥協耳以言統一萬不能也大學改組事聞
已通過於專門學校以上校長會議惟未正

國立北京大學公用箋

式公佈內容不可知也
祖母生辰紀念在即
大人何日返家儀式如何舉行尚盼早日
示知藉釋孺念專此叩上敬請
金安 天氣漸寒尚望
順時攝養為盼
兒鍾健叩上 十一月十六日

▲ 1918 年 8 月和 11 月，杨钟健写给父亲的两封信，表述他对内乱外患的忧虑。

3. 五四洗礼

1919 年，是杨钟健投入五四运动、升入本科并结缘地质的转机之年。在《新青年》等进步刊物的影响下，他忧国忧民，一面关注着巴黎和会对中国要求收回山东主权的立场，一面关注着陕西家乡军阀暴政、民不聊生的局面。

1 月，中国代表团在巴黎和会提出取消列强在华特权、收回德国在山东权益的要求。为了声援中国代表，梁启超、蒋百里、张君劢、丁文江等知名人士在 2 月中抵达巴黎，作会外游说宣传，同时将巴黎和会进展及时告知国内同胞。在 2 月的“学卧薪室”日记扉页，杨钟健写下“淡泊以明志，宁静以致远”的格言，鼓励自己淡泊名利，追求远大理想。在日记中，他还写下对日本干涉中国在巴黎和会发言权一事的感触。

3 月，杨钟健和陕西同学刘天章、李子洲等人一道组织了陕西旅京学生联合会。这是五四运动爆发之前最早成立的政治性学生团体。他们组织同学向北洋政府集体请愿，并出版油印刊物《秦劫痛话》，揭发陕西军阀陈树藩、刘镇华等人的暴政，向外界披露陕西人民的痛苦处境。《秦劫痛话》的文章被北京、天津、上海、汉口等各报转载。杨钟健在信中告诉父亲：

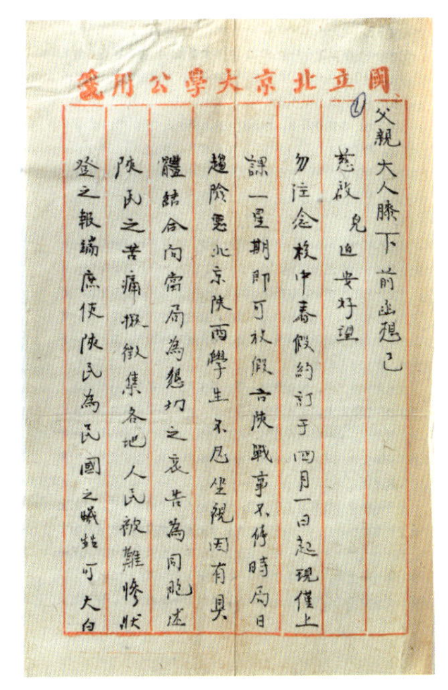
國立北京大學公用箋

父親大人膝下 前函想已
慈覽 兒近安好望
勿注念 校中春假約訂于四月一日起現僅上
課一星期即可放假 吾陝戰事不停時局日
趨險惡 北京陝西學生不忍坐視 因有具
體結合向當局為懇切之哀告 為同胞述
陝民之苦痛 擬徵集各地人民被難慘狀
登之報端 庶使陝民為民國之犧牲可大白

▲ 1919 年 3 月，杨钟健写给父亲的信，讲述组织陕西学生披露陕西民众疾苦的行动计划。

> 吾陕战事不停，时局日趋险恶。北京陕西学生不忍坐视，因有具体结合向当局为恳切之哀告，为同胞述陕民之苦痛，拟征

集各地人民被难惨状登之报端，庶使陕民为民国之牺牲可大白天下。

4月底，巴黎和会的英、法、美等战胜国的代表拟定对德和约，计划将德国在青岛及山东的权益转让日本。消息传来，激起了北京广大学生和全国各界的愤慨，引发了震惊全国的五四运动。这时，杨钟健离预科毕业还有不到2个月的时间。

五四运动当天，他满怀爱国激情，随队伍到天安门集会游行，一路上呼喊“外御强权、内惩国贼”的口号。当游行队伍走近东交民巷使馆区后，未能达到向各国公使递交请愿的目的。队伍随即走到交通总长曹汝霖的官邸“赵家楼”，一些人破窗而入。杨钟健也随众入内，在混乱中还将一年前刚刚配好的眼镜弄坏了。返回学校后，杨钟健才得知有32名学生被捕。第二天一早，他给父亲写信，叙说五四游行的经过。这是一份极为珍贵的历史资料，让后人能从贴近历史的视角，重睹游行当天的实况。

在5月5日这封具有历史意义的信件中，杨钟健告诉父亲：

山东问题欧会任中日自决。吾国国既弱，又有国贼内应，安能不失败耶。京中各校学生痛国家之将亡，同胞之牛马，乃连合各校举行游行大会。四日下午二时在天安门齐集，教育部阻止未果。人手执白旗，上书“还我青岛”“杀卖国贼”等字，至东交民巷要上见各国公使维持公理。除美公使宣言外皆以未得我外交部照会不便放行为言。乃由东长安街崇文门街过石大人胡同至曹汝霖家再至巷口，即大呼“卖国贼”“杀卖国贼”等。声振数里。同时即将所执白旗扔其房上时，其大门已封闭。军警维持不下，竟破窗开门而入。所有器皿打毁一室。曹跳墙逃去。适章宗祥在其家。众痛打之。有一日人极力保护，亦受重伤。章受伤甚重……双方正在打挨之时，忽其家火起，学生方徐徐回校而军警四出捕去之学［生］约五十余人

（陕三人）曾暂逃居六国饭店。各校学生今日亦一律罢课，非杀吾国贼，夺回青岛不可。校长有连合王宠惠保释被捕学生之说，但章已死，曹跳墙时亦受伤，财产损［失］不下百万（古器甚多），未知能办到否。总之此次举动纯为无意之结晶，呼拥公理者。各要人亦将因此有所觉悟亦。……儿昨亦去，去年所配眼镜被毁，身体却未受伤（学生受伤者四五人；曹宅方开数枪均未中），幸勿注念。

五四游行过后，蔡元培联合各大学校长奔走斡旋，让因“火烧赵家楼”而被捕的学生于5月7日全部获释。5月10日，蔡元培出走杭州，留下条子表示辞职。学生与北大教职员随即要求政府挽留蔡元培，掀起五四运动的又一波澜。5月19日，北京学生又发动总罢课，并上街演讲，要求政府释放所有被拘学生、拒签巴黎和约，并惩办卖国贼曹汝霖、章宗祥和陆宗舆。此时，外争国权、内惩国贼的运动已经遍及全国各地的主要城市。

在五四运动的高潮中，杨钟健迎来22周岁的生日。5月30日，他在生日两天前拍照留念。他还写信给父亲，叙说五四运动以来的发展。他写道：

▲ 1919年5月30日，杨钟健在22周岁生日之前拍照留念。

北京中等以上学校自十九日罢课以后，政府对于六条（见上，总统呈文）毫无完满答复，反用压迫手段封闭《五七》《益世》《救国》等报并禁止学生集会。五月二十五日，又有武装军警数千人包围各校，而步军统领于日前又有示威举动，不堪一笑，乃一种威吓小儿之手段，而谓可施于数万有意识之学生耶。各校学生不但于此不为所动，团体反赖而固。近天津、保定、太原、上海、武昌、杭州、九江、济南等地莫不有罢课之举，皆以外争国权，内除国贼为言。恐政府果稍有觉悟、有良心，当不忍始终为二三奸人而坐视数十万之青年失学也。现就大势言，学生罢课几遍全国，而他界又不乏表同情者。

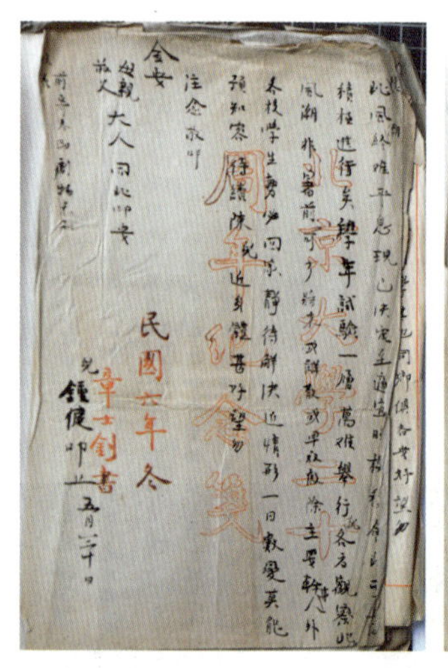
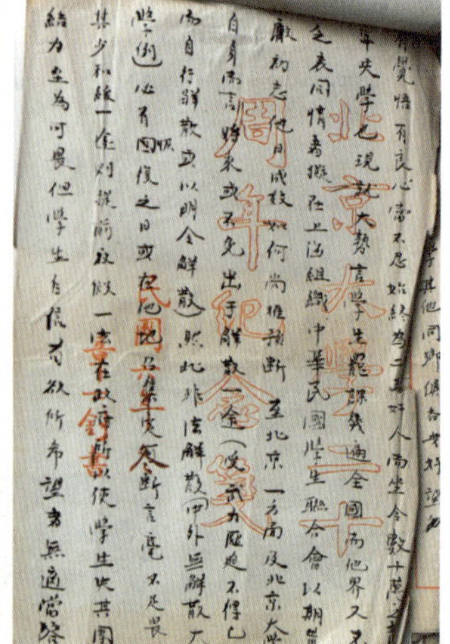
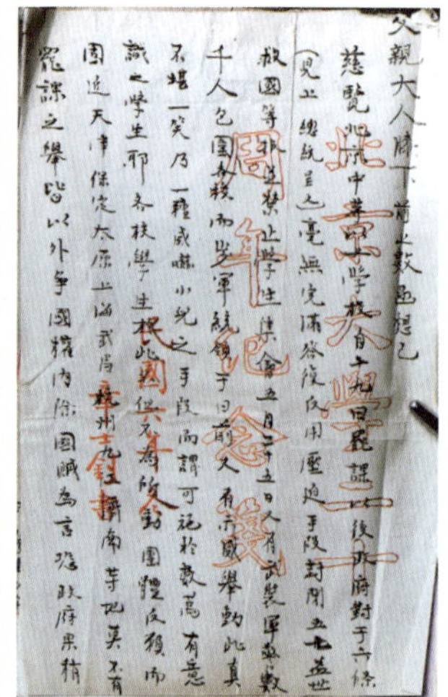

▲ 1919 年 5 月 30 日，杨钟健在写给父亲的信中，叙说五四以来学生运动的发展。

五四运动学生的游行很快扩大成全国性的“六三”罢课、罢工、罢市。杨钟健以激昂的情绪，投入北大学生会的工作，宣传维护国货、抵制日货。他“不时参加演讲队到街上讲演，一直闹到‘六三’全国罢课、罢教、罢市，被捕学生全部放回……”。

6 月 7 日，杨钟健又用明信片向父亲简述事态的发展。他说：

政府捕学生之第三日，各校学生全体出发。政府忽又不捕且急急将军警撤去。但拘留之二千余人仍不出。非俟政府有悔过之表示不出。又曹若不去恐再有示威之举。人心愤激极矣。何政府之不悟也。

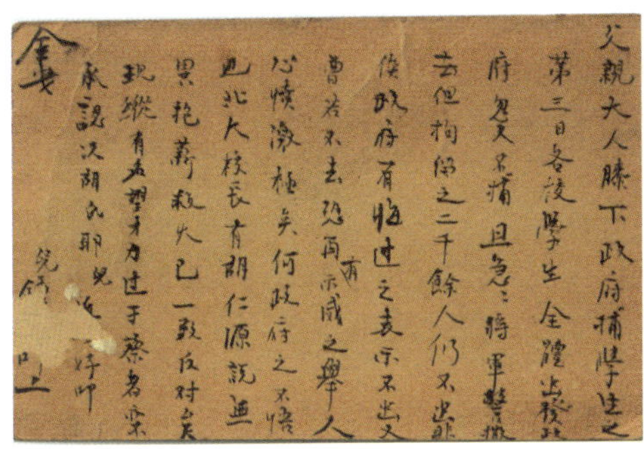

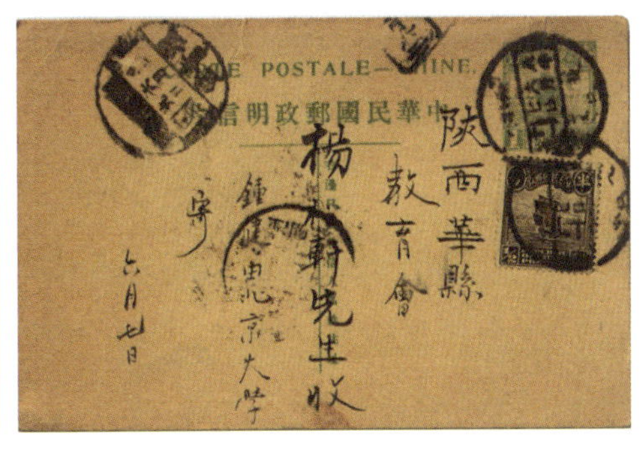

▲ 1919年6月7日，杨钟健写给父亲的明信片，讲述“六三”罢课、罢工、罢市后的事态发展。

6月10日，北洋政府在全国各界的压力下，撤销曹汝霖、章宗祥和陆宗舆三人的职务。6月28日，巴黎和会的中国代表被当地留学生困在驻地。中国代表随之发表声明，拒绝在凡尔赛和约上签字，使中国成为拒绝和约签字的唯一战胜国。7月22日，在北大倡导下成立的全国学生联合会建议终止罢课。8月9日，蔡元培返回北大。以“外争国权、内惩国贼”为主要诉求的五四运动，随着暑假的来临，暂时告一段落。

4. 救国寻路

1919年，当杨钟健在家过暑假时，祖父爱孙心切，催他续娶师范学校毕业生王焕月为第二任妻子。杨钟健醉心新思潮，主张毕业后再议续婚一事。但是，家人为了安慰高龄的祖父，也为了让杨钟健年幼的儿子感孝有继母照料，即在杨钟健离家返京途中，替他定妥了续婚大事。

▲ 1920年春，杨钟健在北大第二宿舍（东斋）的书桌前。

返京后，杨钟健升入北大本科地质系，并从第一宿舍（西斋）搬入第二宿舍

（东斋），在学习和社会活动方面都进入了一个新的阶段。他在9月的“学卧薪室”日记首页，写下“吾人之行为宜求与精神一致”的字句，引以自励。

经过五四运动洗礼，他不仅在思想上更加关注新文化运动，也在行动上参与并领导各种进步团体的活动，寻求救国之路。他回忆说：

> 学生运动蓬勃发展，新刊物日多，新组织如雨后春笋。……我参加的会社更多，对于新的刊物，不但喜欢看，还喜欢投稿。以后在本科的四年中，我可以说年年在学生运动中尽了一份力量。

杨钟健把五四运动看作“我国文化进步一大转机”。他崇敬陈独秀、李大钊、胡适等新文化运动的领军人物，渴望从东西方不同思潮中汲取养分。他不仅热心阅读《新青年》《新潮》等刊物，也聆听杜威、胡适、罗素等人的讲演、报告。杜威是著名的美国哲学家、教育家，也是胡适的恩师。他在五四运动时期到中国，用两年的时间在各地巡回讲演，传播实用主义哲学和教育思想，并力图促进东西方文明之间的相互借鉴与融合。

1919年12月，杨钟健写信告诉父亲听杜威讲演和上胡适哲学课的情形。他说：

> 儿照常上课。惟每星期五日夜加听杜威博士特别讲演之“思想之派别”二小时。……今日胡适先生授哲学谓“中国哲学自老子以至蔡孑民、西洋哲学自亚里士多德以至杜威，此中国会合之后（按即指杜威来华）必有中国国货的哲学发生，以解决家庭、社会、妇女、政治诸问题。无疑此可乐观者也”。此语与杜威前新旧文明结婚之语正合。杜威此次来华于我国文明史上必占重要位置。

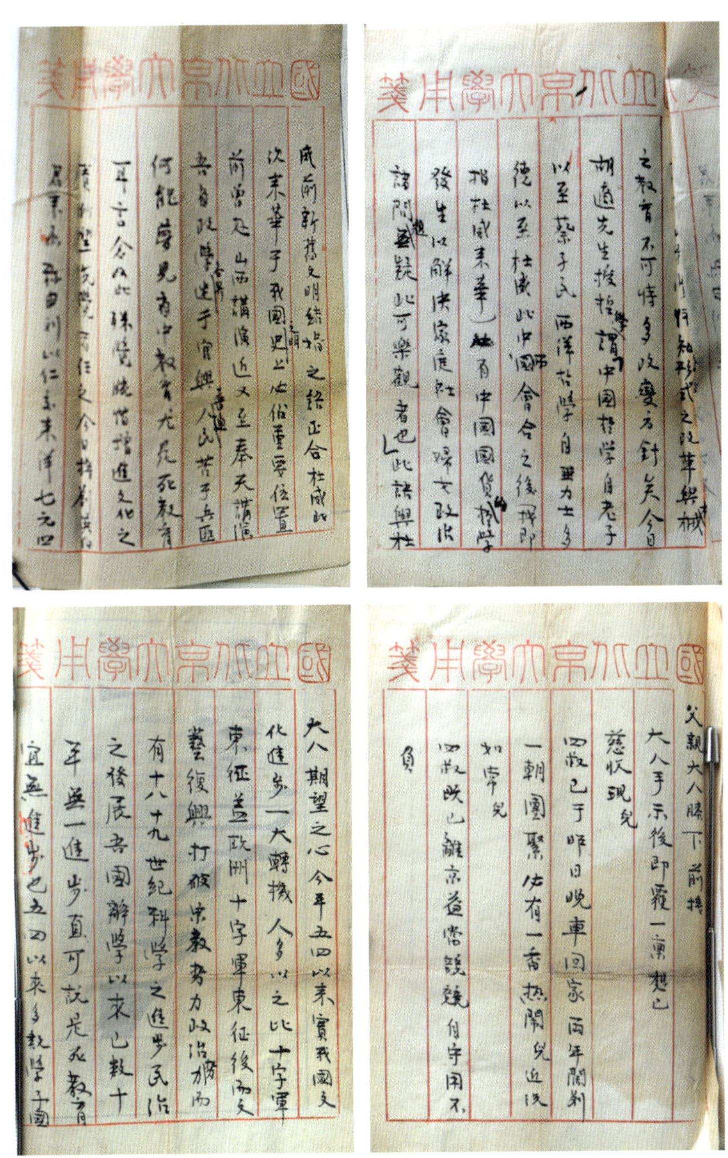

國立北京大學用箋

父親大人膝下 前接
大人手示後即覆一禀想已
慈收 頑兒
叔已于昨日晚車回家 兩年闊別
一朝團聚 快有一番熱鬧 兒近況
如常 兒
叔既已離京 益當兢兢自守 用不
負

國立北京大學用箋

大人期望之心 今年五四以來 實我國文
化進步一大轉機 人多以之比十字軍
東征 蓋歐洲十字軍東征後 而文
藝復興 打破宗教勢力 政治擴而
有十八十九世紀科學之進步 民治
之發展 吾國辦學以來已數十
年 無一進步 直可說是死教育
宜無進步也 五四以來 多數學子 圖

國立北京大學用箋

成前新舊文明結婚之路 正合杜威此
次來華 予我國史上以偉重要位置
前曾至山西講演 近又至奉天講演
[illegible]
何能發見有中教育尤是死教育
[illegible]
[illegible]
[illegible] 七元四

國立北京大學用箋

之教育不可侍多改變方針矣 今日
胡適先生授哲學 謂中國哲學自老子
以至蔡子民 西洋哲學自亞力士多
德以至杜威 此中西會合之後 哲學即
指杜威來華 [illegible] 中國固有 [illegible]
發生 以解決家庭社會婦女政治
諸問題 [illegible] 此可樂觀者也 此語與杜

▲ 1919 年 12 月，杨钟健写信告诉父亲听杜威讲演和上胡适哲学课的情形。

1919年底，杨钟健收到蔡元培签署的北大预科修业证书。12月31日，他回顾自己所作的各种努力，为进京后开始的“学卧薪室”日记系列，写下最后一页。他说：

今天以前，我有无穷的感慨，今天以后，我有无限的希望。

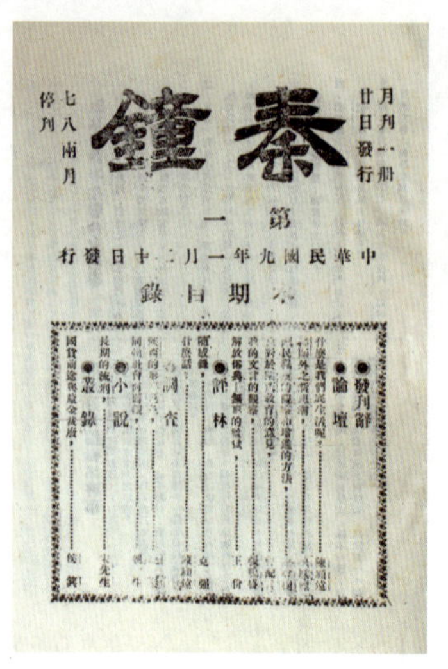

▲ 1920年1月《秦钟》创刊号。杨钟健以“克强”为名发表《随感录》，抨击陕西的社会和政治怪象。

在北大本科的四年当中，杨钟健抱着“无限的希望”，参与并主持过不同进步团体的活动。他一方面为陕西家乡民众的疾苦呐喊，另一方面为一个理想化的“少年中国”催生。

1920年1月，杨钟健和几位陕西同学创办了《秦钟》月刊。月刊的宗旨是“唤起陕西人民自觉心、介绍新知识于陕西、宣布陕西状况于外界”。虽然《秦钟》月刊只出了6期，但为陕西同学日后创建影响更大的《共进》半月刊和共进社拉开了序幕。杨钟健在信中告诉父亲：

> 吾省地方如此良堪痛哭。北京旅居陕生于无聊中组织一秦钟月刊，以尽文化运动之天职而惊陕人之迷梦。

1920年4月，杨钟健在《秦钟》第4期发表《自己的不是》一文。他主张国民应该自己奋斗，求前途之光明：

> 我们中国这样的贫穷，地方这样的不安，人民这样的惨苦；是怎样到了这步田地？……我们最痛心的一事，就是我们国民不自己去奋斗。求铲除环境的黑暗，放前途的光明。

他认为“改造这黑暗的社会，昌盛这贫穷的国家”，最要紧的方法是“1. 普及教育；2. 提倡实业；3. 女子解放；4. 家庭改良”。

他在给父亲的信中，更加具体地谈到女子解放和家庭改良。他说，以后妇女服务社会之事正多，应使家中妇女“了解人生目的不在一尺布、一条线、一个小小家庭。”他写道：“当此女权解放潮流正盛之时，尤宜使（妇女）有知识、予以相当权能以求真乐也。”

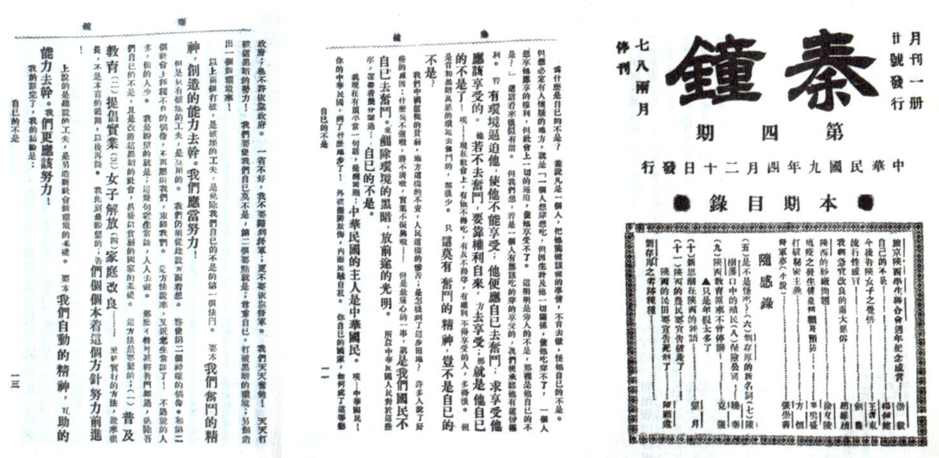
秦鐘

月刊一冊 廿號發行

七八兩月停刊

第四期

中華民國九年四月二十日發行

本期目錄

自己的不是……楊鍾健

今後吾陝女子之覺悟……王霄東

隨感錄

▲只是年假太多了

▲ 1920年4月，《秦钟》第4期刊登了杨钟健《自己的不是》等两篇文章，署名分别是杨钟健和克强。

在北大的岁月中，杨钟健结识了李大钊、邓中夏、黄日葵、高尚德、刘仁静、范鸿劼等五四运动时期的风云人物，其中对他影响最深的是当时北大国文系学生邓中夏。他回忆说：“邓中夏是影响我学生时代一切行动最深的一位，也是使我心中不断考虑，如何对国家的富强有所贡献的人。……我们相识以后，特别表示互相敬重，时常在一起。……到后来，几乎所有事情都与邓一起商讨。”

杨钟健参加了邓中夏等成立的北大平民教育讲演团，在北京城郊各地露天讲演，以“增进平民知识，唤起平民之自觉心”。1920年3月，他和邓中夏一起当选为讲演团的总务干事，并先后到北京市内、通县、长辛店等地讲演。他们宣讲的内容包括《共和国民应有的精神》《个人与社会》等。讲演团成员还有周炳琳、廖书仓、康白情、黄日葵、罗家伦、高尚德、许德珩等学生领袖。

杨钟健还在蔡元培主持的北大新闻学研究会听讲一年，并获得听讲证书。当时曾先后在新闻学研究会听讲的还有毛泽东、高君宇、谭平山、

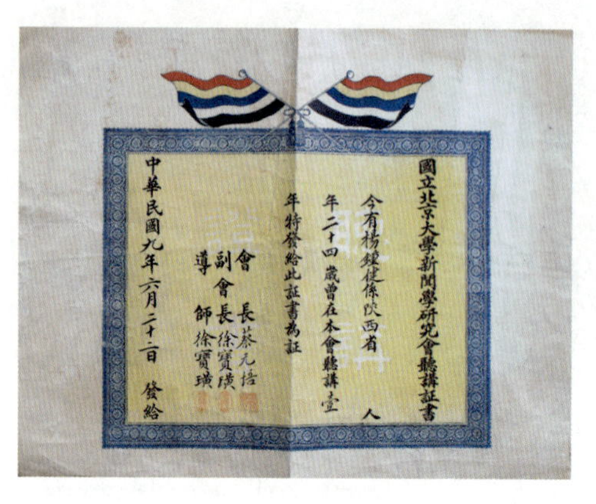

國立北京大學新聞學研究會聽講証書

今有楊鍾健係陝西省　人

年二十四歲曾在本會聽講壹

年特發給此証書為証

會　長蔡元培

副會長徐寶璜

導　師徐寶璜

中華民國九年六月二十一日　發給

▲ 1920 年 6 月，杨钟健获得蔡元培签署的北大新闻学研究会听讲证书。

陈公博、罗章龙等。后来，杨钟健也参加了李大钊、王复生、邓中夏等人发起的马克思学说研究会的活动。

1921 年 5 月 4 日，在五四运动 2 周年之际，杨钟健参加了在北京高等师范学校（简称“北高师”）举行的纪念会。北高师是北京师范大学的前身，和北京大学一样，曾是五四运动的策源地之一。当时的北高师，位于离北大不远的新华门（后改称和平门）外的南新华街。在略显空旷的校园里，人们自发地聚集在讲台前，聆听身穿西装的北大代理校长蒋梦麟讲演。杨钟健用相机捕捉下这一珍贵的历史时刻，并在照片的背面写下“五四二周纪念会（在高师）。其时蒋梦麟正在演说”。蒋梦麟在五四运动爆发后，受蔡元培委托，曾三度代理北大校务。

在本科时期，杨钟健参与领导过的团体主要有三个。一是他曾担任执行部主任的少年中国学会，二是他和陕西同学发起组织的共进社，三是他和北大地质系同学发起的北京大学地质研究会。

少年中国学会（简称“少中”）是五四运动时期历史最久、影响最大的全国性青年社团。学会的发起人包括王光祈、曾琦、李大钊、周太玄、张梦九等人。学会旨在创建一个朝气蓬勃的理想中国。1921 年 6 月，杨钟健由邓中夏、刘仁静、余家菊、方东美、苏甲荣五人介绍加入少年中国学会。学会的宗旨是：“本科学的精神，为社会的活动，以创造少年中国。”学会聚集了一批富于理想、才华横溢而又个性鲜明的青年，试图通过各种学术和社会活动，实现共同的理想。

“少中”先后有 120 余名会员，其中有共产党人恽代英、邓中夏、高君宇、刘仁静、张闻天、黄日葵等，有信奉国家主义的青年党人左舜生、李璜、余家菊、陈启天等，也有后来任国民党要职的周佛海、沈怡等。但是，“少中”会员的大多数，后来则成为科学、教育、文化、艺术界的精英，包括杨钟健、舒新城、朱自清、宗白华、田汉、张申府、许德珩、方东美、周炳琳、康白情等。尽管“少中”后来因会员的政治立场不同而分化，会员之间以友情、道德和学术为基础的纽带并未完全隔断。杨钟健和许多“少中”时期的朋友始终保持着长久的友谊联系。

“少中”的会务机构分为评议部、执行部和编译部。评议部负责监督各项会务，执行部具体办理学会的内外会务，编译部负责学会刊物和丛书出版。从 1921 年 7 月到 1923 年 7 月，杨钟健连任两届“少中”执行部主任。这一经历，让他和同是“少中”会员的毛泽东有过书信往来。

1921 年 9 月底，为了补填“少中”入会志愿书一事，在湖南的毛泽东写信给“少中”执行部主任杨钟健。毛泽东在信中说：“前几天接到通告，知先生当选执行部主任。今日又接来示，嘱补填入会愿书，今已照填并粘附小照奉上。……”

在多年的动荡中，杨钟健始终保存着毛泽东的这封亲笔信，并在信件边缘加盖自己的两枚印章，以示珍藏。

1921 年，“少中”会员之间在学会的政治取向问题上开始出现对立。杨钟健主张学会应以学术为基础，会员应不论政治取向，同心合力去创造理想中的少年中国。9 月，他在给会员的信中说：

> 以后的少年中国学会，有主义也好，无主义也好，和衷共济、分工互助去创造少年中国也好，彼此分裂、分道扬镳去创造少年中国也好，我们要知道，无论如何，理想中的少年中国非以学术的基础不可的；到少年中国的路，非做路上应做的许多事情不可的；一个人不能做这么大的事业，必须许多人来做，而这许多人非彼此十分了解不可的。

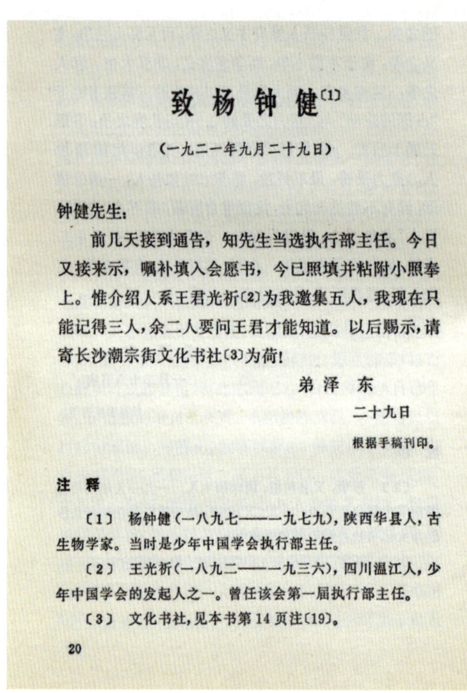

致杨钟健[1]

（一九二一年九月二十九日）

钟健先生：

前几天接到通告，知先生当选执行部主任。今日又接来示，嘱补填入会愿书，今已照填并粘附小照奉上。惟介绍人系王君光祈[2]为我邀集五人，我现在只能记得三人，余二人要问王君才能知道。以后赐示，请寄长沙潮宗街文化书社[3]为荷！

弟泽东

二十九日

根据手稿刊印。

注释

〔1〕 杨钟健（一八九七——一九七九），陕西华县人，古生物学家。当时是少年中国学会执行部主任。

〔2〕 王光祈（一八九二——一九三六），四川温江人，少年中国学会的发起人之一。曾任该会第一届执行部主任。

〔3〕 文化书社，见本书第 14 页注〔19〕。

20

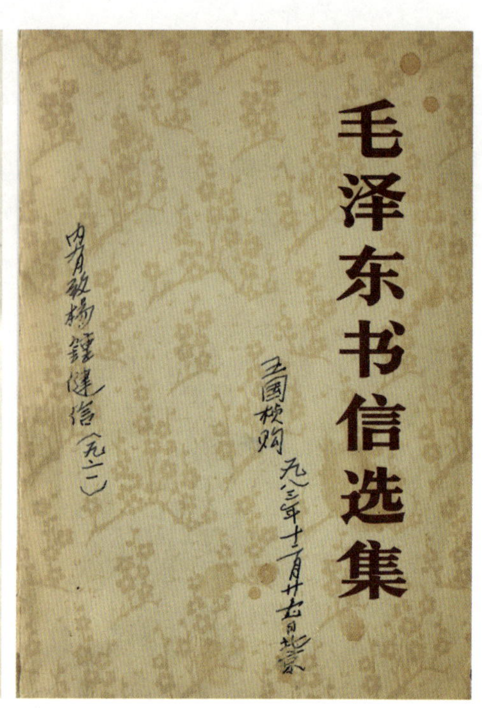

▲ 1921 年 9 月毛泽东给杨钟健的信被收入《毛泽东书信选集》。

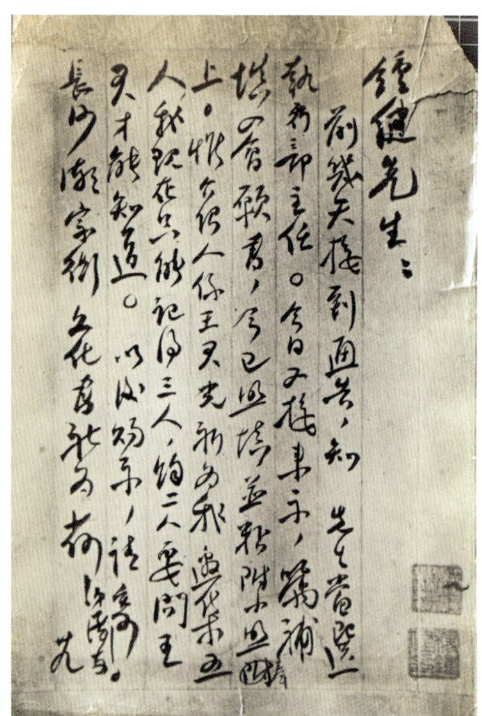

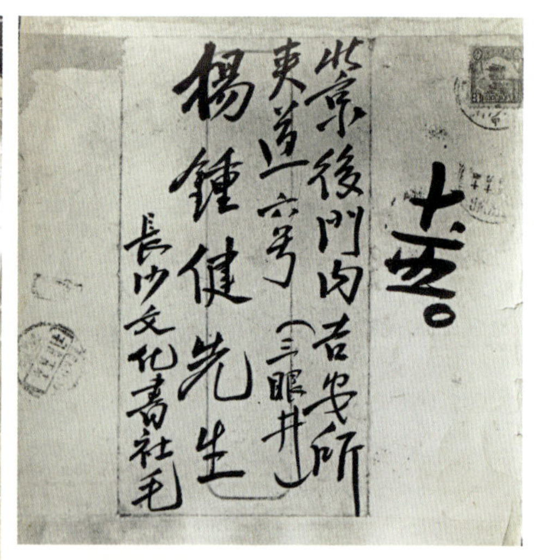

▲ 杨钟健在毛泽东亲笔信边缘加盖自己的两枚印章，以示珍藏。图为信件的影印件。

12 月，为了增进“少中”会员之间的了解和联系，杨钟健作为“少中”第三届执行部主任编印了《少年中国学会会员终身志业调查表》。他自己在调查表上填写的志业为：“终身欲研究之学术：地质学——偏重古生物学；哲学——偏重人生哲学；文学——偏重诗歌（旁及）。终身欲从事之事业：调查地质、著述、教育。”

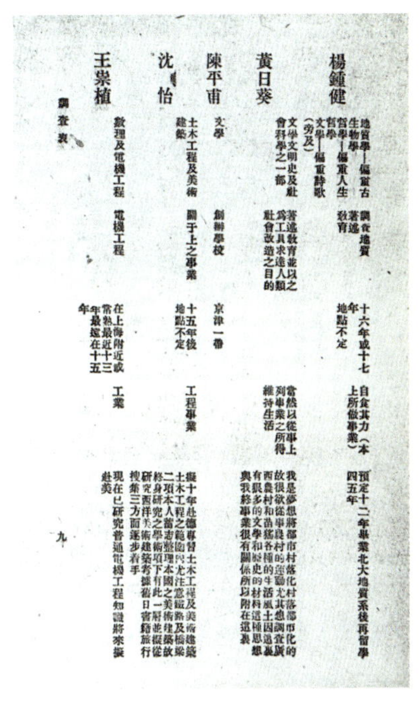

楊鍾健	地質學—偏重古生物學 哲學—偏重人生哲學 文學—偏重詩歌（旁及）	調查地質 著述 教育	十六年或十七年 地點不定	自食其力（本上所做事業）	預定十二年畢業北大地質系後再留學四五年
黃日葵	文學文明史及社會科學之一部	著述教育並以之為工具求達人類社會改造之目的		當然以從事上列事業之所得維持生活	我是夢想將都市村落化村落都市化的，故很欲從事農村的運動，尤其想調查農村和苗猺各種的生活風土，因這裏面有很多的文學和歷史的材料，這種思想與我終身事業很有關係，所以附在這裏
陳平甫	文學	創辦學校	京津一帶		
沈怡	土木工程及美術建築	關于上之事業	十五年後 地點不定	工程事業	擬十年赴德專習土木工程及美術建築，土木工程之範圍內尤注意鐵路及橋樑二項，本人蓄志整理本國之美術建築，故終身研究之學術項下有此一欄，並擬從研究西洋美術建築考據舊日書籍旅行搜集三方面逐步着手
王崇植	數理及電機工程	電機工程	在上海附近或常熟 最近十三年最遲在十五年	工業	現在已研究普通電機工程知識將來擬赴美

調查表 九

▲ 杨钟健、黄日葵等“少中”会员填写的调查表内容。

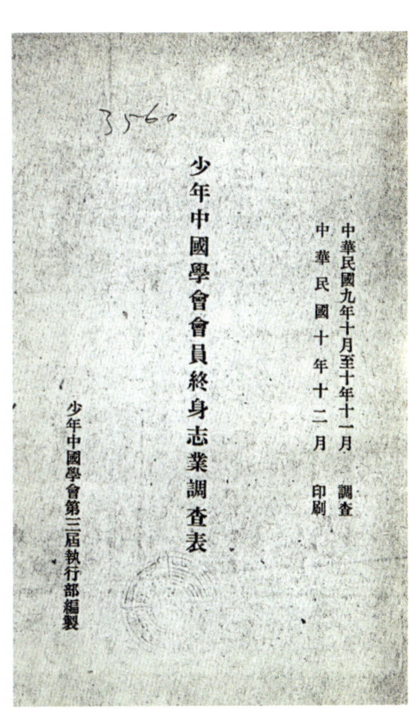

3560

少年中國學會會員終身志業調查表

中華民國九年十月至十年十一月 調查
中華民國十年十二月 印刷

少年中國學會第三屆執行部編製

▲ 1921 年 12 月，杨钟健作为“少中”执行部主任编纂的《少年中国学会会员终身志业调查表》。

《少年中国》是“少中”的主要刊物。杨钟健的名字时常在《少年中国》上出现。1922 年 9 月，他在《略谈学会问题》一文中，阐述了对学会宗旨和活动取向的看法。1923 年，当人们对 1920 年甘肃特大地震仍心有余悸时，他发表了《地震与人类安全》一文。同年 10 月，“少中”第 4 届年会在苏州召开，提出了“求中华民族独立，到青年中间去”的具体行动路线。杨钟健和邓中夏、恽代英、刘仁静、常道直、恽震、左舜生等人出席大会，并在宣言上签字。杨钟健对“少中”的奉献，为他赢

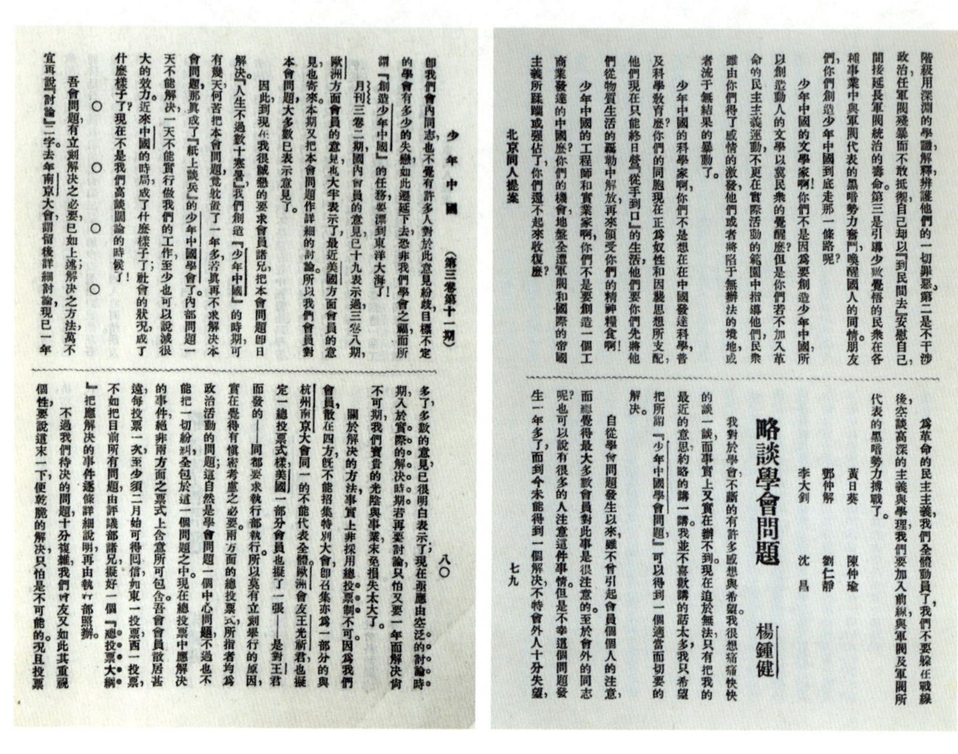

階級用深淵的學識解釋辨護他們的一切罪惡，第二是不干涉政治，任軍閥殘暴而不敢抵禦自己，卻以「到民間去」安慰自己，間接延長軍閥統治的壽命。第三是引導少數覺悟的民衆在各種事業中與軍閥代表的黑暗勢力奮鬥，喚醒國人的同情。朋友們，你們創造少年中國到底走那一條路呢？

少年中國的文學家啊！你們不是因爲要創造少年中國，所以創造勤人的文學以喚民衆的覺醒麼？但是你們若不加入革命的民主主義運動，不更在實際活動的範圍中指導他們，民衆雖由你們得了感情的激發，他們或者將陷于無辦法的境地，或者流于無結果的暴動了。

少年中國的科學家啊，你們不是想在在中國發達科學，普及科學教育麼？你們的同胞現在正爲奴性和因襲思想所支配，他們現在只能終日營「從手到口」的生活，他們要你們先將他們從物質生活的羈勒中解放，再來領受你們的精神糧食啊！

少年中國的工程師和實業家啊，你們不是要創造一個工商業發達的中國麼？你們的機會地盤全遭軍閥和國際的帝國主義所蹂躪或強佔了，你們還不起來收復麼？

北京同人提案

爲革命的民主主義，我們全體動員了，我們不要躲在戰線後，空談高深的主義與學理，我們要加入前線與軍閥及軍閥所代表的黑暗勢力搏戰了。

黃日葵 陳仲瑜
鄧仲解 劉仁靜
李大釗 沈昌

略談學會問題

楊鍾健

我對於學會，不斷的有許多感想與希望。我很想痛痛快快的談一談，而事實上又實在辦不到。現在迫於無法，只有把我的最近的意思，約略的講一講。我並不喜歡講的話太多，我只希望把所謂『少年中國學會問題』，可以得到一個適當而切要的解決。

自從學會問題發生以來，雖不曾引起會員個個人的注意，而總覺得最大多數會員對此事是很注意的。至於會外的同志呢？也可以說有很多的人注意這件事情。但是不幸這個問題發生一年多了，而到今未能得到一個解決，不特會外人十分失望，

七九

少年中國 （第三卷第十一期）

八〇

卽我們會內同志，也不覺有許多人對於此意見紛歧，目標不定的學會有多少的失戀，如此遷延下去，恐非我們學會之福，而所謂『創造少年中國』的任務，要漂到東洋大海了！

月刊三卷二期，國內會員的意見，已十九表示過，三卷八期，歐洲方面會員的意見也大半表示了，最近美國方面會員的意見也寄來，本期又把本會問題作詳細的討論。所以我們會員對本會問題，大多數已表示意見了。

因此，到現在我很誠懇的要求會員諸兄，把本會問題卽日解決。『人生不過數十寒暑』，我們創造『少年中國』的時期，可有幾天，何苦把本會問題，耽擱了一年多，若真再不求解決本會問題，那真成了『紙上談兵』的少年中國學會了。內部問題一天不能解決，一天不能實行做我們的工作，至少也可以說減很大的效力。近來中國的時局，成了什麽樣子了；社會的狀況，成了什麽樣子了？現在不是我們高談闊論的時候了！

○ ○ ○ ○

吾會問題，有立刻解決之必要，已如上述；解決之方法，萬不宜再說「討論」二字。去年南京大會，謂留後詳細討論，現已一年多了，多數的意見，已很明白表示了；現在亟應由空泛的討論時期，入於實際的解決時期，若再要討論，只怕又要一年，而解決尙不可期，我們寶貴的光陰與事業，未免損失太大了。

關於解決的方法，事實上非採用總投票制不可。因爲我們會員，散在四方，既不能招集特別大會，卽召集亦爲一部分的與杭州南京大會同一的不能代表全體。歐洲會友王光祈君，也擬定一總投票式樣，美國一部分會員也擬了一張——是對王君而發的——同都要求執行部執行。所以莫有立刻舉行的原因，實在覺得有愼密考慮之必要。兩方面的總投票式，所指者均爲政治活動的問題；這自然是學會問題一個中心問題，不過也不能把一切紛糾，全包於這一個問題之中。現在總投票中應解決的事件，絕非兩方面之票式上含意所可包含。吾會會員散居甚遠，每投票一次，至少須二月，始可得回信，如東一投票，西一投票，不如把目前所有問題，由評議部諸兄，擬好一個『總投票大綱』，把應解決的事件，逐條詳細說明，再由執行部照辦。

不過我們待決的問題，十分複雜，我們會友又如此其重視個性，要說這末一下，便乾脆的解決，只怕是不可能的。況且投票

▲ 1922 年，《少年中国》第 3 卷第 11 期刊登杨钟健《略谈学会问题》一文。

少年中國

"THE YOUNG CHINA"

第四卷 第七期　民國十二年九月　每册一角五分 全年一元五角

要目

教會教育問題	余家菊
生命的跳躍	張聞天
哲學與科學	李儒勉譯
法國經濟學史略	李璜譯
地震與人類的安全	楊鍾健
對學會的一個建議	劉仁靜
重慶公學始末記	楊效春
酒館中	李劼人譯

少年中國學會出版
上海中華書局有限公司發行
各省中華書局分售
【中華郵務局特准掛號認爲新聞紙類】

▲ 1923 年，《少年中国》第 4 卷第 7 期刊登了杨钟健《地震与人类的安全》一文。

得广泛的友情和赞赏。1921 年 11 月，中国共产党早期领导人恽代英写信给杨钟健说：“我们许久是神交了。……看（刘）仁静、（苏）甲荣等的推许，我已猜想（你）是一个如何纯洁勤奋的同志。”“少中”主要创始人王光祈更是和杨钟健志同道合，保持长期交往。

五四运动时期，各地青年学子满怀爱国激情，意气风发地办刊结社。北大校园内外，社团林立，学生刊物层出不穷。在北大本科的四年中，杨钟健还和陕籍同学一起创

少　年　中　國　　　　第四卷第八期

培養爲民族獨立運動犧牲的品性。

九、提倡華僑教育與邊疆教育，以培養中華民族獨立運動的實力，且注意融洽國內各民族的感情，以一致打倒國際勢力的壓迫。

陳啟天　楊效春　李儒勉　沈　昌　倪文宙　蔣錫昌　曾　琦

鄧仲澥　惲代英　劉仁靜　楊賢江　常道直　涂開輿　梁紹文

惲　震　左舜生　楊鐘健　田　漢　黃仲蘇　穆濟波　沈澤民

（按田黃穆沈四君並未加入蘇州會議均因同意此項宣言簽名。）

少・年・中・國・學・會・月・刊

第四卷　民國十二年十二月　第八期

少年中國學會蘇州大會宣言

少年中國學會會員，於民國十二年十月十四日蘇州大會，以到席者的同意，決定學會進行方針爲

「求中華民族獨立，到青年中間去。」

並製定學會綱領九條，宣告於國中說：有人心的國人，應當猛醒啊！我中華民國創造迄今，已十二載。然而內政日益紊亂，外交日益險惡。因經濟的壓迫，兵匪的紛擾，民生既日窘迫，民氣亦漸消沉。英美法日挾其帝國主義的淫威，干涉稅務，勒派賠款，挾制政局，欺蔽人民，以至一國政治經濟的大權，俱爲外人所掌握，而國民的思想言論，亦不自覺的漸奴服於國際勢力之下。近年以來，財政共管的呼聲，已漸不聞國民激昂的反抗；而外力干涉的論調，甚至於且漸受一般無識者的歡迎。中華民族的獨立精神，日益墮落於不可問的境地。有人心的國人，應當猛醒啊！

國人不知注意現時政治經濟及其他社會問題的真正現象，亦很少切實刻苦以團結民衆，從事於鼓鑄國民自決的心理。一般知識界的領袖，只知托庇於外國侵略的文化政策或教會教育之下，歌頌英美執政者的功德，諛譽歐美人民道德知識的高尚。他們對於國家存亡關鍵的重要問題，凡有不爲外人所顧問的，均以爲不應加以討論主張。他們看見軍閥的專橫，盜匪的充斥，議員的賄選，政客的營私，只知嘆爲國家將亡，無可救治的徵兆。他們決不肯想凶惡狡猾的人，世所常有；惟外資壓迫，使人民失安居樂業的狀態，所以他們有憑藉以呼嘯其徒黨；外力援助，與兵匪以軍械財政的便利，所以他們有倚恃以進行其爭鬥。一切內部的禍亂，無非國際強壓之所引起，亦無非國際陰謀之所促成。乃不知以打倒國際勢力爲

1

▲《少年中国》第 4 卷第 8 期刊登的“苏州会议”宣言首页及末页。杨钟健等 21 人在宣言上签字。大会宣言的主题是“求中华民族独立，到青年中间去”。这一宣言试图为当时“少中”的活动宗旨确定更为具体的行动方向。

办《共进》半月刊和共进社，这让他把自己的命运和陕西家乡的情势发展紧密相连。

1920 年下半年，陕西教育厅厅长郭希仁在陕西学校提倡尊孔，让师生在孔庙行跪拜礼。这种在五四运动过后的倒行逆施，激起十几位陕西旅京学生发起公开的“反郭抗争”。1921 年春，杨钟健从第二宿舍（东斋）搬到三眼井胡同附近的吉安所左巷 6 号。他和八九位“反郭抗争”行动的骨干合租房舍，搭伴开伙。意气相投的同乡们朝夕相处，时刻关注着陕西家乡的局势。一个立志改造陕西社会的青年群体核心逐渐形成了。

多年来，陕西战乱连连，随着北洋军阀中各派势力的消长，陕西省的督军和省长也像跑马灯一样换来换去。在直系的陆建章、皖系的陈树藩之后，原是河南地方武装统领的刘镇华又成了省长兼督军，集军政大权于一身。刘镇华长期在各路军阀之间游走谋利，而置陕西民生于不顾。杨钟健对刘镇华深恶痛绝，曾立下“身不事刘”的誓言，永远不在统治陕西的刘镇华手下谋事求生。

▲ 1921 年秋，杨钟健在吉安所左巷 6 号的庭院中。这里是他和陕籍同学一道编辑《共进》半月刊、组织共进社的地方。

1921 年 10 月，杨钟健和李子洲、刘天章、赵国宾、杨晓初等人在吉安所左巷 6 号创办了《共进》半月刊，其宗旨是“提倡桑梓文化，改造陕西社会”。作为主编之一，杨钟健以不同的笔名，长期为《共进》撰稿，鞭挞陕西军阀官僚的黑暗统治，并向读者介绍外界的新思潮和新知识。和以前的《秦劫痛话》和《秦钟》相比，《共进》半月刊具有更强的针对性和更清晰的目标。

12 月，杨钟健以“本社同人”的名义在《共进》发表他的战斗檄文《去刘篇》，号召通过直接和间接的力量驱逐刘镇华下台。他历数刘镇华在陕西造成兵匪泛滥、民不聊生的恶政劣行。他指出：“刘镇华一日不去，我们的痛苦一日不止；我们的痛苦一日不已，我们不能做我们所要做的事，以求我们生命上的安全，过我们人的生活。”他在文中疾呼：

> 刘镇华：杀戮我父兄，掠夺我田庐。……为保我们生命的安全，为达改进陕局的坦途，去刘！去刘！生命之火燃了！自由之花开了！不必再在苦痛中求生路了！

《共进》半月刊出版后，在北京和陕西都产生了很大的影响。《共进》的发行量达三四千份，而其中很多是在读者中辗转传阅，实际的读者群更为庞大。1922 年 10 月，以陕西学生为主体的共进社正式成立，杨钟健和李子洲、刘天章、赵国宾等成为共进社初期的主要领导成员。本着“提

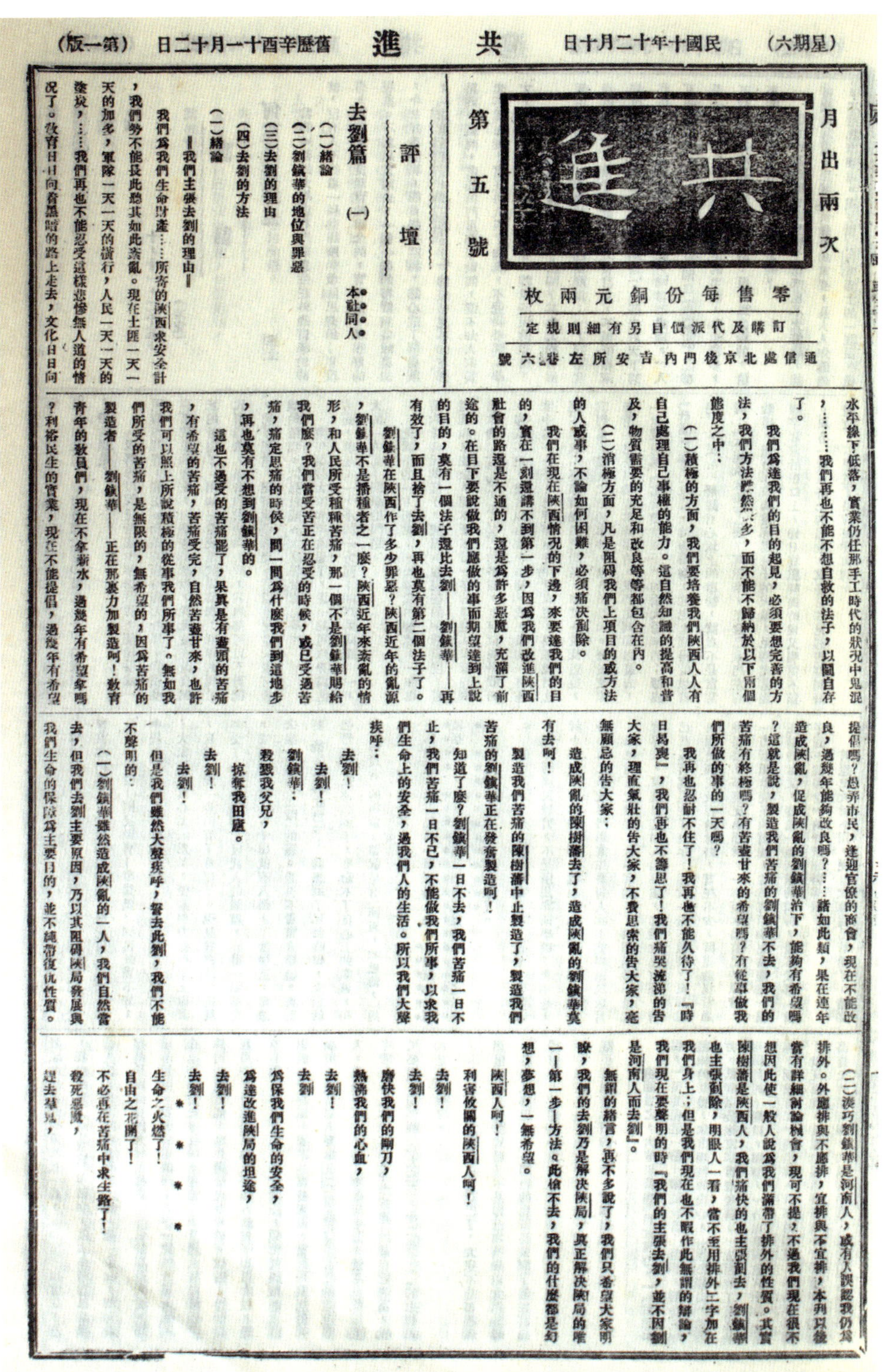

(星期六) 民國十年十二月十日 共進 舊歷辛酉十一月十二日 (第一版)

月出兩次

共進

第五號

零售每份銅元兩枚

訂購及代派價目另有細則規定

通信處北京後門內吉安所左巷六號

評壇

去劉篇(一) 本社同人

(一)緒論
(二)劉鎮華的地位與罪惡
(三)去劉的理由
(四)去劉的方法

——我們主張去劉的理由——

(一)緒論

我們爲我們生命財產……所寄的陝西求安全計，我們勢不能長此聽其如此紊亂。現在土匪一天一天的加多，軍隊一天一天的橫行，人民一天一天的塗炭，……我們再也不能忍受這樣悲慘無人道的情況了。教育日日向着黑暗的路上走去，文化日日向水平線下低落，實業仍任那手工時代的狀況中鬼混，……我們再也不能不想自救的法子，以圖自存了。

我們爲達我們的目的起見，必須要想完善的方法，我們方法雖然很多，而不能不歸納於以下兩個態度之中：

(一)積極的方面，我們要培養我們陝西人人有自己處理自己事權的能力。這自然知識的提高和普及，物質需要的充足和改良等等都包含在內。

(二)消極方面，凡是阻碍我們上項目的或方法的人或事，不論如何困難，必須痛決剷除。

我們在現在陝西情況的下邊，來要達我們的目的，實在一刻還講不到第一步，因爲我們改進陝西社會的路還是不通的，還是爲許多惡魔，充滿了前途的。在目下要說做我們應做的事而期望達到上說的目的，莫有一個法子還比去劉——劉鎮華——再有效了，而且捨了去劉，再也莫有第二個法子了。

劉鎮華在陝西作了多少罪惡？陝西近年的亂源，劉鎮華不是播種者之一麽？陝西近年來紊亂的情形，和人民所受種種苦痛，那一個不是劉鎮華賜給我們麽？我們當受苦正在忍受的時候，或已受過苦痛，痛定思痛的時候，問一問爲什麽我們到這地步，再也莫有不想到劉鎮華的。

這也不過受的苦痛罷了，果真是有盡頭的苦痛，有希望的苦痛，苦痛受完，自然苦盡甘來，也許我們可以照上所說積極的從事我們所事了。無如我們所受的苦痛，是無限的，無希望的，因爲苦痛的製造者——劉鎮華——正在那裏力加製造呵！教育青年的教員們，現在不拿薪水，過幾年有希望嗎？利裕民生的實業，現在不能提倡，過幾年有希望提倡嗎？愚弄市民，逢迎官僚的商會，現在不能改良，過幾年能夠改良嗎？……諸如此類，果在連年造成陝亂，促成陝亂的劉鎮華治下，能夠有希望嗎？這就是說，製造我們苦痛的劉鎮華不去，我們的苦痛有終極嗎？有苦盡甘來的希望嗎？有從容做我們所做的事的一天嗎？

我再也忍耐不住了！我再也不能久待了！『時日曷喪』，我們再也不籌思了！我們痛哭流涕的告大家，理直氣壯的告大家，不費思索的告大家，毫無顧忌的告大家：

造成陝亂的陳樹藩去了，造成陝亂的劉鎮華莫有去呵！

製造我們苦痛的陳樹藩中止製造了，製造我們苦痛的劉鎮華正在發奮製造呵！

知道了麽？劉鎮華一日不去，我們苦痛一日不止，我們苦痛一日不已，不能做我們所事，以求我們生命上的安全，過我們人的生活。所以我們大聲疾呼：

去劉！
去劉！
劉鎮華，
殺戮我父兄，
掠奪我田廬。
去劉！
去劉！

但是我們雖然大聲疾呼，誓去此劉，我們不能不聲明的：

(一)劉鎮華雖然造成陝亂的一人，我們自然當去，但我們去劉主要原因，乃以其阻碍陝局發展與我們生命的保障爲主要目的，並不純帶復仇性質。

(二)湊巧劉鎮華是河南人，或有人誤認我仍爲排外。外應排與不應排，宜排與不宜排，本刊以後當有詳細討論機會，現可不提，不過我們現在很不想因此使一般人說爲我們滿帶了排外的性質。其實陳樹藩是陝西人，我們痛快的也主張剷去，劉鎮華也主張剷除，明眼人一看，當不至用排外二字加在我們身上；但是我們現在也不暇作此無謂的辯論，我們現在要聲明的時『我們的主張去劉，並不因劉是河南人而去劉』。

無謂的緒言，再不多說了，我們只希望大家明瞭，我們的去劉乃是解決陝局，與正解決陝局的唯一——第一步——方法。此倘不去，我們的什麽都是幻想，夢想，一無希望。

陝西人呵！
利害攸關的陝西人呵！
去劉！
去劉！
磨快我們的鋼刀，
熱滿我們的心血，
去劉！
去劉
爲保我們生命的安全，
爲達改進陝局的坦途，
去劉！
去劉！
* * * *
生命之火燃了！
自由之花開了！
不必再在苦痛中求生路了！
殺死惡魔，
趕去羣鬼，

▲ 1921 年 12 月，杨钟健在《共进》半月刊发表的《去刘篇》。他历数陕西督军兼省长刘镇华的恶政劣行，鼓动将刘镇华驱逐下台。

倡桑梓文化，改造陕西社会”的宗旨，共进社明确了在思想文化、政治社会、教育实业等方面的活动范围。在陕西政局方面，共进社定下“驱逐刘镇华、废除督军、实现本省裁军、促进本省自治”的目标。从此，陕西旅京学生团体演进成一个名符其实的社团组织。

▲ 1922 年，杨钟健 25 岁生日时的留影。

杨钟健曾写信告诉父亲《共进》同仁商定的行动步骤。他说：

据诸友所定步骤，对于陕局可为大人告者：（一）驱刘，（二）鼓吹民选省长，（三）彻底改造省议会，（四）实行自治。此为政治方面最近所取之步骤，同时教育实业，亦均有具体预定计划，但在共进上占一重要地位，当在驱刘一步走完以后。至于知识之输入，自当随时努力。

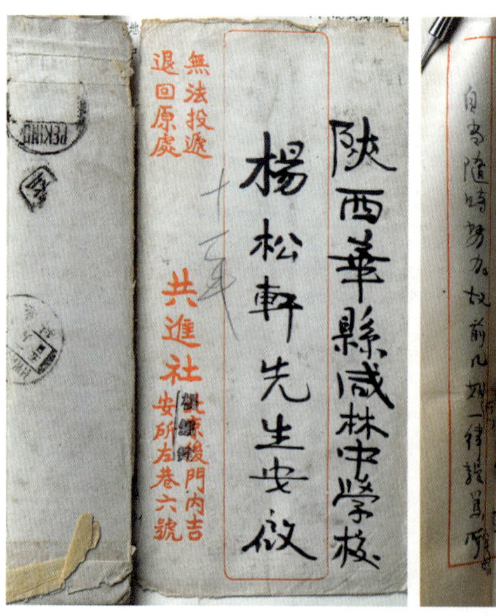

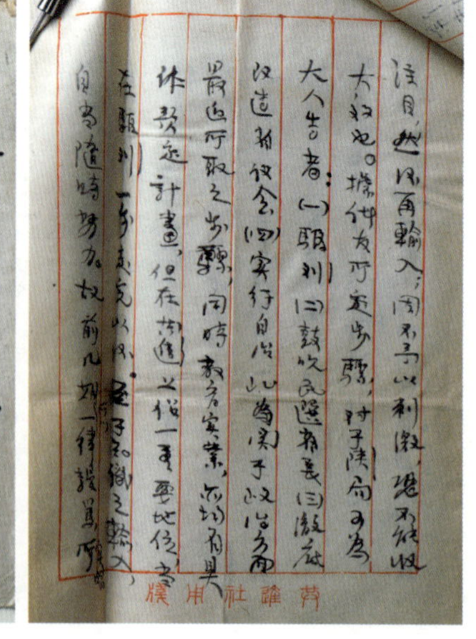

大效也。據諸友所定步驟，對于陝局可為
大人告者：(一)驅劉 (二)鼓吹民選省長 (三)徹底
改造省議會 (四)實行自治。此為政治方面
最近所取之步驟，同時教育實業，亦均有具
体預定計畫，但在共進上占一重要地位，
在驅劉一步走完以後。至于知識之輸入，
自當隨時努力
共進社用牋

▲ 1922 年，杨钟健用共进社信笺给父亲写信，告诉父亲共进社成员商定的行动步骤。

共进社在极盛时，社员多至200人左右，在北京学生运动和陕西文化运动中颇有影响。杨钟健回忆道：

> 在学生时代，我所参加的主要团体活动为共进社、少年中国学会和地质研究会，并均当过主持人。尤以对共进社，我自始至终十分热诚扶助。……当时北大的团体很多，共进社成员本其自己选择，也加入了这些团体中若干组织进行活动。最多的为平民教育演讲团等。凡是北京大学学生有什么活动，如非宗教大同盟、驱彭挽蔡运动等，共进社的成员都是其中的积极分子。
>
> 我与以共进社为中心的许多友人，如李子洲、刘天章、赵国宾、魏野畴等，……朝夕相处，常在一起谈许多有关学生运动及陕西学生的事情。那时我年龄最小，而活动力特强。

1922年3月，祖父杨耀海先生在家乡病逝。杨钟健遵照父亲的托付，在北京请蔡元培和李大钊为祖父撰写墓表和墓铭。8月，他又与北大学生邓中夏、黄日葵、高君宇等投入民权运动大同盟的活动。

《共进》半月刊在灌输新知识、新思潮方面起到不容低估的作用。共进社的成员先后分布北京、陕西、天津、上海等地，其中很多人后来服务于陕西教育界。一些共进社成员受到十月革命和社会主义思想的影响，在地方上发起学习马克思主义的活动，组织农民抗争运动，乃至投身革命武装斗争。李子洲、刘天章、魏野畴等共进社骨干后来都在武装斗争中献身。1926年9月，《共进》和共进社被控制北京的奉系军阀张作霖封闭。

在北大岁月中，从《秦劫痛话》和《秦钟》，到《共进》和《少年中国》，杨钟健谈及政治、社会和新文化运动的文章有将近100篇。他回忆说：

▲ 1922年10月10日，在《共进》半月刊成立1周年纪念时，共进社在杨钟健等居住的吉安所左巷6号正式成立。这是杨钟健保存的《共进》半月刊周年纪念照片。

▲ 1918年春，杨钟健的父亲杨松轩等人在华县教育会高等小学的基础上，创办了咸林中学。这是当时陕东地区唯一的一所中学。杨钟健曾介绍共进社成员魏野畴、王复生、王德崇等到学校任教。

（写这些文章）代表了我在学生时代的一种热情。当时，陕西局势黑暗，军阀弄权，政治不清明，我又处于新文化策源地的北京大学，出于义愤，便积极参加学生运动。我们当时有一种见解，以为革新社会，改造社会，建立新国家，应从地方做起，所以共进社之成立，以陕西青年为结合基础，本意是想将陕西弄好，并希望各省也有类似组织。

杨钟健为五四运动时期的学生运动尽到时代的职责，也为陕西和整个社会的变革立下不可磨灭的功绩。

5. 投身地质

1919 年 9 月，杨钟健升入北大本科的地质系，在投身地质、实业报国的道路上迈出第一步。当时，在中国第一代地质宗师章鸿钊、丁文江、翁文灏等人的推动下，中国现代地质学和高等地质教育刚刚度过踉跄起步的早期岁月，进入初具规模的关键时刻。

▲ 1922 年 11 月，三年级的杨钟健参加北大地质系实习，进行野外勘测。

在 4 年的本科学习期间，通过上课和野外实习，杨钟健对地质和古生物学的兴趣日益增加。二年级时，他还和其他地质系同学一起，发起组织了中国地质学领域的第一个学术性组织北京大学地质研究会。他多次参加野外实习考察，足迹遍及南口、西山等北京周边地区，以及山西、河南、山东等地。他同时积极参与共进社、少年中国学会等进步团体的活动，并作为北京大学学生干事会的代表，前往上海参加了全国学生联合会的活动。

他保存的很多珍贵的野外照片和信件，向人们讲述他选择科学报国、立志终身从事地质古生物学事业的心路历程。

中国大学的地质教育可以追溯到 1909 年。当年，北大前身京师大学堂在格致科下设立地质学门，并招收了三名学生，由索尔格（F. Solger）等外籍教师授课。其中只有一位学生王烈在毕业前赴德国留学，回国后成为北大地质系教授，另两人于 1913 年学成毕业后并未从事地质工作。1912 年，京师大学堂改称国立北京大学，格致科改称理科，但由于学生人数太少，北大地质系于 1913 年停止招生。

1913 年，农商部地质科借用原北大地质系的地址和设备，创建一个培养地质调查人才的专门学校，名为“地质研究所”。农商部地质科设立于 1912 年，是中国历史上的第一个地质行政机构，先后由留日归国的章鸿钊和留英归国的丁文江任科长。1913 年，翁文灏在比利时获得授予中国人的第一个地质学博士学位后，回国加入地质研究所的工作。在章鸿钊、丁文江、翁文灏和其他中外教师的努力下，地质研究所用三年的时间，对学员进行严格的训练，于 1916 年成功培养出 22 名地质专业骨干。他们大多进入刚刚成立的农商部地质调查所，成为中国自己培养的第一批地质调查人员，担当起在各地开展地质调查工作的重担。

1917 年，在地质研究所完成培训中国第一批地质调查人才的重任后，北大地质系恢复了本科招生，中国高等地质教育开始进入正轨。此时，杨钟健刚刚开始在北大预科的学习生活。

中国第一代地质宗师和地质研究所学员在短短三年内取得的成果，对中国地质教育的早期发展起到巨大的激励和示范作用。1916 年，章鸿钊和翁文灏将地质研究所学员野外实习和考察的成果整理编纂成的《地质研究所师弟修业记》一书正式印行。翁文灏在序言中写道：

以中国之人，入中国之校，从中国之师，以研究中国之地质者，实自兹始。……况诸生中不乏有志之士，诚能不骛志于世俗之纷纭，而以发挥我国地质为己任，则继此以往，将见真理日出，而新旧知识愈以递嬗于无穷。

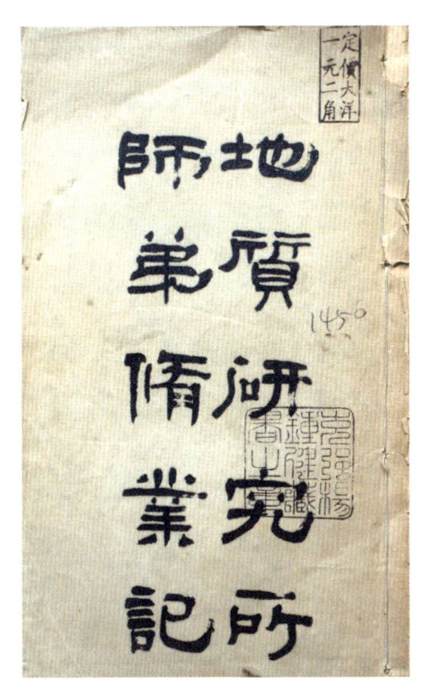

▲ 杨钟健保存的《地质研究所师弟修业记》一书。

1916 年，地质调查所所长丁文江和外籍顾问、瑞典地质学家安特生（J. G. Andersson）又决定在开展地质调查的同时，加强收集和整理古生物化石。这无疑为杨钟健后来走上地质古生物学研究的道路创造了条件。

杨钟健是北大地质系 1917 年恢复招生后的第三批学生，也是 1919 年北大采用选科制后的第一批地质系学生。按照选科制的要求，学生只要在 4 年内修完 80 个学分，即可毕业。杨钟健在地质系第一年学习的普通课程有社会概论、哲学概论、科学概论等，专业课有普通地质学、矿物学、岩石学等。曾为杨钟健授课的教授先后有胡适、陶孟和、王星拱、王烈、何杰、丁文江、翁文灏、李四光和葛利普（A. W. Grabau）等人。和杨钟健同班的地质系同学，很多成为中国地质界举足轻重的专家、学者，包括侯德封、赵亚曾、田奇瓗、张席禔等人。

杨钟健二年级时，北大在地质和古生物教学方面开拓了令人兴奋的新局面。在丁文江和蔡元培等人的努力下，北大成功地争取到葛利普教授和李四光教授来北大任教。葛利普教授来华前曾在美国哥伦比亚大学任教，已经发表过很多古生物学和地质学方面的著述。李四光则是刚刚在英国伯明翰大学完成硕士论文，抱着发展中国地质事业的决心，回国任教。葛利普讲授地史学和古生物学，同时任地质调查所的古生物技师。李四光讲授岩石学和构造学。两位先生热心教学，引起人们的敬慕，更激发了杨钟健投身地质和古生物学研究的极大兴趣。他回忆道：

> 与其说在功课方面受到益处，毋宁说还是葛先生那一种孜孜不倦的治学精神和李先生曾于教职员罢课期间仍带我们出外实习那一种实干毅力对于我实有无限的推进的作用。

1920年9月，二年级的杨钟健和地质系同学赵国宾、田奇瓗等人开始筹备成立北京大学地质研究会（1929年后改称北京大学地质学会）。这是中国地质学领域成立的第一个学术性组织，目的是通过邀请学者讲演、实地调查、发行书刊等活动，“求地质上的真理”，并“引起社会上对于地质的注意”。地质研究会成立的“公启”说：

> 我们中国地质，向来少人调查、即有言之，无非就外人调查的大概而言，这是何等可耻的事？我们力量虽少，却要尽力所到，一洗此耻。……我们知道，所具有的学识都很少，一刻要到达目的是不行的。不过我们立志，所有可以增加我们求真理的兴趣，和可以促进我国地质学进步的方法，无不尽力所及为之。

10月10日，地质研究会举行了成立大会，杨钟健任会务委员会委员长。仅在成立后的半年中，研究会即邀请丁文江、葛利普、何杰、王烈、丁格兰（T. G. Tegengren）等人作了6次讲演。1921年10月，研究会又出版了第一期北京大学地质研究会年刊，杨钟健是编辑委员会成员，并写了发刊词。

1921年3—4月，北京大学和其他高校教师发动罢教，向教育总署和北洋政府追索拖欠的薪资。在停课罢教期间，李四光出于对学生学业和前途的关爱，带领杨钟健等地质系学生到北京西山、河南六河沟等地进行野外实习考察，并采集标本。

北京西山地区有很多不同地质时代的代表性地层剖面，还有很多独特的地质遗迹，记录着地球历史上曾经发生过的各种地质活动。3月下旬，杨钟健和同学们到北京西山的九龙山附近进行为期5天的地质实习考察。这也是杨钟健最早的有照片记录的野外实习。

1921年4月，杨钟健写信告诉父亲跟随李四光到河南六河沟矿井等地考察、实习的情形。他写道：

▲ 北大地质系的同学们在北京西山的九龙山上。

> 儿于四月四日曾上一片，当蒙收讫。自西山回京后，教职员仍继续罢工。后适李四光先生言，近瑞典一古生物家欲研究中国古植物拟在河南彰德一带采集化石，而李君欲藉此作些层序学，愿带几位学生随往。同行共六人：李君、国宾、浙江王君、山西苗君，五日下午三时到河南丰乐镇下车后，先到六河沟。……六日看其大概，七日八日作切面，九日过漳河（交直隶界）观察，十日下六河沟矿井，实为第一次所见甚多；十一日到广东探煤矿。连日所采化石有十三箱，成绩可算很好……。

在实习中，杨钟健在六河沟煤矿目睹工人的遭遇，他写下《矿工》一诗说：

黑沉沉的许多地洞，来来往往的几盏小灯，可怜的许多同胞，在内作一天十二小时的劳工……但是他们苦极了，得不到人的快乐，枉尽了牛马的效用。可怜他们一个大字不识，哪知道什么是“劳工神圣”，唉！一言难尽的中国矿工。

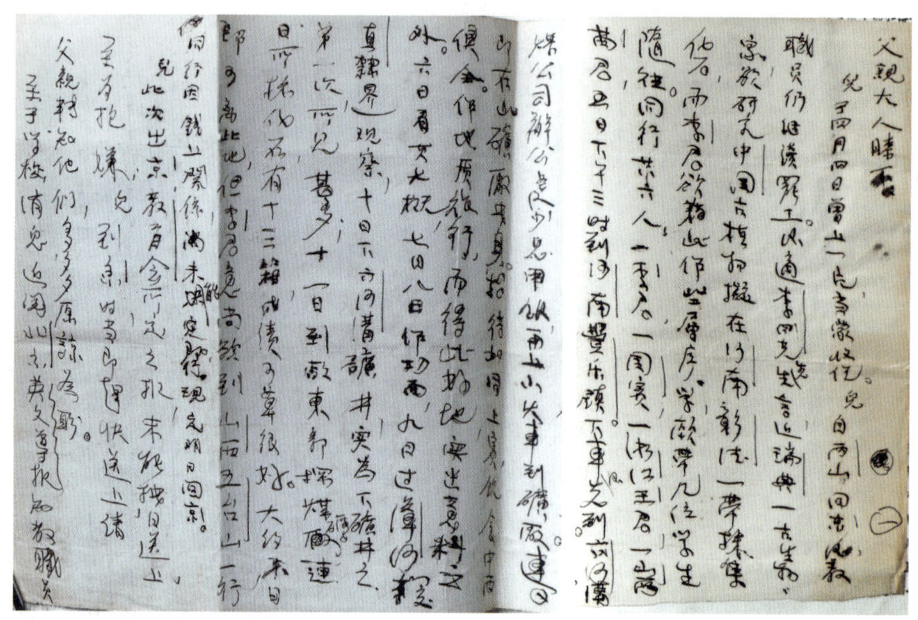

▲ 1921 年 4 月，杨钟健写信告诉父亲跟随李四光到河南六河沟矿井等地考察、实习的情形。

到了 1921 年 9 月，杨钟健进入地质系三年级。这时，年轻的中国地质学界在很多方面都取得新的进展。

1921 年 8 月，地质调查所顾问安特生、美国古生物学家葛兰阶（W. Granger）及安特生的助手师丹斯基（O. Zdansky），在北京周口店的鸡骨山发现了少量脊椎动物化石，为在中国寻找古人类化石、探索古人类起源的世纪之举，迎来了第一缕希望的曙光。同时，地质调查所通过各界捐款，在北京兵马司胡同 9 号建成地质图书馆和陈列馆。1922 年 2 月，中国地质学会成立。7 月，地质调查所举办隆重的图书馆、陈列馆新馆开幕典礼。为兴建图书馆捐资千元的黎元洪大总统出席典礼，并和为中国地质学早期发展奉献心血的中外人士合影留念。

杨钟健回忆说：

> 到了三年级，（地质）系又分组，我入了地史古生物组。这完全是受了葛利普的影响。以后，我对地质不但发生了兴趣，还成了系内一名活跃分子，创办了地质研究会，对中国地质发展情形也有了深刻的了解。

▲ 1922年11月，杨钟健拍摄的地质调查所新建成的图书馆外景。

1922年，杨钟健成为新成立的中国地质学会的会友（学生会员）。4月初，杨钟健和同学们到北京八达岭和明陵等处野外旅行。八达岭一段的长城，主要坐落在花岗岩侵入体上。考察这一带的地形，有助于了解花岗岩从形成到出露所经历的各种地质过程。

杨钟健还多次到北京南口实习。1922年11月，在四年级的第一学期，他和同学到南口，进行为期20多天的野外实习和考察。他们住在南口车站的旅馆。除了实测地形图、填注地质内容外，还采集化石标本并作有关的地质观察。杨钟健在南口多次写信告诉父亲野外实习的感受。

▲ 旅行完毕后乘车返回途中。图中左下方是杨钟健的同学和好友王恭睦。图中左侧及中间的两名站立者是带队的外籍教员。

▲ 1922 年 4 月，杨钟健拍摄的八达岭长城。

▲ 1922 年 11 月，杨钟健拍摄的南口地层情况。

11 月 20 日，他在信中说：

> 今日儿同班至南口旅行，天气很冷，又要爬山，又吃不好，真正受罪，只为求知识可以安慰精神耳。……此行虽苦，但为求学问，并且可以把北京一切活动，置之不理，精神上十分畅快，身体亦甚安好。

在信中，他还描述了野外生活和实习的详细情形：

> 匆匆到此，业已九日，每日忙于测量，忙于上山，忙于预备一切。早七时即须出发，作到下午五点，始行回寓。中饭只每日

买馒头三四个拿到山上，聊当一饭。自买一暖壶以备解渴。前几天上山不惯，回后非常疲倦。……（前）几天，天气晴朗，但昨日下午微雨半途而回。今早……到山顶，狂风怒号，连仪器也震荡不定，实不能作，故即回家。

1923年是杨钟健在北大地质系的最后一年。这一年，他随助教孙云铸先后到河北唐山和山东济南附近野外实习。他还参加了北大师生的“驱彭挽蔡”的学潮，并作为北京大学学生干事会的代表，到上海参加全国学生联合会的工作，编辑全国学生大会的特刊。随后，他开始了毕业后赴德国留学的准备工作。

1923年2月初，杨钟健和同学冒着严寒，随助教孙云铸到河北唐山附近的古冶、赵各庄、长山、马家湾、凤山等地实习。返京后，他开始感冒，并有些咳嗽。2月中，他用共进社的信笺，写信告诉父亲：

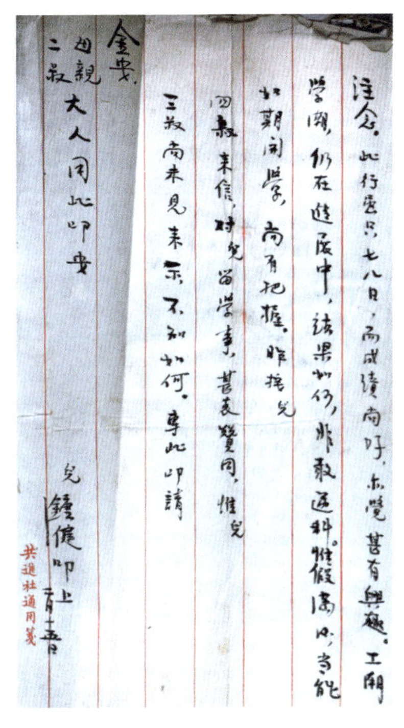
注念。此行雖只七八日，而成績尚好，亦覺甚有興趣。工潮、學潮，仍在進展中，結果如何，非敢逆料。惟假滿時當能如期開學，尚有把握。昨接兒四叔來信，對兒留學事，甚表贊同，惟兒三叔尚未見來示，不知如何。專此叩請金安。

母親、二叔大人同此叩安

兒鍾健叩上

共進社通用箋

▲ 1922年2月中，杨钟健从唐山附近实习返京后，用共进社的信笺，写信告诉父亲野外实习的情形。

此行虽只七八日，而成绩尚好，亦觉甚有兴趣。工潮、学潮，仍在进展中，结果如何，非敢逆料。当能如期开学，（按时毕业）尚有把握。

杨钟健在地质系的本科学习时，全国罢教、罢课、罢工的风潮此起彼伏。1923年1月18日，北大校长蔡元培因不满当时的教育总长彭允彝越权干涉司法，愤而辞职，以示抗议。北京和各地学生立即掀起“驱彭挽蔡”的运动，要求政府罢免彭允彝、挽留蔡元培。这一运动把北京乃至全国学生的政治热情，推到五四运动过后的又一个新高潮。

杨钟健积极参加了“驱彭挽蔡”运动和随后的各种活动。他参加“北大学生新闻”和“北京学生联合会日刊”的编校工作，并被推派为北大学生干事会的全权代表，去上海参加全国学生联合会的工作，编辑全国学生大会的特刊。杨钟健从上海写信告诉父亲：

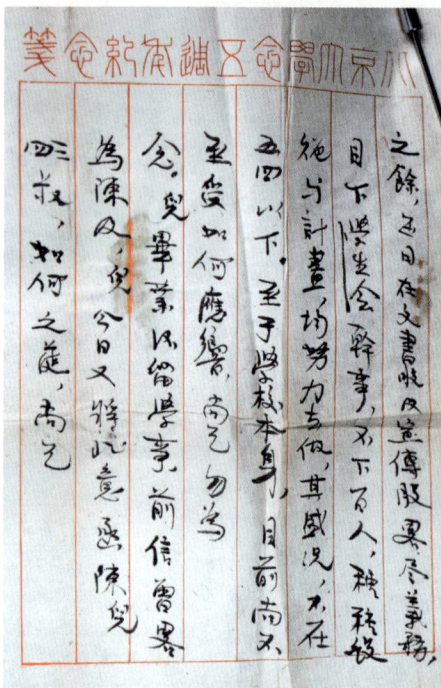

▲ 杨钟健在给父亲的信中，说明自己在北大学生干事会的工作情况。

（儿）每日在文书股及宣传股略尽义务，目下学生会干事，不下百人，种种设施与计划，均努力去做，其盛况，不在五四以下。至于学校（教学）本身，目前尚不致受如何影响……

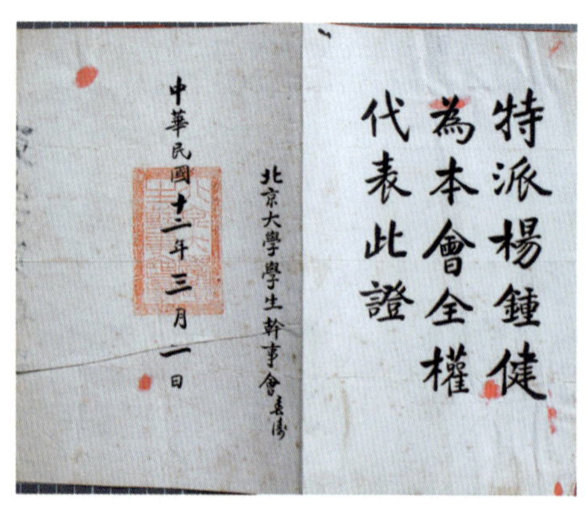

特派楊鍾健為本會全權代表此證

北京大學學生幹事會

中華民國十二年三月一日

▲ 1923年3月1日，北大学生干事会发给杨钟健的证书，任命他为全权代表参加上海全国学生联合会的工作。

3月4日，杨钟健和另一北大学生代表黄杰一道，由北京南下，在南京勾留一日，随后抵达上海。他多次向父亲说明他在上海期间参加的活动。

3月底，他写信告诉父亲，

他在上海的工作是“报告北京事件”“组织出版物”并筹备“全国学生联合会”事务。会后，他则“专心编辑出版物”。他在信中说：

> 此次运动，由蔡先生“痛心于政治清明之无望”一语，引得学生做政治运动，然恶势力如此其雄厚，学生能力如此其薄弱，社会人心如此其麻木，谓其可以一鼓成功，恐世上无如此容易事……

此时，正值第一次国共合作的开始。杨钟健在上海时和李大钊、邵力子等人朝夕相处，并经他们介绍，参加了孙中山领导的中国国民党。但他并未领取党证。上海的全国学生联合会于3月下旬被封，杨钟健在4月初到苏州参加少年中国学会的会议。杨钟健回忆道：“……就实际而言，自苏州会议（也就是我去上海时期开的会）后，我对社会活动已不如以前热心。”

在上海时，杨钟健得知家人同意他毕业后赴德留学的计划，心里充满了对家人多年来供养他在外求学的感激之情。他写信告诉父亲：

> 儿再得于毕业之后，留学数年，儿之高兴可知，然从此益当格外努力以赎良心与责任上之债务，而慰大人之心也。

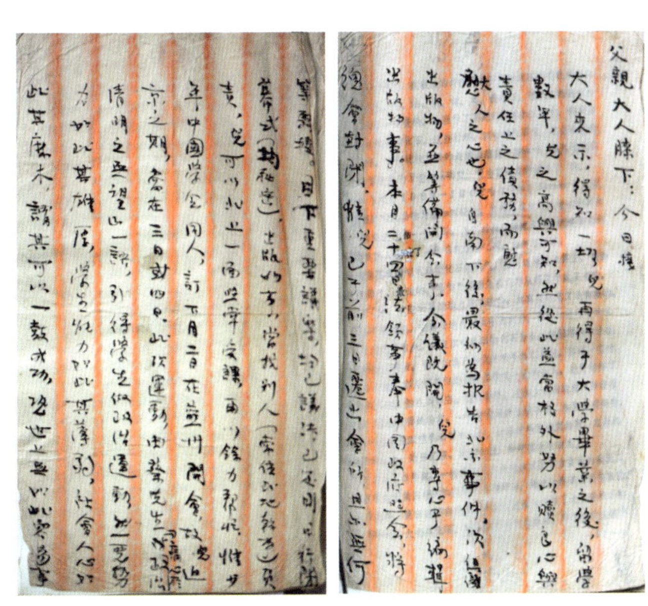
父親大人膝下：今日接大人來示，得知一切。兒再得于大學畢業之後，留學數年，兒之高興可知，然從此益當格外努力以贖良心與責任上之債務，而慰大人之心也。

▲ 1923年3月底，杨钟健从上海写给父亲的信，讲述他参加“全国学生联合会”工作的情形。

▲ 1923年4月28日，杨钟健在返京途中，特意在天津拍摄了出国留学的护照照片。

1923年5月初，杨钟健参加了北大毕业前的最后一次地质实习。在助教孙云铸的带领下，杨钟健全班的7名同学到山东济南、泰安一带，进行大约20天的野外实习。他们先在津浦铁路沿线的炒米店、崮山、张夏、馒头山等地考察经典地层，采集化石，后到泰安一带，并登上泰山。出发前，学校还专门为他们提前举行了期末考试。按照选科制的要求，学生只要在4年内修完80学分，即可毕业，而杨钟健此时修完的学分已高达92分。

▲ 在炒米店山上采集寒武纪化石。

▲ 在炒米店附近观察石灰岩上的砾岩。

1923年5月，杨钟健在济南附近的津浦路沿线作了毕业前的最后一次地质实习。津浦路沿线一带具有理想的寒武纪地层剖面，岩层中分布着不同地质年代的生物化石，对研究地球和生物的演变具有重要的意义。1903年，美国地质学家维里斯（B. Willis）和布莱克威尔德（E. Blackweider）曾在张夏、崮山等地测量了剖面，采集过化石。1945年，杨钟健作为中国古生物学界的新秀赴美国考察时，还特意到斯坦福大学拜访了维里斯和布莱克威尔德这两位研究张夏、崮山地层的先驱人物。

5月中，杨钟健到达泰安后，写明信片告诉父亲：

> 儿于今日下午已至泰安，在炒米店曾住四天，崮山二天，张夏一天。明日拟赴泰山，后天到曲阜，以后或走莱芜、博山等地，再到胶济路路线之章丘。此次旅行，苦是真苦，但成绩还好，亦时有兴趣。

1903，美国地质学家维里斯和布莱克威尔德把张夏、崮山一带的寒武纪地层自下而上划分为馒头页岩、张夏灰岩、崮山页岩和炒米店灰岩。1959 年，全国地层会议将张夏寒武纪地层剖面正式定为华北寒武系标准剖面。杨钟健等人野外考察时，对这些地层特性作了仔细的观察和记录，并在地质旅行笔记中作了详细的说明和标示。

杨钟健从山东野外实习回到北大后，着手准备他赴德留学的各项事宜。他的毕业论文《南口附近山脉的地形特征》，汇总了 1922 年在南口实习时获得的地质调查材料。1923 年初，他在中国地质学会的年会上宣

▲ 1923 年 5 月，杨钟健在崮山考察时就地小憩。

▲ 杨钟健（右上坐者）等人在济南附近考察奥陶纪地层。前排右一（坐者）为张席禔，右二（站立者）为助教孙云铸。

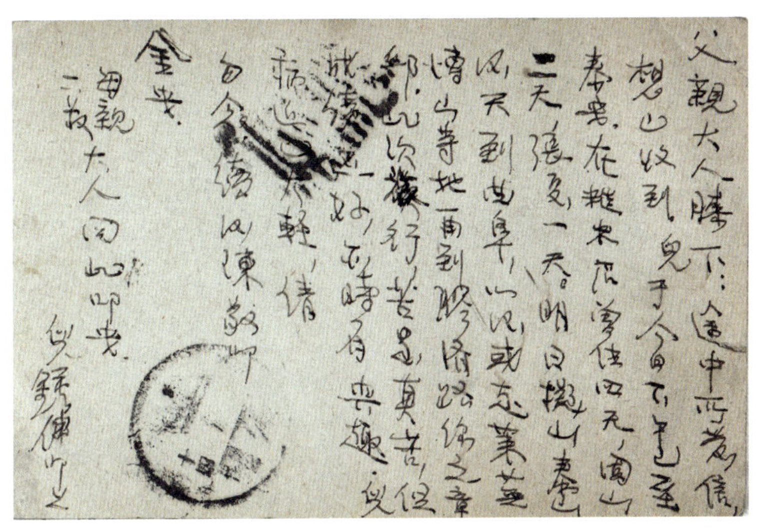

▲ 5月中，杨钟健到达泰安后写给父亲的明信片。

读了这篇论文。7月，他的论文在《中国地质学会志》用英文发表。这是杨钟健有生以来发表的第一篇科学论文。

杨钟健从北大毕业时，辞去了他在共进社担任的职务，也逐渐结束了其他团体的活动。此时，他真正坚定了终身从事地质学研究，走科学报国的道路选择。

1923年暑假时，他在和故乡、亲人告别之前，还约了几位友人进入少华山的千年古道石头峪，观察那里的地质情况。8月17日，在离父亲生辰还有五六天时，杨钟健告别了家乡，告别了亲人，返回北京，继续办理出国前的各种手续。9月，他从北京赴上海候船，其间还到过南京和苏州。

9月1日，日本横滨和东京一带发生空前惨烈的“关东大地震”。身为中国红十字会陕西分会理事长的三叔杨叔吉奉派赴名古屋调查灾情，并慰问陕西旅日侨胞。当时杨钟健的父亲也同赴日本。三叔和父亲计划在回国途经上海时，为杨钟健赴德留学送行。启程前，杨钟健父亲的谆谆嘱咐，让他终生难忘：

> 汝去后安心学业，力求有所进步。他日回国，能有裨益于国家社会，吾愿足矣。决不想汝丝毫有报于我也。

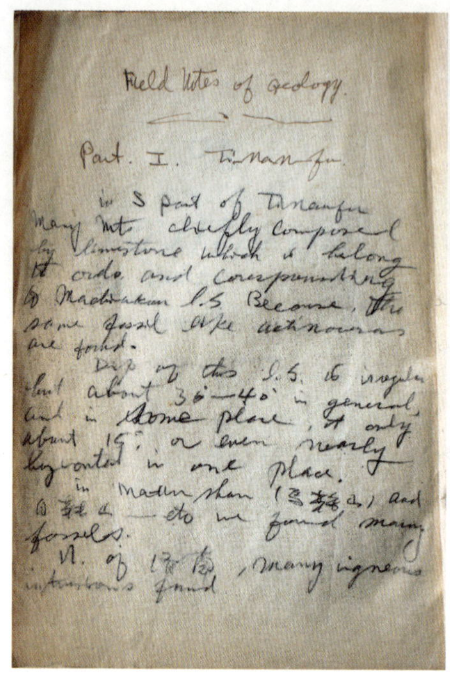

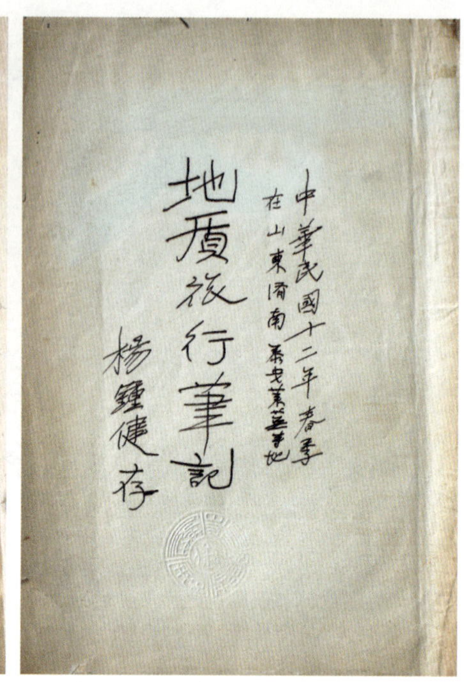

▲ 1923 年 5 月，杨钟健等人编纂的《山东地质旅行笔记》封面和部分文字内容。

▲ 杨钟健 1923 年 4 月的照片。

▲ 1923 年 10 月，杨钟健在等候从上海乘邮轮赴欧洲深造时，曾到南京一游。

第三章　旅欧深造

（1924—1927年）

1923年10月，杨钟健从上海走海路赴德国留学。他乘坐的邮轮，中途经过香港、西贡、新加坡、槟榔屿、哥伦布、吉布丁、苏伊士、亚历山大、马赛等地，抵达中转地巴黎。杨钟健从巴黎到德国后，经过3年多的努力，于1927年2月获得慕尼黑大学博士学位，成为在古脊椎动物学领域获得博士学位的第一位中国学者。随后，他又到瑞典、比利时、英国、法国等处，考察欧洲地质古生物学机构，结识地质古生物学名家。1928年2月，杨钟健取陆路回国，途经维也纳、华沙、莫斯科和西伯利亚，抵达北京，从此开始了为发展中国古脊椎动物学毕生拼搏的漫长生涯。

在旅欧往返途中，在不计其数的地质旅行和考察漫游中，杨钟健的足迹遍及欧亚大陆的城乡各地，上至巴黎、柏林、伦敦、慕尼黑等显赫都市，下至阿尔卑斯山谷中的奥地利乡间小镇。他不顾学习的繁重和地质旅行的劳苦，把旅欧途中的见闻和异乡学习、考察的观感，随笔写成分篇游记，陆续在《共进》半月刊发表，与国内读者分享。杨钟健回国后，又把这些游记汇编成册，以专集的形式出版，书名为《去国的悲哀》。

▲ 1923年10月，杨钟健赴德启程前在上海拍摄。

杨钟健还悉心保存了许多珍贵的信函和照片，从不同角度讲述他在欧洲各地的所见所闻，反映他在异乡求学生活的点滴情景。

1. 走进慕尼黑大学

1923年10月26日清晨，26岁的杨钟健从上海搭乘法国马赛的“安琪儿”号邮轮，启程赴德。父亲杨松轩、三叔杨叔吉和友人杨明轩等亲自登上驳船，送他到停泊在吴淞口外的邮轮。杨钟健在一片汪洋大海上和亲友作别，并记下了离别一刻的情景，感到自己的生活即将进入一个新的阶段，他写道：“当船开的时候，两只船慢慢地离开了。大家都脱了帽子，摇手离别，似乎一切的嘱咐和希望，都藉以表示出来。”

杨钟健离别祖国和亲人的时候，直系北洋军阀曹锟刚刚通过贿选当上总统，各派军阀之间的争权夺利日益加剧。杨钟健“带着满腔的悲哀，和少许的希望”，开始了环绕欧亚大陆的航程。

和杨钟健同乘“安琪儿”号邮轮赴欧洲学习的，还有他的北大地质系同学王恭睦，以及后来成为翻译家、作家的赵伯颜等。

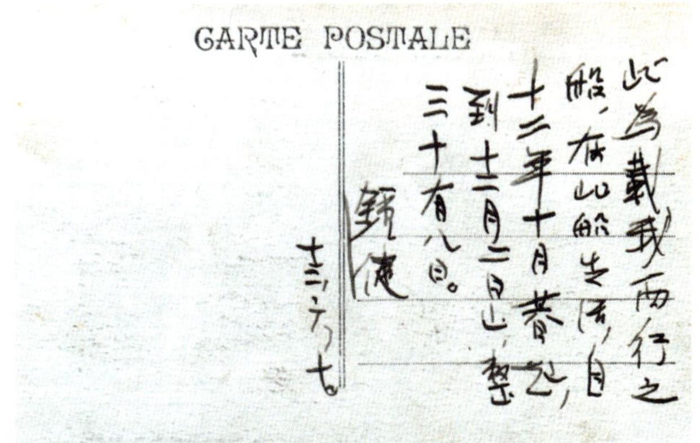
CARTE POSTALE

此為載我西行之船，在此船生活，自十二年十月廿六起，到十二月二日止，整三十有八日。

鍾健

十三.六.七

▲ 1924年，杨钟健寄给亲友的法国“安琪儿”号邮轮明信片。

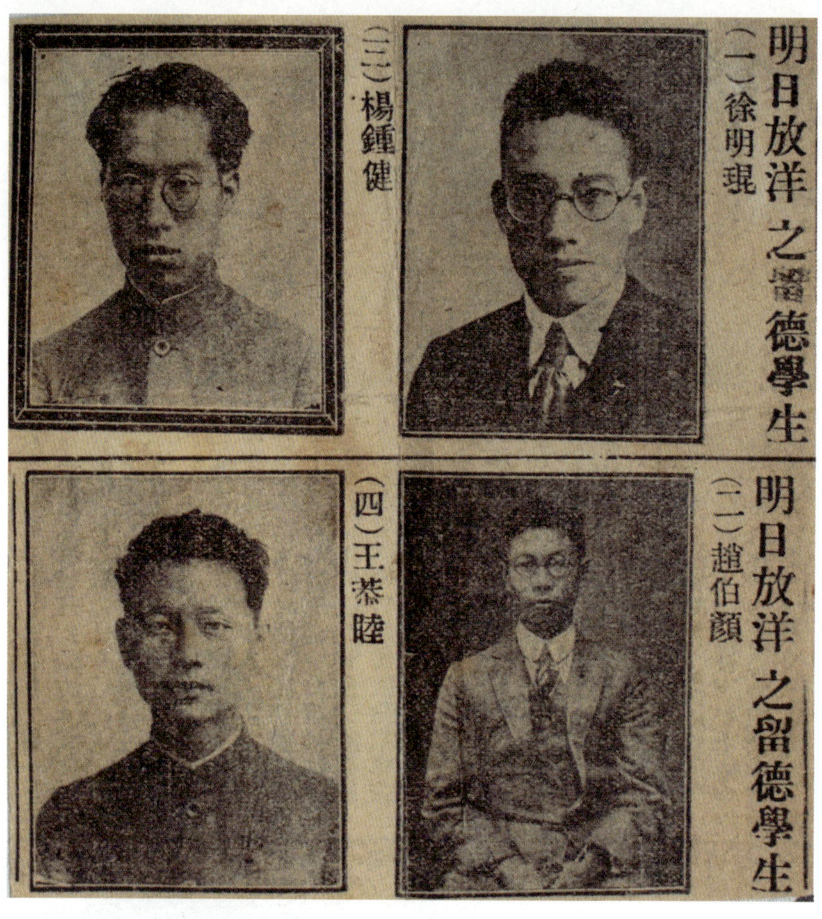

明日放洋之留德學生

（一）徐明現

（三）楊鍾健

明日放洋之留德學生

（二）趙伯顏

（四）王恭睦

▲ 杨钟健等启程前一天上海报纸登载的有关消息。

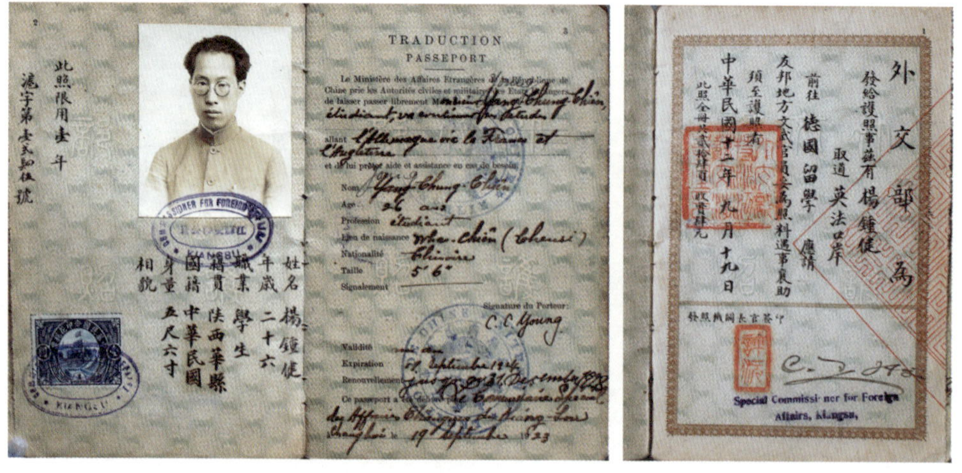

此照限用壹年

姓名 楊鍾健
年歲 二十六
職業 學生
籍貫 陝西華縣
國籍 中華民國
身量 五尺六寸
相貌

TRADUCTION
PASSEPORT

Le Ministère des Affaires Etrangères de la République de Chine prie les Autorités civiles et militaires des Etats étrangers de laisser passer librement

allant

et de lui prêter aide et assistance en cas de besoin.

Nom
Age 26 ans
Profession étudiant
Lieu de naissance
Nationalité
Taille 5'6"
Signalement

Signature du Porteur: C. C. Young

Validité
Expiration
Renouvellement

Ce passeport a

外交部為發給護照事茲有楊鍾健前往德國留學取道英法口岸應請友邦地方文武官員妥為照料遇事襄助須至護照者

中華民國十二年九月十九日

Special Commissioner for Foreign Affairs, Kiangsu.

▲ 1923 年杨钟健赴德国留学时使用的护照。

经过 38 天的航行，“安琪儿”号邮轮在 12 月 4 日抵达巴黎。杨钟健在巴黎停留了十多天，受到同乡张奚若、李文化及少年中国学会的旧识曾琦、李璜、李士林等众多友人的热情接待。当时，少年中国学会因不同的政治取向而出现分裂。曾琦、李璜等人刚刚在巴黎成立了“中国国家主义青年团”，后来改名“中国青年党”。

▲ 杨钟健（前排左）抵达巴黎后，和同行的王恭睦（前排右）、赵伯颜（后排左）、徐明琨（后排右）合影留念。

杨钟健从北京大学地质系毕业时，葛利普教授和李四光教授都希望他在国外选择研究古脊椎动物化石，以填补当时中国古生物学的空白领域。德裔古生物学家葛利普给他写了三封介绍信，一封给慕尼黑大学的布罗里教授（F. Broili；现译布罗伊利），一封给哈雷大学的瓦尔特教授（J. Walther），一封给柏林大学的彭伯次克教授（J. Pompeckj）。

杨钟健立志在欧洲一流的学术环境中锤炼自己。他决定赴德国慕尼黑大学，师从地质古生物界的权威布罗里教授，以及最早研究中国哺乳动物化石的权威施洛塞教授（M. Schlosser；现译施勒塞尔）。布罗里教授也是慕尼黑巴伐利亚州古生物博物馆的主任，在欧洲古生物学界享有盛誉。

▲ 杨钟健珍藏的施洛塞教授的照片。1927年，杨钟健获得博士学位后，施洛塞特意将这张近照赠予杨钟健。

1923年12月21日晚，杨钟健告别了巴黎友人，登上前往德国的火车。经过一天的旅程，他在一个风雪交加的午夜，只身到达慕尼黑城。

慕尼黑是德国的第三大城，又称“明兴”或“明星”，位于东阿尔卑斯山北麓，是德国南部巴伐利亚州的首府。

杨钟健到慕尼黑时，德国正处于魏玛共和时期。此时离希特勒纳粹党上台执政，还有将近 10 年的时间。杨钟健到达慕尼黑前的一个多月，那里发生了著名的“啤酒馆政变”。希特勒带领纳粹冲锋队，冲进慕尼黑的一家啤酒馆，企图逮捕巴伐利亚官员，推翻魏玛共和体制。这次政变以失败告终，希特勒本人则在第二年锒铛入狱，在铁窗内写下《我的奋斗》一书。

在德国期间，杨钟健每月给父亲和家人写信禀报平安，并陈述国外情况。为家乡教育事业日夜操劳的父亲，也在百忙中每月回信，述及国内、省内和家中情况。1924 年 2 月，杨钟健收到父亲从家乡寄来的第一封信。父亲说：“家人闻汝抵德消息，颇为欣慰。此后一切，全有汝自行决定，自行审慎，用全力在学术上研究……”

▲ 1924 年 9 月，杨钟健在慕尼黑东南 150 千米的柯尼希塞湖边山林。

杨钟健在慕尼黑的前3个月，集中补习德文。1924年4月，他正式进入慕尼黑大学地质系，攻读古生物学。

慕尼黑大学，又称“明兴大学”，它的全名是“路德维希–马克西米利安–慕尼黑大学”，以纪念巴伐利亚大公路德维希和国王马克西米利安一世。慕尼黑大学创建于1472年，于1826年迁入慕尼黑城，历史甚为悠久。大学以雄厚的研究实力著称于世，至今已产生过42名诺贝尔奖得主，其中包括年轻时曾给杨钟健讲授动物学的卡尔·冯·弗利施教授（K. V. Frisch）。

慕尼黑大学的地质古生物学科，师资阵容强大，在当时德国大学中首屈一指。按照德国学制，大学生要考博士学位，除了完成博士论文，还必须读一门主科和两门副科的课程。杨钟健的主科是地质史和古生物学，副科是动物学和地理学。

在地质古生物学方面，杨钟健在听课之外，把主要时间用在实验室内。当时，地质系主任为凯泽教授（E. Kayser）。杨钟健的导师布罗里教授主讲地层和古生物课程。施洛塞教授虽已退休，但还不时到系里，热心指导杨钟健的论文研究。其他曾给杨钟健授课或领导过野外实习的教授，还有以研究古脊椎动物化石著称的思稠穆教授（E. F. Stromer；现译施特罗默）及劳意克斯、堡登、达克等人。主讲动物学的，先是著名的赫特维希教授（R. V. Hertwig），后是未来的诺贝尔奖得主弗利施教授。杨钟健不仅听弗利施教授的课，还选学了一些动物学实习。地理系师资则包括德里加尔斯基教授（V. Drygalski）、赫斯胡佛教授和以亚洲探险闻名的斯文赫定（S. Hedin）等人。

在慕尼黑大学的前3个学期，杨钟健以听课和实验室实习为主。从1925年下半年开始，他用大约两个学期的时间，集中精力完成了博士论文。在慕尼黑的岁月中，杨钟健对自己潜心读书、刻苦钻研的过程，记述不多。他用相机更多地记录了慕尼黑的迷人景观，也记录了他参加地质旅行、交友出行等留学生活的点滴片段。

▲ 杨钟健珍藏的思稠穆教授照片。

▲ 杨钟健珍藏的地理系德里加尔斯基教授的照片。1927 年 5 月，德里加尔斯基在赠予杨钟健的照片上亲笔题字。

▲ 杨钟健在德国留学期间勤奋读书、手不释卷。

2. 慕尼黑风情

慕尼黑是德国南部富有艺术性的城市。从气势磅礴的宫廷堂殿到庄重多姿的纪念雕像，从风景简洁的园林公园到令人目不暇接的艺术展馆，慕尼黑把良好的学术环境、浓厚的人文气息和迷人的山水风光，融为一体。这一切，给初到德国的杨钟健留下深刻的印象。他写道：

> 明兴为德国南部一富有艺术性的城市，故有“艺术城”之称。那里有各种陈列馆、博物馆，有一最大的公园名曰英国公园，其中有中国式之塔。每当假日游人毕集。……至于明兴附近的风景，尤其是我留恋不舍的。以南有庄严伟大的阿尔卑斯，年来因作地质旅行，到了不少地方。附近又有许多有名的冰期后遗留下的湖泊。各湖我虽未全到过，但十九我都是到过的。此外又有那“绿的依沙河”（现译伊萨尔河）。依沙谷中的风景，尤其是秋色，我常说我自到明兴，才了解秋的美，才知美的不只是春光，那金黄的秋，和银白的冬，都是一样的可爱，才忘记了秋的可悲。

▲ 杨钟健在伊萨尔河畔留影。

杨钟健在慕尼黑大学有不少中国朋友，包括他的北大地质系同学王恭睦和张席禔，学习化学的汤元吉和学习生理学的贝时璋等。贝时璋和张席禔后来分别转赴图宾根大学和维也纳大学。这些友人多年后都成为各自领域的著名学者。

英国公园里的中国塔，是一座古朴的五层阁塔，时常游人云集。杨钟健回忆道：

▲ 汤元吉是杨钟健在慕尼黑大学结识的终生挚友，后成为美籍化学家。他在杨钟健回国后，把自己拍摄的中国塔照片寄赠杨钟健，分享对慕尼黑岁月的共同记忆。

> （英国公园）所令人值得纪念的不只是里边一般自然的风景和那小小的湖沼，而因有一个不大中国式，而却有几分中国式的中国塔……每逢佳日，士女如云，杂以音乐及儿戏，一般人工作之余，多就近于此得片时闲散，于是中国塔遂成为名胜之区了。

3. 留德生活点滴

杨钟健常利用假期，和中外友人到慕尼黑以南的湖泊山林郊游，观赏那里冰川时期遗留下的奇特景观。通过郊游、地质旅行和各种社交活动，他结识了更多的德国学生和助教，进而对德国社会和德国学生的生活有了新的了解。

德国南部贝希特斯加登迷人的湖光山色，反映了冰川时期给慕尼黑

▲ 1924年，杨钟健（右）和友人王恭睦（中）等在青年旅店的简朴小屋前留影。

▲ 1924年9月，杨钟健（右）和友人在贝希特斯加登的柯尼希塞湖郊游。

临近地区留下的奇特景观。1938年，纳粹头目希特勒在离此5千米的地方，修建了被称为“鹰巢”的避暑别墅。

1925年下半年，杨钟健从以听课、实习为主的阶段，转到以博士论文研究为主的阶段。

1925年5—6月，杨钟健在中国地质调查所翁文灏所长、北京大学李四光教授和瑞典乌普萨拉大学维曼教授（C. Wiman；现译威曼）的帮助下，决定以华北地区啮齿动物化石作为博士论文的研究材料，并获得导师布罗里

▲ 1925年4月底，杨钟健（右二）和汤元吉（右一）、刘钧（右三）等友人聚会。当时，孙中山先生刚在北京去世不久。寓所墙上挂有孙中山的小幅照片，用以表达杨钟健等海外学子对孙中山的追念之情。

▲ 杨钟健（中）和友人合影。

教授的同意。这些啮齿类化石包括古跳鼠类、野鼠类等众多门类，主要由瑞典学者安特生（J. G. Andersson）和师丹斯基（O. Zdansky）采自中国，对于探讨中国北方含化石地层的时代和环境意义重大。

翁文灏和李四光为杨钟健争取到研究工作和发表论文的部分经费，维曼教授则将保存在乌普萨拉大学的化石材料寄到慕尼黑，供杨钟健整理、研究。从此，杨钟健除了上课和地质旅行，把主要精力投入化石研究和论文写作上。

1925 年 6 月 1 日，杨钟健在慕尼黑度过 28 岁生日。他在日记中草作一联：“往事如梦，不必回首。来日方长，及时努力。”

1925 年 9 月，李四光代表北京大学和中国地质调查所参加俄国科学院成立 200 周年纪念活动。他在列宁格勒写明信片告诉杨钟健争取研究经费的进展情况，并询问瑞典方面邮寄化石标本一事。

1926 年 1 月 1 日，杨钟健度过在慕尼黑的第 3 个元旦。他随笔写下几首小诗，一面督促自己努力上进，一面诉说心中对家乡情势和国内政局的惦念。

元旦当天，在小诗《十五元旦　口号》中，他写道：

> 光阴似箭催人老，不觉已过廿九秋。前途如不再努力，事业学问两悠悠。

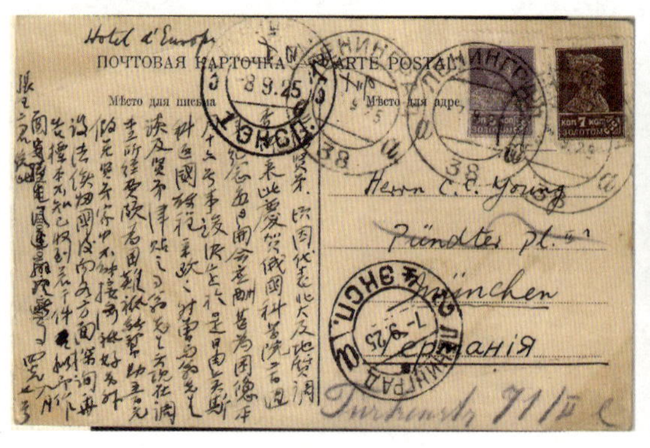

▲ 1925 年 9 月，李四光从列宁格勒写给杨钟健的明信片。

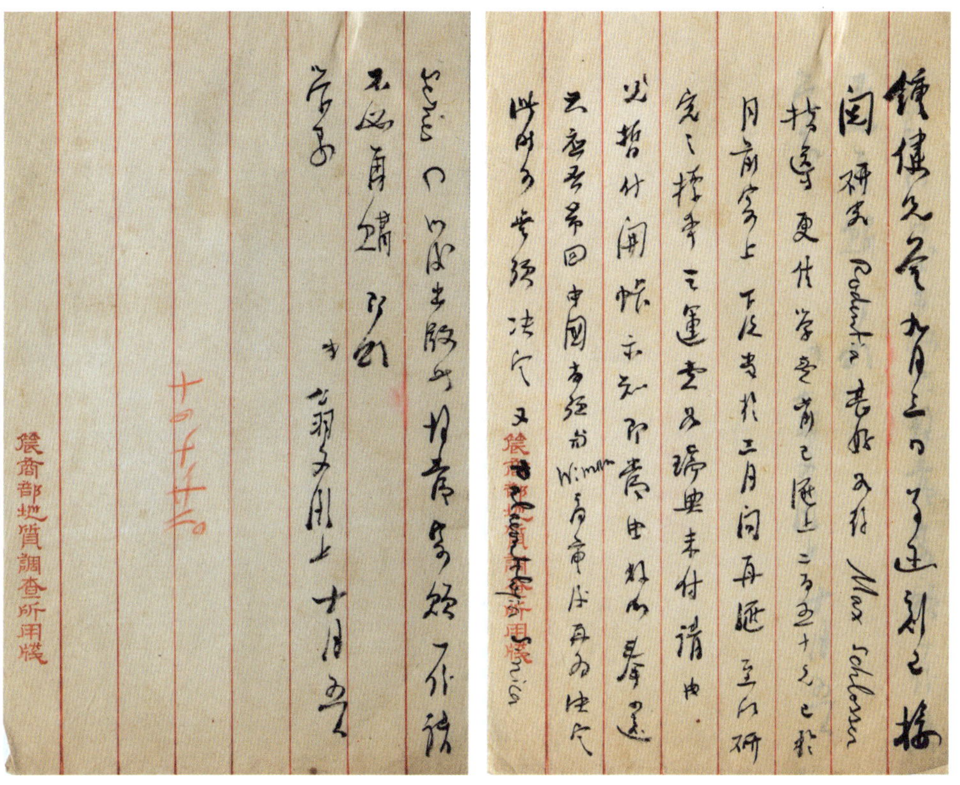
农商部地质调查所用笺

▲ 地质调查所所长翁文灏多次就论文材料及出版等事致函杨钟健。这是翁文灏1925年10月5日的来信。

▲ 1925年10月底，杨钟健在慕尼黑。

▲ 杨钟健在1926年。

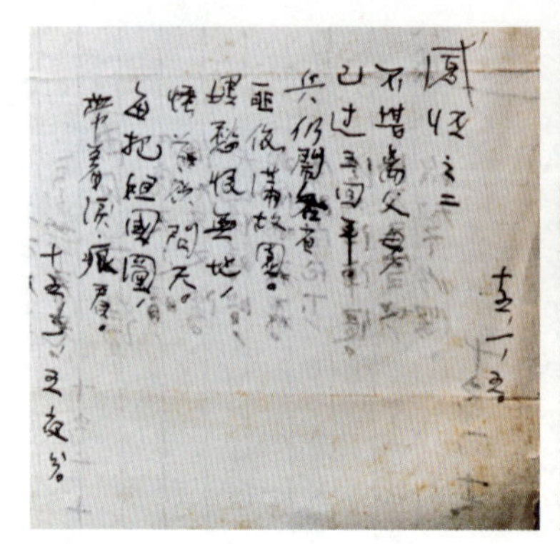

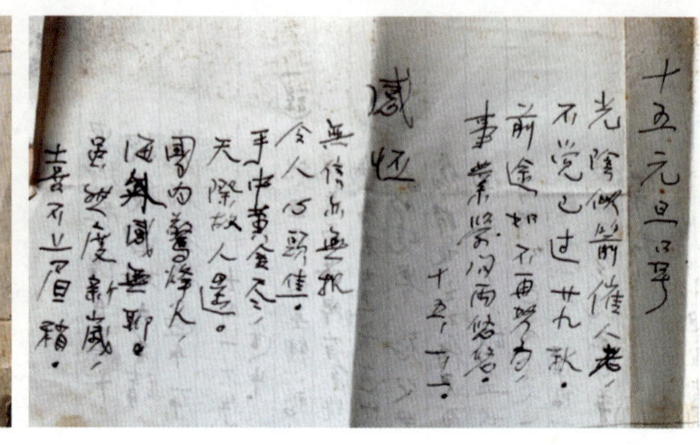

▲ 杨钟健在 1926 年元旦后随笔作的小诗三首。

1 月 5 日，在小诗《感怀》中，他写道：

> 无信亦无报，令人心头焦。手中黄金尽，天际故人遥。国内惊烽火，国外感无聊。虽然度新岁，喜不上眉梢。

1 月 5 日夜间，在《感怀之二》中，他又写道：

> 不堪离父母，已过三回年。兵仍闹各省，匪依满故园。埋愁恨无地，捶首欲问天。每把祖国图，带着泪痕看。

杨钟健还通过参加友人聚会和跳舞等活动，调节紧张的学习生活。在留德第 2 年，他抽空参加了舞蹈学校，进而能入乡随俗，和同学们一起参加交际舞会。杨钟健在给父亲的信中，也时常介绍西方的传统文化和习俗。

1926 年 10 月初，杨钟健又在慕尼黑特蕾莎公园参加了每年一度的“十月节”。在给父亲的信中，他附上反映“十月节”娱乐活动的明信片，并对比国内情况，谈到自己对发展社会公益活动和举办各种社会事业的看法。

杨钟健在信中说：

> 儿思吾乡父老，尚日困于兵匪中，求生且不得，何言娱乐……盖觉政治革命，只为今日应举行各事之一，其他关于改良民族气质，创新社会组织，举办各种社会事业，等等，其重要性实不在政治革命之下。否则建屋沙丘，不旋终将见其覆灭矣。如此做去，儿断言政治革命即令成功，国家仍将纷乱如故。……现不知国事陕局，演至若何地步，令人焦念异常。

尽管杨钟健早已立志终身投入科学研究，他却始终关注着国内政局的发展，始终惦念着曾经共同奋斗的战友，始终不忘当年积极参加各种进步活动的初衷。

1925 年 10 月，面对少年中国学会内部分化改组的局面，杨钟健在填写“少中”调查表时说“不赞成一切开倒车之复辟主义、军国主义及不大切时病之无政府主义等”，主张各团体“在可能范围内之携手主义（即所谓神圣联合与联合战线也）而反对倾轧主义”，希望会员“个个努力，不少（稍）退缩”。

1926 年夏，北伐军占领汉口。9 月 2 日，杨钟健写下《报载国军克服汉口后喜作》的诗句：

> 汉口克服的消息传来，好似暗中遇见了光芒。始信我们终不曾无希望地盼望，始信我们正在进行有效率的反抗。愿不久把所有祸国殃民的恶魔，一一送到永不得复活的地方埋葬。

在德国期间，他仍有时为《共进》半月刊投稿。从 1921 年 10 月《共进》创刊，到 1926 年 10 月共进社被控制北京的军阀张作霖封闭，杨钟健在《共进》发表的文章多达 62 篇。

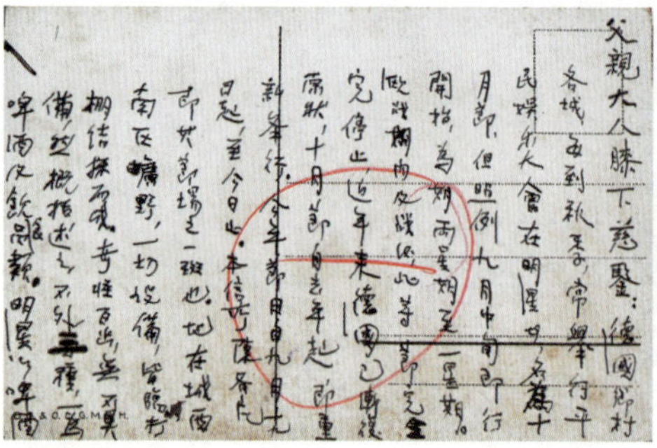

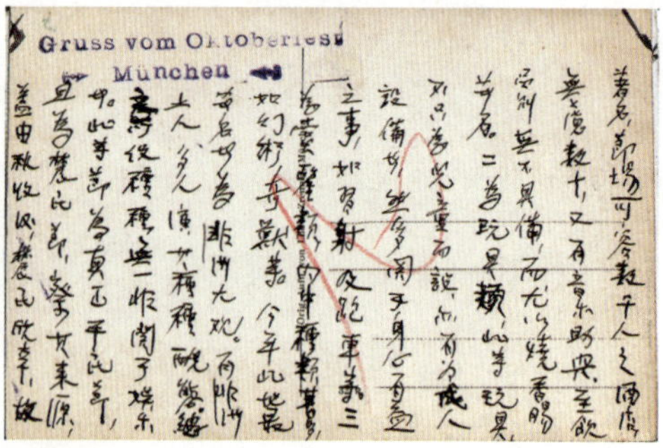

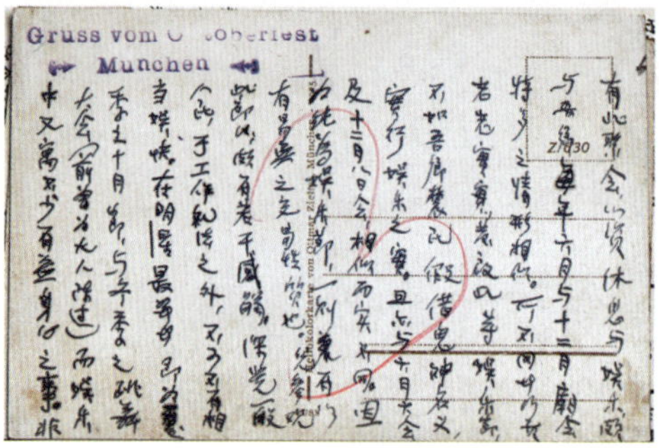

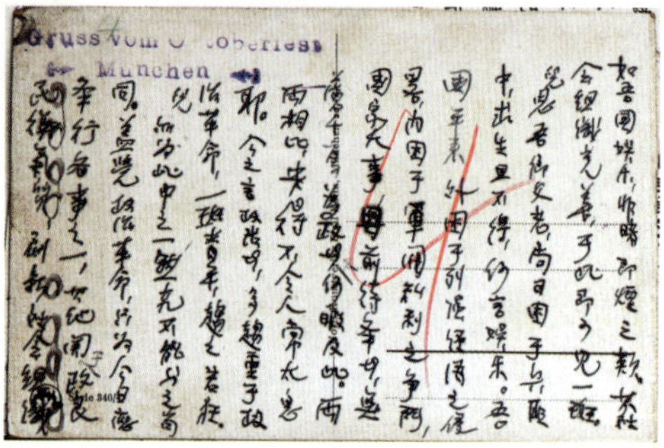

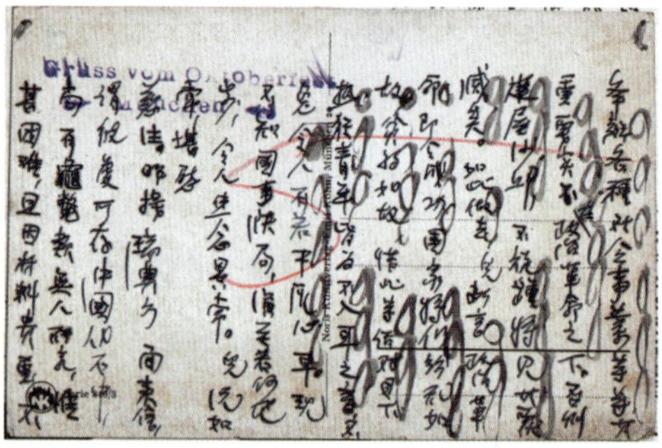

▲ 1926 年 10 月 3 日，杨钟健寄给父亲关于慕尼黑“十月节”的明信片。

1926 年 11 月中，杨钟健得知张作霖封闭共进社、逮捕共进社成员后，写信告诉父亲：

国中情形，甚为茫然。日前偶得消息，云北京共进社为当局搜查捕去数十人，迄今尚有数人未放。王德崇亦甚危殆。处此情况下，为之奈何。……国家多故，民不聊生，儿得安处海外，然精神上之不安，终不能有所补救也。

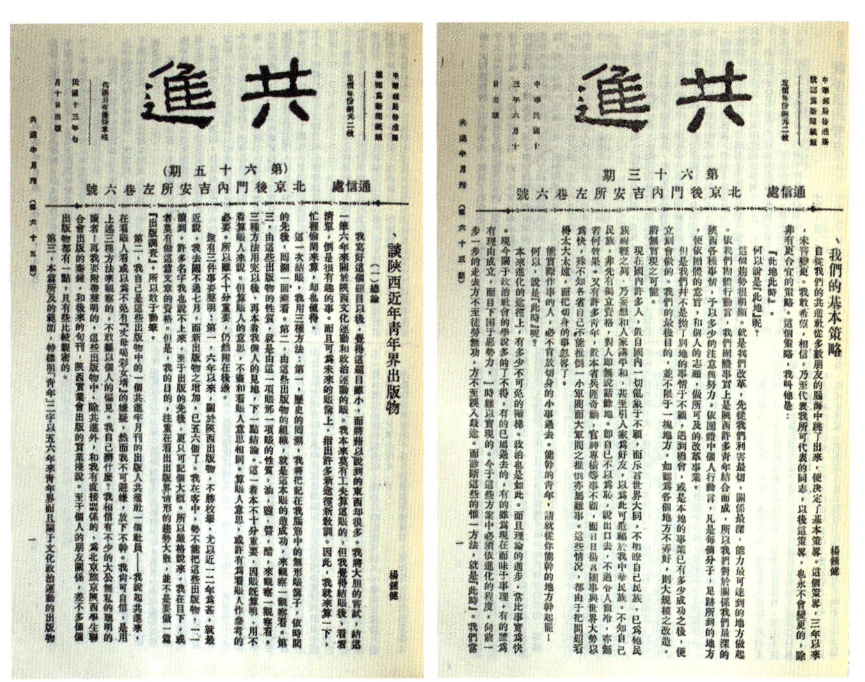
共進

第六十五期

通信處 北京後門內吉安所左巷六號

談陝西近年青年界出版物

楊鍾健

共進

第六十三期

通信處 北京後門內吉安所左巷六號

我們的基本策略

楊鍾健

▲ 1926 年，杨钟健在德国留学期间为《共进》半月刊撰写的文章。

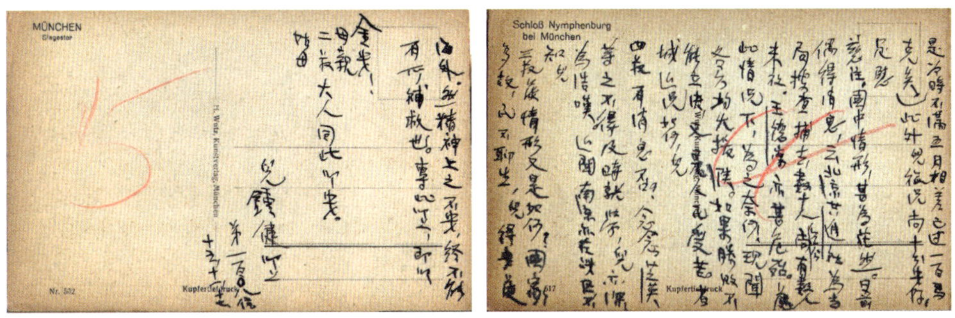

▲ 1926 年 11 月 17 日，杨钟健给父亲的信（最后两页）。

4. 地质旅行踪影

1924—1926 年，杨钟健随地质系和地理系师生多次赴东阿尔卑斯山德奥边境、莱茵河两岸和美茵河畔法兰克福等地作野外实习、考察。杨钟健回忆道：

……在地质系和地理系于二年内参加了不少旅行，到了德国南部许多地方，如帆沙领、莱茵河沿岸、阿尔卑斯山等地，均去了许多次，每次三五日不等。这些旅行使我们更深刻地了解了德国社会和学生的生活状况。

1924 年 7 月，他随普通地质学教授到莱茵河流域符腾堡附近作地质旅行，写下《旅中感怀》：

跑山整七日，风雨一身收。劳苦我何辞，知识但得求。国威哀不扬，舌亦失自由。到处遭白眼，泪向天涯流……

▲ 1926 年 5 月下旬，杨钟健（前排右一）和地质系师生在德国南部兰施图尔附近地质旅行时合影。

1926 年 6 月 1 日，杨钟健满 29 周岁。生日前后，他和同学们参加了多次地质旅行，并拍摄了很多野外生活的珍贵照片。

▲ 1926 年 6 月底，杨钟健在地质旅行途中。

▲ 1926 年 6 月，杨钟健 29 周岁生日留影。

▲ 1926 年 6 月底，杨钟健在德国南部泰根塞附近地质旅行时，在通往里德施泰因的路牌旁留影。

5. 欧洲考察漫游

在明兴大学的前三个学期，杨钟健完成了地质学、动物学、地理学等课程，并多次到德国南部的帆沙领、莱茵河沿岸、阿尔卑斯山等地参加地质、地理旅行。杨钟健回忆道：“我一天到晚除上课外，几乎全在系里的实验室度过。那里的实验室十分完备，所有的实习材料全照齐特尔之教科书排列，取用甚便。”

1925 年下半年，杨钟健开始作博士论文，根据地质调查所翁文灏先生建议，以瑞典乌普萨拉大学保存的中国新生代化石为研究对象。导师为明兴大学的布罗里教授和施洛塞教授。1926 年 10 月初，杨钟健的博士论文研究进入最后阶段。中国地质调查所所长翁文灏又来函，对论文出版和到瑞典作短期研究等事提出意见。翁文灏希望他学成后能早日回国，参加研究工作。

1926 年底，杨钟健完成了博士论文的原稿。乌普萨拉大学的维曼教授对他的论文非常赞许，同意立即出版。

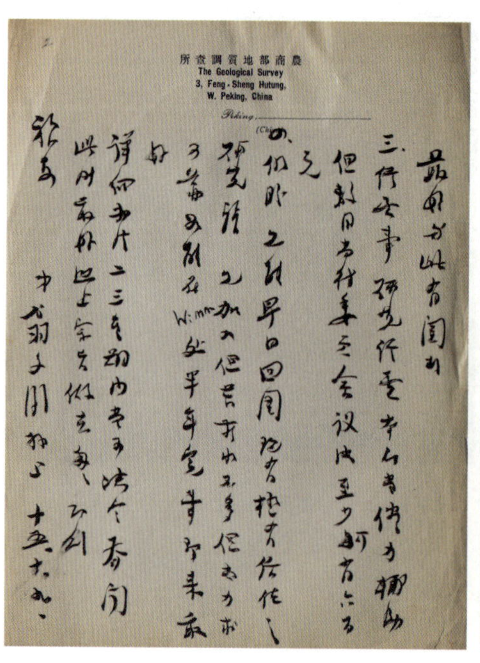

農商部地質調查所
The Geological Survey
3, Feng-Sheng Hutung,
W. Peking, China

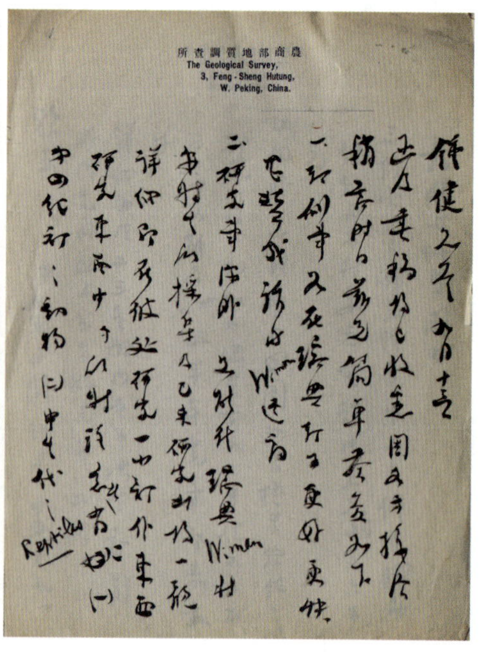

農商部地質調查所
The Geological Survey,
3, Feng-Sheng Hutung,
W. Peking, China.

▲ 1926 年 10 月 9 日，中国地质调查所所长翁文灏致函杨钟健。

1927年2月16日，学校为杨钟健等4位博士学位候选人举行口试。这是获得博士学位的最后一关。主考教授分别是凯泽（地质学）、布罗里（地质古生物学）、德里加尔斯基（地理学）及多年后获得诺贝尔奖的弗利施（动物学）。他们每人用30分钟时间对候选人提问，认真考核。当天的主考教授都是驰名欧洲的学者，其中包括与大物理学家玻尔齐名的索末菲教授（A. Sommerfeld）。他提出旧量子论的索末菲模型，并培养了许多诺贝尔物理学奖得主，对20世纪理论物理学贡献非凡。

口试结束后10分钟即宣布结果，杨钟健得知自己通过考试后，及时给父亲寄出明信片，告知考试结果。他无限感慨地提到，父亲和家人三年多来“饱尝离别之苦，虚耗无数金钱”，如今“多年读书之局，始告一段落”。

杨钟健成为中国学者在古脊椎动物学领域获得博士学位的第一人，感到任重道远。在此之前，中国没有专门研究古脊椎动物化石的人才。根据中国地质调查所和瑞典方面的协议，在中国采集的古脊椎动物化石，大多送到乌普萨拉大学，由维曼教授亲自研究，或由维曼教授请不同门类的外国专家研究。

为了发展中国的古脊椎动物学研究，杨钟健需要到欧洲各地，结识研究不同化石门类的专家，观察由西方学者在欧洲各地研究的中国材料。

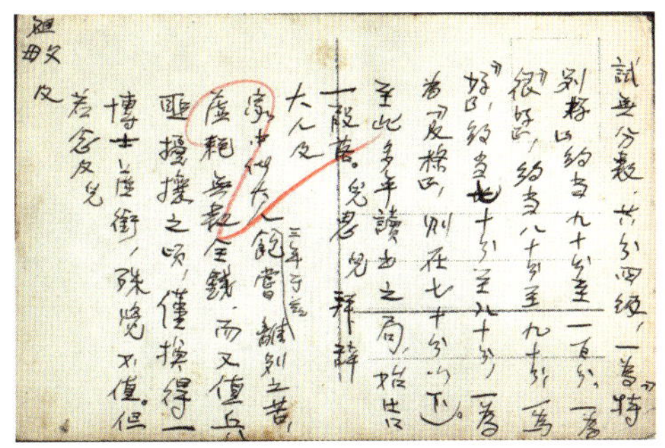

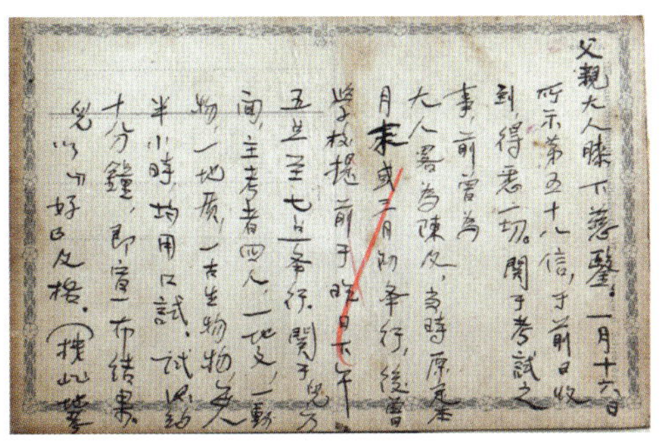

▲ 1927年2月，杨钟健通过博士学位口试后写给父亲的明信片。

Philosophische Fakultät, II. Sektion.

Einladung

zum Examen rigorosum auf Mittwoch, 16. Februar 1927, Nachmittags, im Sitzungszimmer Nr.229.

	Bechmann Rudolf IV	Unsöld Albrecht I	Schlayer Karl V	Young Chung-Chien III
2½ - 3	—	—	—	—
3 - 3½	—	—	—	—
3½ - 4	—	—	—	—
4 - 4½	—	—	—	—
4½ - 5	—	—	Fajans	—
5 - 5½	Fajans	Carathéodory	Wien	v.Drygalski
5½ - 6	Carathéodory	Wien	Sommerfeld	v.Frisch
6 - 6½	Wien	Sommerfeld	Perron	Kaiser
6½ - 7	Sommerfeld	Wilkens	—	Broili

	Sesar Max III	Uhl Franz IV	Probst Siegmund III	Hauß Hertha II
2½ - 3	—	—	—	—
3 - 3½	—	—	—	—
3½ - 4	—	—	—	—
4 - 4½	—	—	—	—
4½ - 5	—	Kaiser	—	—
5 - 5½	Mollison	—	Kaiser	v.Frisch
5½ - 6	Kaiser	v.Drygalski	Paul	Broili
6 - 6½	v.Frisch	v.Hertwig	Sierp	v.Goebel
6½ - 7	v.Hertwig	v.Frisch	v.Goebel	Sierp

▲ 1927 年 12 月 16 日，慕尼黑大学向教职员发出邀请通知，公布对杨钟健等博士学位候选人进行口试的时间安排。时间表上栏右侧是杨钟健的口试时间，从下午 5 点到 7 点。

思稠穆教授介绍杨钟健加入德国地质学会、德国古生物学会和柏林地质学会，让他能深入接触欧洲地质古生物学界。中国地质调查所所长翁文灏也为杨钟健提供部分经费，让他到瑞典、比利时、英国、法国等国考察各处地质古生物学机构，结识古生物学名家，为回国后推动中国古脊椎动物学研究创造条件。

▲ 1927 年的杨钟健。

1927 年 4 月至 10 月，杨钟健离开慕尼黑，到德国北部和其他欧洲国家参观考

▲ 1927 年 3 月，杨钟健（前排右一）参观法兰克福歌德大学森根堡自然历史学会。森根堡是 18 世纪著名的法兰克福医师、博物学家和收藏家，曾慷慨捐助歌德植物园、森根堡自然历史博物馆等机构。杨钟健回国后，一度成为森根堡自然研究协会的国外会员。

察。行前，杨钟健抽空在 3 月和王恭睦、刘钧等友人去法兰克福，参加“中国学院”为留德中国学生组织的联欢活动。中国学院是由德国著名汉学家、法兰克福大学汉学教授卫礼贤（R. Wilhelm）创建的。它一方面为中国学生提供一个联谊中心，另一方面组织编译中国典籍，向西方人士介绍中国文化的内涵。在联欢活动中，中国学院为近百名中国学生提供食宿，并组织大家白天参观大教堂、歌德故居、自然科学博物馆、香槟酒厂等名胜景点，晚间则参加演讲会和各种娱乐活动。

▲ 1927 年 3 月，杨钟健（圈示处）在法兰克福参观。

从法兰克福返回后，杨钟健在4月春暖花开之际，从慕尼黑北上，到哈雷、柏林、哥廷根等地参观地质古生物机构。哈雷是德国中部景色优美的工业城。杨钟健在北大地质系学习时的师兄孙云铸，此时正在哈雷大学学习，师从地学权威瓦尔特教授攻读博士学位。杨钟健在孙云铸陪同下，参观了地质系和地质博物馆，见到系里各位教授。但名望最高的瓦尔特教授因正在美国访问而无缘见到。

随后，杨钟健到柏林参观。在接下来的几个月里，他先后多次进出柏林，或者由此北上瑞典，或者由此西行比利时、英国和法国。在柏林，杨钟健拜见了地质古生物界权威彭伯次克教授和迪特里希教授（W. O. Dietrich）。

5月底，杨钟健抵达瑞典乌普萨拉，观看所有由中国运到瑞典的化石标本，并作地质旅行。以研究中国化石闻名的维曼教授亲自到车站迎接，并带他参观了自己正在装架的山东恐龙（师氏盘足龙）骨架。杨钟健在瑞典停留一个多月，用大部分时间逐一观察乌普萨拉大学保存的各类中国古脊椎动物化石。

1927年6月1日，杨钟健在乌普萨拉度过30周岁生日。维曼教授将自己珍藏的林耐水杉木块送给他，作为生日礼物。分类学大师林耐是18世纪瑞典植物学家，以创建动植物分类“双名法”闻名于世。以林耐命名的乌普萨拉植物园，曾长有两株林耐亲手种植的水杉。其中一株水杉的木材，在树木死后被做成纪念木块，供世人收藏。

杨钟健始终珍藏着维曼教授赠予的林耐水杉木块。1974年5月，杨钟健被选为伦敦林耐学会的国外会员，为这一具有双重纪念意义的生日礼物，增加了新的含义。他在木块正反两面，写下了这一珍贵礼物的来历和意义。

1927年6月初，维曼教授介绍杨钟健参加为期7天的地质旅行，和乌普萨拉大学地质矿物系主任等7名瑞典学者一起，到各地观察不同时代的地层。

维曼教授在杨钟健离开瑞典前，和他握手言别时说：“祝你在古生物学

▲ 杨钟健珍藏的维曼教授照片。照片有维曼教授的亲笔签名。

▲ 杨钟健30岁生日时在乌普萨拉留影。他在照片下方亲笔题写“三十而立”四个字，表达内心对实现早年志向的慰藉与感慨。

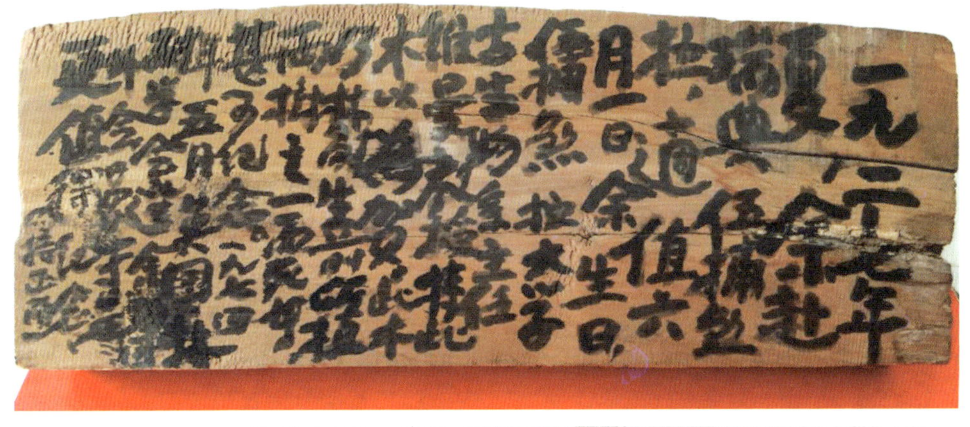

▲ 维曼教授赠送给杨钟健的30岁生日礼物——林耐水杉木块。杨钟健在木块两面题字，纪念木块的来历与重大意义。

▲ 1960年，迪特里希教授将自己的照片寄赠杨钟健，并题字留念。

领域好运连连。”对维曼教授的盛情关照和诚恳祝福，杨钟健感到毕生难忘。

在斯德哥尔摩，杨钟健还见到研究中国植物化石的哈勒教授（T. G. Hall），以及曾在中国工作多年的地质考古学家安特生和古生物学家师丹斯基。安特生除了在中国采集大批脊椎动物化石，还发现了河南仰韶古文化遗址。安特生亲自带杨钟健参观各种博物馆，并向他展示自己从中国采集的古代陶器等文物。师丹斯基曾参加山东恐龙化石的发掘，并发现了周口店的两颗古人类牙齿，对中国古脊椎动物研究作出过独特的贡献。当年，师丹斯基还为杨钟健的博士论文作了第一稿的校对。

▲ 1927年6月，安特生带领杨钟健参观他收集的中国古代陶器。这是安特生两个月后在同一展馆的留影。

▲ 早年在中国工作的师丹斯基，后来到开罗大学任教。

1927年7月初，杨钟健自瑞典返回柏林，停留了两个多月。他多次进出柏林期间，时常见到旧识王光祈、孙云铸、姚从吾等人。王光祈是少年中国学会的主要发起人之一，此时正在柏林大学攻读音乐学。杨钟健和他一起，纵谈少年中国学会的解体和政局发展，两人都不胜感慨。杨钟健回忆道："我们一起纵谈目下时事，颇多感慨。……此时，少年中国学会的左右派别之争日甚一日，王君亦叹息不已。后来，他往波恩任教，不久病逝，此实为一大损失。"

▲ 杨钟健保存的德日进照片。

8月初，杨钟健到柏林西南200千米处的哈茨山麓，参加德国地质学会在戈斯拉尔小镇举行的年会。会后，他又和从哈雷大学赶来的孙云铸一起，参加了在哈茨山周围地区的地质旅行。在北大时，孙云铸曾作为葛利普、李四光的助教，带领杨钟健到山东等地野外实习。此时，两人又白天一起作野外考察，夜晚在同一房间抵足畅谈。他们多次探讨成立"中国古生物学会"的共同愿望，并草拟了学会简章。回到柏林后，他俩在北大历史系同学姚从吾的寓所，草印了初拟的简章，分发给国内同仁。

8月，杨钟健的博士论文作为《中国古生物志》专著在乌普萨拉出版。他在论文中研究记述了由安特生和师丹斯基采自中国的各类啮齿动物化石，并讨论了一些类群的地理分布和可能的起源。这一专著的出版，标志着古脊椎动物学在中国的正式诞生，也标志着完全由外国学者研究中国脊椎动物化石材料的局面开始改变。

1927 年 9 月，杨钟健又一次从柏林出发，用一个多月的时间，经比利时赴英国和法国考察。在布鲁塞尔，他到自然科学博物馆，参观那里各种独特的禽龙装架。在伦敦，他参观了大英博物馆等处的古生物材料，并见到著名古生物学家、伦敦大学动物系主任沃森（D. M. S. Watson），以及研究中国象类化石的霍普伍德（A. T. Hopwood）和研究猪类化石的皮尔逊（H. S. Pearson）等学者。在伦敦，他还见到来欧洲考察的美国年轻古生物学者辛普森（G. G. Simpson）。杨钟健从英国返德时，取道法国。在巴黎，他拜见了刚从中国返回的法国地质古生物学家德日进及德日进的老师布莱（M. Boule）和皮韦托（J. Piveteau）等古生物学名家。德日进学识渊博、诚挚待人，后来成为杨钟健在中国的良师益友。

10 月底，杨钟健返回慕尼黑。他一边准备回国事宜，一边旁听一两门感兴趣的课。他还利用余暇时间，进一步学习修理化石和做化石模型的各种方法。

在此之前，地质调查所所长翁文灏致函杨钟健，向他讲述北京周口店化石发掘的工作计划，并聘他在地质调查所任职，希望他尽早回国投入研究工作。

1927 年圣诞节当天，地理系系主任德里加尔斯基教授请杨钟健到家做客话别。1928 年 1 月 1 日，杨钟健度过了在慕尼黑的第 5 个元旦，内心充满了对慕尼黑的不胜依恋，也充满了离别众多友人的惜别之情。

1928 年 2 月初，导师布罗里教授请杨钟健到家中就餐，全家作陪，叙谈甚欢。布罗里不仅是杨钟健的导师，也是慕尼黑巴伐利亚州古生物博物馆的主任，在欧洲古生物学界举足轻重。布罗里离别时对杨钟健说："中国之古生物学材料，都在等待着您去发现。"这意味深长的一句话，表达了欧洲古生物学界对杨钟健的期盼与厚望，也表达了他们对未来中国古脊椎动物学发展的期盼与厚望。

1928 年 2 月 7 日，杨钟健离别慕尼黑，踏上回国的旅途。他乘火车先到奥地利首都维也纳，停留 4 天。在那里，他参观了维也纳自然科学陈列馆，并拜访了维也纳大学的著名古生物学家阿贝尔教授（O. Abel）。阿贝尔注重古生物的生态、行为和生活环境，并创建了全球第一个古生态学系。1926 年，杨钟健曾以阿贝尔的《普通古生物学》一书为蓝本，编译了《古生物学通论》一书，作为“少年中国学会丛书”在国内出版。杨钟健听了阿贝尔的一节课，也参观了古生态学系的设备。最后，他和师从阿贝尔攻读博士学位的好友张席禔告别，两人约定尽早在国内见面，携手推动中国古生物学的发展。

离开维也纳后，杨钟健乘坐的火车，先经过夜色笼罩的捷克，又经过都市风貌各异的华沙和莫斯科，最后穿越乌拉尔山和冰雪覆盖的西伯利亚，进入中国东北。1928 年 2 月 22 日，经过十多天横跨欧亚的旅途奔波，杨钟健以一个成熟学者的姿态，回到了年轻时求学奋斗的故都北京。

第四章　旷野追梦

（1928—1937年）

1928 年 2 月，杨钟健结束了 4 年多的留学生活，回到故都北京。在这里，他经历过五四运动时期的风风雨雨。在这里，他目睹过中国早期地质事业的艰辛起步。如今，他成为拥有古生物学博士学位的第一位中国学者。这不仅是杨钟健在事业和生活上的转折点，也是中国地质古生物学发展的关键时刻。杨钟健满怀豪情，准备为发展中国的古脊椎动物化石研究大显身手。杨钟健回忆道：

> 布罗里教授约我在其家便餐，全家作陪，叙谈甚欢。布对我预祝道："中国之古生物学材料，都在等待着您去发现。"自己亦觉得颇有勇气，决心回国后努力工作，以求对中国古生物学有所贡献。

从杨钟健 1928 年回国到 1937 年抗日战争全面爆发的 10 年间，是中国地质古生物学稳步发展的时期。这 10 年，杨钟健野外考察的足迹遍及大江南北。杨钟健多次与德日进、裴文中、卞美年、王存义等到陕西榆社、武乡，河北井陉，河南仰韶，四川万县、北碚，湖北宜昌，山东新泰、蒙阴、临朐，江苏茅山，江西庐山，广西武鸣，广东等地调查新生代地质、地貌并采集古生物化石。与杨钟健一道作野外考察的还有李四光、爱尔兰裔美国地质学家巴尔博（G. B. Barbour）、美国古生物学家甘颇（C. L. Camp）、美国古植物学家钱耐（R. W. Chaney）等。

杨钟健通过举世瞩目的学术成果，确立了自己在地质古生物学界的地位，更得到国际古生物学界的广泛赞赏和认可。这 10 年，杨钟健进一步结交了不同领域的学界精英，同时也没有忘记北大时期的旧友情谊。在人事沧桑和时局动荡之中，杨钟健也承受了失去亲人、师友、同事的痛苦与悲伤。

1. 生活的转折点

杨钟健刚刚回到北京，即因患伤寒而住进协和医院。他病愈后，接到地质调查所翁文灏所长的聘函，任他为技师，赴周口店接替李捷（1894—1977），作为地质调查所在周口店的中方代表，指导后来震惊中外的古人类化石发掘工作。不久，北洋政府统治结束。杨钟健回忆道：

> 犹忆奉军最后一部分开出北平的那一天，我还在协和医院娄公楼凭窗观看（地质调查所新生代研究室设于此），真有说不出的观感。此时南京已为首都，北平降为普通城市，但北平毕竟是一个文化中心，我仍希望在北平可以施展自己的抱负。

地质调查所是中国近代最早从事地质科学研究的机构，也是当时中国地质研究与调查机构的中坚，在人员、图书文献、仪器、设备等条件上首屈一指。在1920—1930年，地质调查所得到快速的发展，先后创设了古生物研究室、新生代研究室、矿物岩石研究室、沁园燃料研究室、土壤研究室、地震研究室等机构。其中古生物研究室和新生代研究室的成就最受国际学界的重视和推崇。杨钟健回忆说："国内能用我所学者，除地质调查所外，殆无他处。"

杨钟健加入地质调查所时的职称是技师。地质调查所的职称早期曾分为学习调查员、调查员和技师三个级别（后来改成练习员、技佐、技士和技正四个级别）。当时，地质调查所中技师一级的人员还包括章鸿钊（1877—1951）、谭锡畴（1892—1952）、王竹泉（1891—1975）、袁复礼（1893—1987）、李学清（1892—1977）、周赞衡（1893—1967）、孙云铸（1895—1979）、赵亚曾（1899—1929）等人。国内大学毕业生进入地质调查所，一般要先当练习员（又称学习调查员），然后才是调查员或技佐。当时，国内毕业生的月薪一般自30元起，而国外归来的学者月薪可达100元，或多至120元。杨钟健的月薪是200元，但实际只由洛克菲勒基金会出薪金120元，其余部分是他经翁文灏介绍，到师范大学和北京大学教课的报酬。

随着北洋政府和后来南京国民政府的机构变迁，地质调查所的隶属机构名称也多次变更，从农商部到农矿部，再到实业部和经济部。地质调查所的第一任所长是中国现代地质事业的开创人之一丁文江（1887—1936）。1921年，丁文江辞去所长职务，转任名誉所长。1922年到1937年间，翁文灏先后任地质调查所代理所长和所长。杨钟健回忆道："我回国以后，首先见到了翁文灏先生，当时尚未料及翁先生将与我一生生活最有关系，以至会影响我的一切。"

1928年4月，杨钟健初到周口店的时候，地质调查所与北京协和医院联手在周口店发掘古人类化石的工作刚刚进入第二年。杨钟健除了指挥发掘工作，还要在发掘地点四周几里地的范围内作详细的地质考察，以期解决周口店地质方面的问题，了解古人类化石地点的地质历史。1928年，也是杨钟健在个人和家庭层面上的多事之秋。

1928年，杨钟健陕西华县家中连遭不幸。5月，在陕西渭华起义失败后，一股兵匪侵入杨钟健家乡龙潭堡家中，烧毁房舍，并将杨钟健二叔杨鹤守绑至村外杀害。杨钟健中学以前的毕业证书、日记等也毁于烈焰。6月，杨钟健请假离京返华县故乡探视家人，在家待了三个月。此时，北洋政府时代结束，南京的国民政府成立，北京易名北平。

8月，杨钟健的第二任妻子王焕月死于急病。9月，在纪念父亲生辰及二叔遇难百日后，杨钟健返京。10月底，杨钟健再次请假返华县探视患病的父亲。11月底，杨钟健返回北京。他临行前和父亲在华县故居留影，不料这竟成了父亲杨松轩先生辞世前父子二人的最后合影。12月底，杨钟健接获母亲报父丧之电报，得知父亲于12月30日病逝于自己亲手创办的咸林中学。

1929年初，杨钟健把他1923年离开祖国后在德国等地所写的游记、杂录等汇编成册，完成了《去国的悲哀》一书的文稿。杨钟健在卷首页表达了对过世亲人的哀思。他写道：“一九二三至二八，就是这本小书的胚胎时期，方幸没有什么变故，不料当我初回，就连遭了家财被抢，家室被焚，二叔被害，和我的焕月病亡等不幸。今竟于本年除夕前一日，慈父又舍我而去世。谨志于卷首，以示不忘他们。”

▲ 1928年11月底，杨钟健与父亲和三叔在华县故居留影。这是杨松轩先生辞世前父子的最后合影。

給他們

我自一九一七至二三在北京讀書，七年中間，死了我的祖母，我的望柱，我的祖父。一九二三至二八，就是這本小書的胚胎時期，方幸沒有什麼變故，不料當我初回，就連遭了家財被搶，家室被焚，二叔被害，和我的煥月病亡等不幸。今竟於本年除夕前一日，慈父又舍我而去世。謹誌于卷首，以示不忘他們。

鍾健誌 一九二八年除夕于北平。

▲ 杨钟健游记《去国的悲哀》封面及卷首页（1929年）。

1929年4月，杨钟健在家乡为父亲守孝结束后，即带领母亲、弟弟、妹妹和儿子感孝来到北京。他写道：“回忆一九二八一年，所谓我生活中的一个转折。这一年，结束了我的学生生活，结束了我少年时代的迷梦，结束了我家庭的欢乐和团聚，以后的一切都等着自己去奋斗。”

2. 周口店：“北京人”的早年岁月

周口店坐落在北京西南的西山脚下，离城区有50多千米。这个以“北京人”故乡闻名世界的古人类化石圣地，曾经是一个默默无闻的小村镇。由于当地的石灰岩地层出露良好，附近乡民很多以开石灰窑、采石烧灰为生。在周口店附近的石灰岩洞穴堆积中，乡民们偶尔会挖到一些动物骨骼形成的化石，将其称为“龙骨”。

最早拉开周口店古人类化石发掘序幕的是瑞典地质学家安特生、奥地利古生物学家师丹斯基和美国古生物学家葛兰阶（W. Granger，1872—1941）。早在1918年初，安特生根据别人提供的线索，在周口店一个叫鸡骨山的地方找到零星的动物化石。安特生随即安排助手师丹斯基在周口店进行发掘。

1921年8月，安特生和美国自然历史博物馆第三中亚考察团的古生物学家葛兰阶，一起到周口店查看师丹斯基的工作。他们在当地老农的指点下，来到一个叫龙骨山的新地方，发现了后来被称为第一地点（即“猿人洞”）的洞穴堆积。安特生、葛兰阶和师丹斯基在龙骨山不仅找到更多的古动物化石，还看到一些有锐缘的石英碎片，有可能代表远古人类曾经使用过的石片工具。

安特生和葛兰阶走后，师丹斯基在周口店继续工作了几个星期，然后又在1923年回到龙骨山发掘了一段时间。师丹斯基把从周口店发掘出的大批动物化石，运往瑞典进行修理、研究。

1918年至1923年，安特生等人在周口店和中国其他地方的考察经费是瑞典方面资助的。按照双方协议，化石材料的运费、研究费用和出版印刷费用由瑞典负责，研究成果需要列入《中国古生物志》，材料的归属原则上由瑞典和地质调查所对半分配。当时，中国还没有自己的学者可以研究脊椎动物化石。周口店发掘的材料被运到瑞典，交由乌普萨拉大学的维曼（C. Wiman，1867—1944）教授和其他学者进行研究。

师丹斯基于1923年底返回瑞典，继续在维曼教授那里清理、辨识采自周口店的材料。1926年10月，在欢迎瑞典王储古斯塔夫五世访华的学术讨论会上，安特生宣布师丹斯基发现了来自周口店的两颗类似古人类的牙齿。加拿大解剖学家和古人类学家、北京协和医院的解剖系主任步达生（D. Black，1884—1934）立刻对牙齿进行了初步研究，并很快在《中国地质学会志》和英国《自然》杂志上公布了这个惊人的消息。

1927年初，步达生和翁文灏合作，申请到洛克菲勒基金会的资金，以支持中国地质调查所和北京协和医院在周口店进行为期两年的发掘工作。经安特生推荐，瑞典古生物学家步林（B. Bohlin，1898—1990）应聘到周口店负责古生物发掘工作。地质调查所则指派中国地质学家李捷和步林合作，专门负责地质、地貌调查及相关的行政事务。10月中旬，步林发现了一颗保存完好的古人类牙齿。步达生立刻对这个左下第一臼齿进行了研究。他认为周口店发现的三颗牙齿都属于古人类，并以这颗完整牙齿作为正型标本，建立了一个新属新种，即中国猿人北京种（*Sinanthropus pekinensis* Black and Zdansky），发表在《中国古生物志》上。步达生又迅速地在国际顶尖杂志《自然》和《科学》报道了这一发现。“北京人”大约在70万—30万年前生活在中国北方，其正式学名为“*Homo erectus pekinensis*”，是人属中的直立人种，与现代人同属而不同种。

▲ 1927年，瑞典古生物学家步林在周口店化石发掘现场。

▲ 1927年，步达生（中）、步林（左一）和李捷（右一）在周口店化石发掘地点。

1928 年，刚从北大毕业不久的裴文中（1904—1982）作为步林和杨钟健的助手，参加周口店的工作。这一年，步林、杨钟健和裴文中又发现了“北京人”带三颗臼齿的下颌骨和头盖骨碎片等新材料，为步达生以单一牙齿建立的中国猿人提供了更加充实的证据。杨钟健回忆道：“1928 年这一年，我家中连遭不幸，我回家竟有三次之多。由初到周口店第一次回家，在山中不过两月左右。第二次回家在秋季工作刚开始，前去不过一月即回家。等由家回到周口店，北京工作已近结束阶段。幸有步林及裴文中二君主持发掘工作，尚无大的妨碍。”

1928 年底，步达生和翁文灏根据所获得的新材料，向洛克菲勒基金会申请更多的资助，拟成立一个专门的“新生代研究室”，在中国进行更为广泛的人类古生物学调查，研究中国第三纪及第四纪的化石和与之相关的地层与古环境问题。

1929 年初，步林离开周口店参加斯文赫定（Sven Hedin，1865—1952）的中瑞西北考察团野外工作。4 月初，洛克菲勒基金会同意拨款，以支持周口店的发掘和新生代研究室的其他运作。4 月 19 日，新生代研究室（即现今中科院古脊椎动物与古人类研究所的前身）正式成立。这标志着中国有了专门研究古脊椎动物和古人类化石的专门机构。从此，周口店的发掘和整个中国第三纪和第四纪的地质古生物考察均在新生代研究室的框架下进行。

新生代研究室以丁文江为名誉主持人，步达生为名誉主任，杨钟健为副主任，负责古生物学和周口店野外工作。法国古生物学家德日进为顾问兼客座研究员，裴文中负责指挥周口店的具体发掘工作。杨钟健回忆道：

> 新生代研究室成立，任我为副主任，从此我之科学工作迅速开展。当时之新生代研究室，一切计划由我和步达生商定，后呈翁实施。翁先生对我的工作极为重视，且于有须他协助时，无不尽协助。

在回忆步达生所起的作用时，杨钟健写道：

对于新生代研究室的一切规划，他出力最多。当周口店每次开始工作时，他必与我们详为研讨，然后决定如何继续开掘。他有时到周口店与我们一起爬山越岭，亲自指导。

关于德日进，杨钟健回忆说：

谈到我们在野外有关学术上的探讨，可以说，我之获益，比在学校时多得多。他学识渊博，除古生物及地层外，于考古、人类、地文、岩石等方面均较我为优。所以，我随时随地可以得到他的指教。他实在是名符其实的顾问。

关于裴文中，杨钟健说：

裴不久即显示出其特殊才能，不但山上一切工作协助甚得力，以后便直接由他主持，而且在研究方面更显示其卓越之能力。

杨钟健在周口店主持发掘工作，每年两季，三四个月不等。当时，从北平到周口店的交通很不方便。一种方法是坐火车到琉璃河下车，然后再搭琉璃河到周口店的支线车，或雇小驴前往。一种方法是从北平直接雇黄包车到周口店。每种方法都需要六七个小时，甚至一整天的时间。汽车只能有外国人去周口店时才能用，而且仅限于秋末到春季之间没有雨水的几个月。

在周口店时，杨钟健和其他地质先贤们把一家叫刘珍店的骆驼店当作他们食宿、办公和整理化石的落脚点。这个刘珍店，位于坝儿河（现称周口店河）西岸，离周口店龙骨山不远。店内有 9 间低矮简陋、土墙土顶的房子。

3. 陕西、山西的骡队之旅

随着新生代研究室制定新的野外考察计划，杨钟健每年至少有三个月的时间在华北和其他地方进行野外工作。杨钟健回忆道：

▲ 杨钟健在刘珍店东屋门前。

我们 1929 年春季在周口店的发掘工作，是按照新生代研究室的计划进行的。虽然步林先生已经卸任，但我与裴文中已合作一年，工作很顺手，所以并未感觉不便。德日进在我回国之前，已对中国北方新生代地质有所认识，而我在回国后仍只限于周口店一隅，所以在与各地地质进行比较的方面，我得德日进之助益不少。

1929 年初，杨钟健和德日进一道又对周口店地质作了一次勘查。随后，步达生和翁文灏决定把周口店的发掘工作交给裴文中主持。6 月中，杨钟健和德日进便去山西、陕西等地作地质考察旅行，直到 9 月中才回到北京。

在山西、陕西和鄂尔多斯高原南部考察的三个月中，杨钟健和德日进记录了第三纪后期与第四纪地层，划分出“红色土”地层，为中国黄土的进一步研究开辟了道路，也为认识中国北部新生代整体环境奠定了基础。杨钟健回忆道：

这一次旅行，为我第一次长途地质旅行，目的是考察第三纪后期及第四纪之土状堆积，如红土、黄土等，凡此种地质发育之地，均择主要者作有剖面，并尽量采集其中之化石以确定年代。此外，亦注意其他相关的问题，如地文之发育、史前石器遗迹之寻获等。

德日进和杨钟健把考察的结果，发表在《中国地质学会志》，题目是《山西西部陕西北部蓬蒂纪后黄土期前之地层观察》。此外，德日进和杨钟健还在山西神木县发现了中国第一只恐龙脚印，并在《中国地质学会志》上作了报道。

1929 年夏天，德日进和杨钟健在山西、陕西作了三个月的地质旅行。杨钟健在《西北的剖面》一书中回忆道：

由北平到大同下火车后，即雇好了六匹骡子。一匹德日进先生骑，一匹我骑，一匹德先生的听差骑，一匹我所带的化石采集人兼夫役事宜骑，一匹我们的厨夫骑，所余一匹，载一对大箱，内装食物、用品等。另有骡夫三名。如此出发，在途中排列起来，大约总有十七八公尺长。虽不敢说是浩浩荡荡，但总可以称“队”。

▲ 1929 年夏天，德日进在山西北部的旅行途中。

德日进是对杨钟健有重大影响的几位人物之一。杨钟健回忆道：

> 他为人的诚恳和蔼，观察自然的精敏，治学的小心和他未定的丰富的学识，报道知识上得到了许多帮助，而人格上也受他深刻的感化。同他旅行，实是一种愉快，令人可忘征尘之苦。

德日进和杨钟健返回北平后，9月30日，新生代研究室名誉主任步达生亲笔写信给杨钟健，祝贺杨钟健和德日进在山西、陕西的新发现，认为这些发现对研究中国新生代地层极为重要。10月4日，步达生又写信给杨钟健，邀请他和德日进出席一个小型晚宴，一是欢迎来中国访问的一位英国学者，二是庆祝杨钟健和德日进成功完成为期三个月的山西、陕西野外考察。

4. 周口店："北京人"头盖骨的发现

杨钟健和德日进回到北京后，周口店的发掘也在夏天雨季过后恢复了以往的忙碌场面。步达生、德日进和杨钟健等人，一方面要经常到周口店，另一方面要在城里的研究室整理和研究已经采集的化石材料。

10月17日，步达生和翁文灏邀德日进、杨钟健和燕京大学地质系教授巴尔博等人一起乘汽车到周口店，准备在冬季停工之前，最后看一下那里的挖掘情况。经过几个小时的汽车旅途，步达生等一行人到达刘珍店，和等候在那里的裴文中会合。在刘珍店背后破旧土墙和纸糊木窗的衬托下，步达生、德日进、杨钟健等7位中外地质先贤为后人留下了珍贵照片。在照片里，左四为杨钟健，左一为裴文中，右三为步达生，右二为德日进，右一为巴尔博。左二和左三的两位年轻学者，分别是1925年进入地质调查所的王恒升（1901—2003）和1928年进入中央研究院地质研究所的王恭睦（1899—1960）。照片中间的高个人物可能是步达生的客人。

巴尔博在《跟德日进跑野外》一书中，描述了当天的情况。他还在书中附上他当天画的剖面草图，表现了当天实际观察的情况，并标示出化石的确切层位。

▲ 1929 年 10 月 17 日，杨钟健等中外地质先贤在刘珍店北房和东房之间的把角处合影。

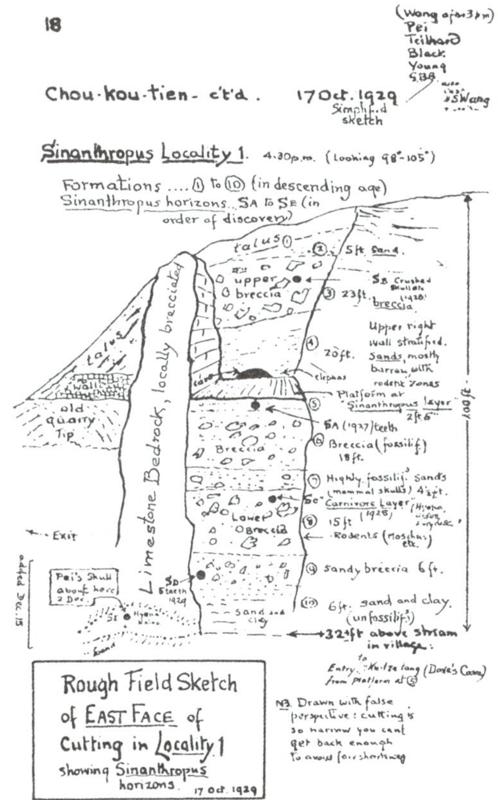

▲ 1929 年 10 月 17 日，巴尔博绘制的周口店野外“北京人”第一地点的剖面草图。

1929年的发掘工作一直延续到寒冬时节。12月2日，裴文中在龙骨山第一地点发现了第一个“北京人”（即中国猿人）头盖骨。这个震惊世界的发现，让多年来寻找“北京人”确凿证据的梦想得以实现，为20世纪20年代周口店早期发掘工作画下完美的句号。

裴文中在发现了“北京人”第一个头盖骨后，兴奋得彻夜难眠。他和几位技工连夜用火盆烘烤潮湿易碎的头盖骨，并在外面糊上一层层的石膏、绵纸和麻袋片，用来加固这个稀世珍宝。

裴文中发现头盖骨时，翁文灏、步达生和杨钟健都在北平城内。当晚，裴文中就给翁文灏所长和杨钟健写信作了报告。第二天（12月3日）一早，裴文中又给步达生发电报说：“顷得一头骨，极完整，颇似人……”步达生得到消息后，接连写了两封短信给杨钟健（当时步达生主要在东城的协和医院娄公楼办公，而杨钟健主要在西城的地质调查所办公）。在12月3日的第一封信中，步达生告诉杨钟健他打算尽快和杨钟健、德日进赶到周口店，同时会告诉翁文灏他的计划。同一天，杨钟健把裴文中的报告翻译成英文，送给步达生。在12月4日，步达生给杨钟健的回信中说：“非常感谢你的来信及裴文中报告的翻译——这实在是一件最令人兴奋的事情。”步达生还告诉杨钟健，他和翁文灏见面后决定先等裴文中返回北平城内，而暂时不去周口店。

12月28日，中国地质学会举行特别会议，首次向媒体及各界公众展示周口店刚刚出土的“北京人”头盖骨。1929年12月27日，步达生在中国地质学会特别会议的前一天，又给杨钟健写了短信。他给杨钟健送上经过翁文灏批准的新闻发表稿，并请杨钟健翻译成中文，以备在特别会议上分发。

在12月28日的特别会议上，翁文灏首先报告了地质调查所技师赵亚曾（1899—1929）在云南考察途中被土匪杀害的情况，然后他报告了周口店最近发掘“北京人”（中国猿人）头盖骨的经过。随后，杨钟健作《论与中国猿人共生的绝灭动物》的报告，裴文中作《中国猿人发现之简报》的报告。步达生与葛利普将周口店喻为“大型伊甸园”，以示其在人类起源上的重要地位。会议结束后，与会者还参观了地质调查所陈列室。出席者有斯文赫定、丹麦驻华公使高福曼（H. Kauffmann，1888—1963）等150余人。

1929年底，德日进和杨钟健合作完成了周口店的地质与古生物研究的初步报告——《周口店化石堆积的初步报告》，发表于《中国地质学会志》。报告对周口店动物群的性质和时代、“北京人”遗址含化石堆积的分层以及周口店各地点的时代序列等问题都作了精辟的分析。

1930年3月29日至4月3日，地质调查所在该所地质陈列馆举办公开展览，展出该所发掘的中国猿人化石全部标本及采自周口店的其他古生物标本，在当时引起轰动，参观者达2000余人。

1930年9—10月，在裴文中发现“北京人”头盖骨的第二年，58岁的英国解剖学家和人类学家史密斯爵士（Sir Grafton Elliot Smith，1871—1937）到中国访问。史密斯既是引导步达生对古人类学产生浓厚兴趣的一代宗师，也是最早肯定中国猿人研究成果的西方学界泰斗。

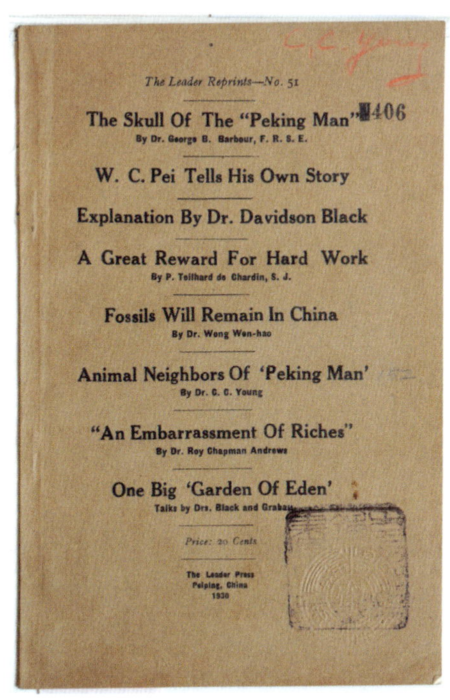
C. C. Young

The Leader Reprints—No. 51

The Skull Of The "Peking Man" 406

By Dr. George B. Barbour, F. R. S. E.

W. C. Pei Tells His Own Story

Explanation By Dr. Davidson Black

A Great Reward For Hard Work

By P. Teilhard de Chardin, S. J.

Fossils Will Remain In China

By Dr. Wong Wen-hao

Animal Neighbors Of 'Peking Man'

By Dr. C. C. Young

"An Embarrassment Of Riches"

By Dr. Roy Chapman Andrews

One Big 'Garden Of Eden'

Talks by Drs. Black and Grabau

Price: 20 Cents

The Leader Press
Peiping, China
1930

▲ 杨钟健与裴文中、葛利普、步达生等人有关中国猿人的讲演后来被编成专辑，于1930年出版。

and director of the Laboratory, Dr. C. C. Young palaeontologist and vice-director of the Laboratory, Pere Teilhard de Chardin scientific adviser to the Survey and palaeontological collaborator to the Laboratory, and Mr. W. C. Pei in charge of the field work and palaeontological assistant. The Peiping Union Medical College lends its valuable collaboration in allowing Dr. Black to devote his time to the Cenozoic research and study the anthropoid material and to put at the disposal of the Cenozoic Laboratory all the facilities required for such research.

The tremendous amount of the material collected from Chou Kou Tien during the last two years will need long laboratory preparation and study. We have now several work men working on that material in our old offices of Fengsheng Hutung, and we have another group in a special room at Lockhart Hall provided for the Cenozoic Laboratory of the Geological Survey. The fossils when prepared and studied will be gradually exhibited in the Museum of the Geological Survey at 3, Fengsheng Hutung.

Animal Neighbors Of 'Peking Man'

Rich Deposit Of Fossil Remains Yield Numerous Animal Species

The following is the text of the address made by Dr. C.C. Young on "The Extinct Animals Associated With *Sinanthropus*":

By Dr. C.C. Young

Vice-Director and Palaeontologist, Cenozoic Research Laboratory, Geological Survey of China.

Not only the materials of *Sinanthropus pekinensis*, the Peking man, have been increased gradually during the excavation of the last twoyears, but also the remains of other fossils, chiefly of mammanlia, were dug out and transported from the ruins of an old limequarry to our Laboratory.

We have now 20 technicians simply for the preparation of those materials, most of which are still in matrix and very difficult to prepare, so that it is still impossible to make a final study and report. We may expect in any moment to get some interesting pieces which are new to the Science. Therefore I can only give you today a provisionary list of the fossils which lived once upon a time together with the *Sinanthropus pekinensis*.

Before discussing the contents of fossils, it seems necessary to give a simple review of the remains which

— 16 —

▲ 杨钟健《论与中国猿人共生的绝灭动物》报告的文稿首页。

▲ 1930 年 3 月 29 日至 4 月 3 日，地质调查所在该所地质陈列馆举办公开展览。

史密斯在新生代研究室的实验室内日夜工作，仔细观察、对比“北京人”的各种材料，并亲自去周口店进行长时间的现场考察。史密斯对发掘人员不畏艰险、极端敬业的精神，深为感动。访华结束时，史密斯宣布他完全同意中国猿人的分类位置及其地质年代的地层和古生物证据。

杨钟健回忆道：

> 我一方面参加周口店工作，一方面又到外地考察，在北平时间还写报告，作研究，先后发表了丁文江在广西所采的化石、第一年在鸡骨山所采的化石的研究结果和周口店的报告，还有在山西、陕西所调查的结果。自 1929 年以后，我索性将家中的事全抛在一边，专心致力于研究，一年以来幸尚有贡献。

▲ 1930年10月，翁文灏（左一）、李捷（左二）、史密斯（右二）和步达生（右一）在刘珍店低矮的北房门前合影。

5. 横跨华北两万里

身为新生代研究室的副主任，杨钟健担负着繁重的工作。在指导周口店发掘工作的同时，他要在研究室内整理、研究采集的各类动物化石。他还要和新生代研究室其他成员一起，到各地（首先是华北）进行实地调查，采集标本，并建立不同地区的新生代地层层序。

1930年至1931年，杨钟健完成了四次主要的地质旅行，合计路程将近两万里。他的足迹所经，东北到兴安岭，北过戈壁，西到西疆，占了中国北方的大部，而其中大半又是在边荒偏僻的地方。

1930年2月6日，杨钟健在第二次丧偶之后，与王国桢举行订婚仪式。王国桢为河北名儒王瑚侄孙女，当时正肄业师范大学历史系。1930年，杨钟健一连作了三次地质旅行。一次在他和王国桢4月10日的婚礼之前，两次在婚礼之后。

1930年3月，因为步达生先前在河北唐山附近发现有类似周口店的化石，杨钟健与步达生、德日进、裴文中到唐山，对当地贾家山附近一个类似周口店化石的裂隙堆积进行了观察。他们在杨钟健4月10日结婚

▲ 1930 年 2 月 6 日，杨钟健和王国桢订婚时的合影。

之前返回北平。

4 月 10 日，杨钟健与王国桢举行婚礼，由地质界前辈章鸿钊先生证婚，葛利普及许多学术界人士参加婚礼。

4 月 23 日，在杨钟健婚后的两个星期，杨钟健就按照计划和德日进、王恒升前往东北三省，考察了葫芦岛、大虎山、通辽、昂昂溪、北票等地的新生代地层。5 月 22 日回到北平。

5 月 26 日，杨钟健、德日进以及中山大学教授张席禔作为中方代表参加中美科学考察团，随美国自然历史博物馆的安得思（R. C. Andrews，1884—1960）、葛兰阶等人的汽车队，到内蒙古的戈壁滩采集化石。杨钟健于 7 月 24 日经张家口返回北平。

安得思组织的中亚科学考察团（Central Asiatic Expeditions），曾在云南、福建、四川、绥远、察哈尔、外蒙古等地作过多年考察与发掘，采获大批中生代恐龙类化石及第三纪动物化石。1929 年因化石材料归属引起风波。之后，中美双方商定由张席禔、德日进、杨钟健、裴文中代表中方参加考察，中文名称为“中美考察团”。杨钟健回忆道：

> 中亚考察团所用的帐篷，竟完全是国货……帐篷的构造很简单，以二木棍支起，上横一木棍。……我与张君同住一帐篷中，两支木棍外，一边支一床，中间可置一木箱子，当桌子使用。

中美考察团在内蒙古乌拉草地“狼帐篷营地”附近发现了铲齿

象、犀牛、鹿等许多晚第三纪化石。作为这次考察的部分结果，德日进和杨钟健在《中国地质学会志》上发表了《中国本部和蒙古在地质上之对应关系》一文，杨钟健发表了《绥远北部兔科新材料》一文。

1930年7月，杨钟健在戈壁滩上回忆往事。他赋诗一首《故人》，表达内心的感受：

> 故人尽星散，各自奔西东。独留一孤我，驰去沙漠中。彼自有其欲，我也有吾情。……仰视浮云白，俯看戈壁青。此中有真乐，何必竟功名。

1931年，杨钟健又作了一次远途旅行，即参加中法科学考察团，乘坐法国雪铁龙公司的越野车，穿越内蒙古、甘肃等地赴新疆考察。中方团员共8人，但其中只有杨钟健和植物学家刘慎谔（1897—1975）是科学人员（德日进是作为法国成员参加考察的）。杨钟健于1931年5月12日由北平起身，经过张家口、百灵庙、额济纳河、酒泉、哈密、吐鲁番、乌鲁木齐、塔城，最后取道西伯利亚，于9月4日返回北平。由于中法科学考察团的初衷是宣扬雪铁龙公司的履带式越野车，而且双方的团员中专业科学家很少，中法双方在途中纠纷不断，所谓的“科学考察”没有取得令人满意的结果。杨钟健回忆道：

> 这回考察所去的地方甚远，也很有兴趣。自百灵庙起，三十余日，完全过露宿生活。……考察结果，在学术上收获极少，主要原因乃团体太大，行止不能自主，有意思的地方不能停留，除极少数例外情况，一般不能离开路线到附近去作观察，因而有入宝山而空手而归之感。

▲ 1930 年 7 月，杨钟健在中美考察团内蒙古的“狼帐篷营地”。

▲ 1930 年 7 月，杨钟健在戈壁滩上。

▲ 1930 年，中美考察团成员在“狼帐篷营地”以南的铲齿象化石发现地点发掘化石。

德日进和杨钟健在中美考察团和中法考察团两次考察期间发现了一些石器，他们根据这些材料在《中国地质学会志》上发表了《蒙古、新疆和中国西部发现的新石器（及可能之旧石器）》一文。

▲ 1931 年，杨钟健（左）与德日进（右）在中法考察团途中。

考察团于 7 月 19 日抵达乌鲁木齐（旧名迪化）。第二天，杨钟健即去乌鲁木齐的南关去访问袁复礼教授。袁复礼作为斯文赫定的西北科学考察团中方代表，当时主管考察团在乌鲁木齐办事处。杨钟健回忆道：

> 袁君所在地在南关，我们坐的是俄国式的四轮马车，片刻即到。与袁君在迪化相晤，彼此均十分欢悦。袁君在此地工作三年之久，不但科学上有重要发现，为人景仰，即处理考察团种种事务及应付地方当局，渡过若干难关，实亦有令人可钦佩的地方。

1932 年，袁复礼在新疆和宁夏二叠纪及中生代地层中挖掘出 72 具爬行动物化石，后来和杨钟健合作研究发表，经鉴定为水龙兽和二齿兽，二者均为南非哈鲁系之标准化石。杨钟健在评价这些发现时说：

袁君之发现对古生物和地层均有特殊的重大意义。……新疆之水龙、二齿兽动物群，与南非同层者十分相似，无一新属，故无疑有密切关系。自此动物群见之于世以后，使一般人对于当时动物群之迁徙和彼此之关系，以及对前冈瓦纳古大陆之见解，均有新的认识。

1931 年 8 月 11 日，杨钟健等中方人员与法方团员分道，离开乌鲁木齐，抵昌吉、绥来、乌苏、塔城等地进行考察。之后，他们取道西伯利亚，乘火车于 9 月返回北平。

▲ 照片为杨钟健所摄。他在照片背面写道：“此为新疆乌鲁木齐南关，袁复礼的办事处。1931 年夏，中、法考察团过乌鲁木齐时所照。自左至右，德日进，袁复礼，刘慎谔。”

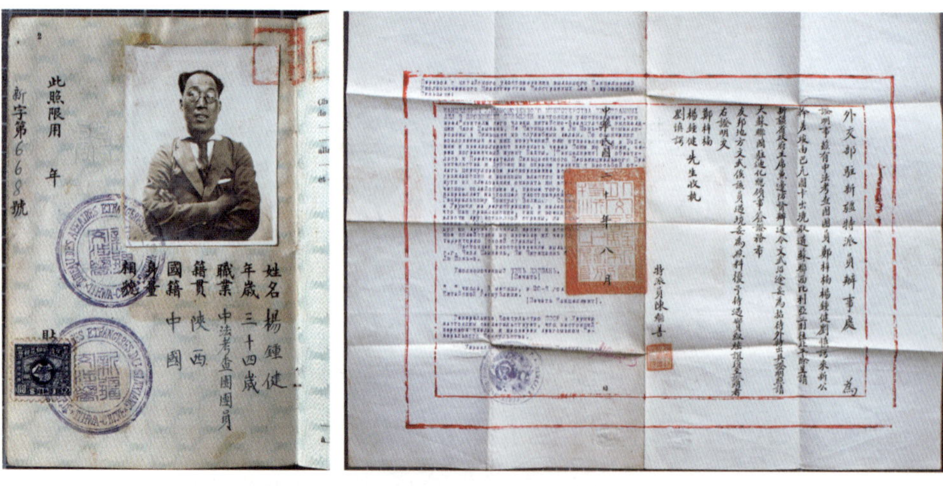

▲ 杨钟健等人在新疆考察结束后取道西伯利亚回国的外交文件。

杨钟健把1929年至1931年间数次地质旅行的见闻和观感，汇集成书，名为《西北的剖面》。1931年12月30日，在父亲逝世3周年时，杨钟健完成了这本书的稿件。杨钟健把这本书献给父亲。他写道：

两万里左右的旅程，风霜饥饿，与种种艰苦，我亲爱的父亲已不及一见。沧桑人事、风雨逆旅中仅我时时思及我父，而吾父已舍我不顾。今书虽成，献予我父，聊以报告我三年内在人生大旅程中的几段小旅行，也不过只能当我思父的一种纪念罢了！

6. 大江南北的足迹

1931年春，周口店的发掘工作进一步扩大。年轻的贾兰坡（1908—2001）和卞美年（1908—2002）来到周口店，参加"北京人"的发掘。贾兰坡回忆道："我当时是练习生，另外还有技工10余人。裴文中、卞美年和我每年大约有半年在周口店进行发掘，半年在北京研究室工作。经常到周口店去的是杨钟健，其次是德日进和步达生，翁文灏去的次数较少。"

1931年春夏之际，在周口店龙骨山的"北京人"化石发掘现场附近，一座崭新的四合院建筑在西北小山的北坡上崛地而起。这就是地质调查所新建成的周口店办事处。新建成的地质调查所办事处是个四合院，为中外地质先贤们提供了更为宽阔、舒适的落脚点，也为前来参观、考察的各国学者提供了更为体面的接待场所。杨钟健在北平的工作包括去周口店指导发掘和在城里的办公室整理、研究从各地采集的化石材料。此外，他还要按照新生代研究室的计划到各地考察并采集标本。

在1932年到1937年的6年间，杨钟健每年都到野外作地质考察并采集化石标本。杨钟健的足迹所至，最南到广州，最东到青岛，最西到青海，而西南则到成都以南的荣县。和他同行的，先后有德日进、裴文中、卞美年、巴尔博、张席禔，以及美国古生物学家甘颇和钱耐等人。

1932 年 7 月，杨钟健和德日进赴河北井陉及山西武乡、榆社等进行地质考察。他们还到河南渑池、新安等地，来到安特生发现的仰韶文化遗址地点考察。他们的考察科学报告发表在《中国地质学会志》。

Yang Zhongjian (left) and Pei Wenzhong at the office. (Photo by Bian Meinian, October 1932)

▲ 1932年10月，杨钟健（左）与裴文中（右）在周口店新建办事处。（卞美年摄）

1933 年 8 月，杨钟健、裴文中和一位技工又赴井陉考察裂隙堆积，随后又赴河南西部、山西南部及陕西东部一带进行地质考察。他们的考察结果在《中国地质学会志》上分为两篇文章发表，分别是《井陉裂隙堆积兼论该地新生代地质》和《洛阳与西安间的新生代地质》。

1934 年春，新生代研究室把研究工作扩大到长江流域。为了了解长江沿江一带新生代历史起见，新生代研究室组织了两次沿江旅行。杨钟健、德日进、巴尔博等中外地质学家赴江苏、江西、湖北、四川等地考察。杨钟健还和巴尔博、德日进、李四光、诺林（E. Norin, 1895—1982）等到庐山考察第四纪冰川遗迹。在从上海到重庆的旅行途中，杨钟健一行曾赶回北平一次，以参加步达生的追悼会。之后，杨钟健又和德日进与巴尔博南下去汉口，然后坐船到四川万县，参看了美国古生物学家葛兰阶所采掘过的裂隙堆积。作为考察的部分结果，德日进和杨钟健在《中国地质学会志》发表《长江流域新生代层序》一文。杨钟健根据在四川采到的材料，发表了《四川重庆附近自流井组（秭归系）的爬行类化石》和《四川万县附近盐井沟哺乳类微动物群》两篇文章。

1934 年秋，杨钟健与卞美年去山东新泰、蒙阴等地，调查有关地层，并第一次在山东蒙阴盘足龙的产地发掘恐龙。返途中，他们在齐鲁大学观察了产于临朐硅藻页岩中的鱼化石及植物化石。1935 年 5 月，杨钟健又偕技工三人前往临朐山旺村，采集了大量植物化石和昆虫、鱼、蛙等化石。他们的考察结果在《中国地质学会志》上发表，包括《鲁中汶河—泗水地区之新生代地质》《山东蒙阴之恐龙遗骸》《山东山旺产中新统蛙化石》《山东山旺组的鱼化石》等。在《山东益都、昌乐、临朐新生代地质》一文中，杨钟健创立了“山旺统”，定其时代为中新世。

1935 年初，杨钟健和德日进、裴文中、张席禔等人作了为期两个月的广东、广西之行，对南方的洞穴堆积展开调查。他们发表的《广西和广东的新生代地层》一文，为中国南方新生代地质的研究奠定了基础。1935 年 1 月，杨钟健、德日进和裴文中在两广旅行中访问中山大学，并作学术演讲。

1935 年 8 月，杨钟健又和卞美年等往甘肃和青海的东部作野外考察。他们取道西兰公路沿途考察，并到兰州附近及永登、阿干镇等地调查，历时一个月。他们的考察结果《甘肃皋兰永登区新生代地质》在《中国地质学会志》上发表。杨钟健回忆道：

卞美年君自燕京大学毕业，为巴尔博之高足。……卞先生在平时，曾与我在北平附近及山东作过野外工作。他以特有之天才，也成了新生代研究室的一位中心人物，卞君除从事介壳类化石工作外，亦曾研究周口店之鱼及两栖类与龟类等材料。

1936 年春，美国古生物学家甘颇来华访问。甘颇曾经研究过美国地质学家劳德巴克（G. D. Louderback，1874—1957）1915 年在四川威远一带采集的肉食类恐龙化石。他来华的主要目的是观察袁复礼 1928 年自新疆发现的水龙兽和二齿兽化石，并调查中生代地质。杨钟健与袁复礼陪同甘颇前往山西榆社、武乡、沁县、榆次考察，沿途发现不少三叠纪化石地点，对新生代地层中的古生物也有补充观察。随后，杨钟健又和甘颇去西安、成都等地考察。7 月，杨钟健和甘颇在成都以南

▲ 中山大学地质学会欢迎德日进（前排中间）、杨钟健（前排右三）、裴文中（前排左二）时合影留念。杨钟健的同学和好友张席禔（前排左三）当时任中山大学地质系主任。

▲ 1935 年 8 月杨钟健（左三）与卞美年（左一）等在甘肃皋兰。

▲ 美国古生物学家甘颇。

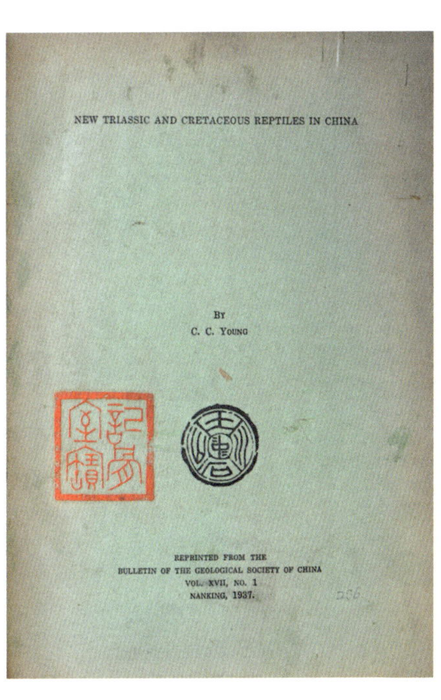

NEW TRIASSIC AND CRETACEOUS REPTILES IN CHINA

BY
C. C. YOUNG

REPRINTED FROM THE
BULLETIN OF THE GEOLOGICAL SOCIETY OF CHINA
VOL. XVII, NO. 1
NANKING, 1937.

▲ 杨钟健保存的《中国三叠纪和白垩纪新爬行类》一文单行本。封面有记骨室藏书的印章。

的荣县西爪山发现侏罗纪中期的蜥脚类恐龙化石，后来被命名为荣县峨眉龙（*Omeisaurus junghsiensis* Young）。杨钟健把这次考察的部分结果整理成《中国三叠纪和白垩纪新爬行类》，发表在《中国地质学会志》上。

1937 年 6 月，杨钟健又和美国古植物学家钱耐去山东临朐观察地质、采集化石。钱耐曾于 1925 年参加安得思的中亚考察团在内蒙古等地采集标本。1933 年，钱耐又到周口店参加了洞穴堆积中古植物种子的分析工作。杨钟健把 1935 年以来多次野外工作采集的山旺植物化石标本，交由钱耐和植物学家胡先骕（1894—1968）合作研究。

▲ 杨钟健（中）、钱耐（右）和技工王存义（左）在山东考察时在野外午餐。

7. 北平点滴

杨钟健说："一个人要在社会上略有贡献，除去许多条件外，最要紧的需要一个良好安静的家庭环境，这样才能安心工作，才可以没有精神上的痛苦，或者进一步有精神上的安慰。"

杨钟健的父亲于 1928 年底去世后，杨钟健在 1929 年 4 月携母亲、弟妹及长子感孝来到北平。他们一家人先住在景山附近的吉安所左巷，随后搬到西单附近的新皮库胡同。

1930 年 4 月，杨钟健在和王国桢结婚前，在西四附近的石老娘胡同 15 号院租得一处更宽敞的住所，有两个小院，共 32 间房。"当时，母亲在北平家里，弟妹又都在北平上学，一家人朝夕相处，又兼新婚之后，颇有阖家欢聚之感。"1931 年 6 月，次子新孝出生（当时杨钟健正在新疆野外考察，故名新孝）。1932 年 9 月，三子慈孝出生。1936 年 6 月，四子思孝出生。杨钟健回忆说："我在北平石老娘胡同的八九年，为自父亲去世后，最为上轨道的几年生活。"晚上，杨钟健在寓所写写东西，他的游记文章和普通作品大多是在寓所中写成的。

▲ 1930 年 11 月，杨钟健拍摄的寓所书案。

▲ 杨钟健的次子新孝（右）和三子慈孝（左）在石老娘胡同的庭院里。他们俩神气十足，一个拿着父亲的拐杖，另一个夹着父亲的公文皮夹。

杨钟健的次子杨新孝回忆说："童年时，家住石老娘胡同15号，那是一所四合院房。对于它，印象已经模糊，至今鲜明记得的景物只有两样，即院内两棵很高的海棠树和父亲的书桌。那是北房中靠东的一间，沿墙放满书架；书桌对着南窗，桌上堆着许多奇形怪状的骨头和石头。"

杨钟健回忆道："我有石桌面一个，为南口石灰岩磨成，上有藻类化石，颇富地质意义。我又好花草，历年所添，多至百余种，虽无名贵之品，然院内也布置得花木扶疏，清雅可爱。"

▲ 杨钟健夫人王国桢和次子新孝、三子慈孝在家中庭院。

杨钟健在北平时的办公室有两处。一是地质调查所在兵马司胡同的办公室，离石老娘胡同的住所不远。二是新生代研究室所在的协和医院娄公楼，离住所比较远。协和医院位于东城东单大街，娄公楼（Lockhart Hall）以美国教会医生的姓氏音译命名，为纪念协和医学院的第一创办人雒魏林（William Lockhart，1811—1896）。当时，从周口店和全国各地采集的标本多堆放在地质调查所陈列馆的后楼和娄公楼的库房中。娄公楼的一部分实验室供新生代研究室使用，其中还包括步达生的办公室。杨钟健一般上午在地质调查所办公，下午到协和医院的娄公楼办公。

▲ 杨钟健在协和医院的娄公楼。

▲ 协和医院娄公楼外景。娄公楼是当时协和医院三个主要建筑之一，于 1968 年拆除。

▲ 杨钟健与卞美年在协和医院娄公楼新生代研究室门前展示采自四川荣县的峨眉龙化石。

杨钟健在北平时期，曾先在师范大学讲授地史学。后来，北京大学地质系聘请他为四年级学生开设古脊椎动物学一课，每周讲课两学时，实习两学时。随后杨钟健又开设了新生代地质一课。讲课过程中，杨钟健时常带学生到周口店龙骨山和陈列馆参观。

20 世纪 30 年代中期正在北大地质系学习的地震地质学家徐煜坚（1913—1992）回忆道："30 年代杨老已是北京大学最年轻的古生物学教授，又是中国地质学会最年轻的理事长。1936 年初夏，我是二年级大学生。系里准备带我们到西山作一次地质实习，特意请来杨老给我们作报告。……我们来到周口店龙骨山，秃秃的山冈，干干的河床。周口店陈列馆里，人人感到惊奇的是那面'鱼化石墙'……"

每逢星期日或其他节日，杨钟健时常和亲友去中山公园、北海公园等处游览。偶尔也和朋友同事去普通的饭馆一起聚餐。杨钟健回忆道："七七事变前，大家（新生代研究室以外的地调所朋友）因生活比较安定，彼此请吃小饭馆，如庆林春、同和居。几乎每周必去一两次。主要包括谭锡畴、王竹泉、钱声骏、王恒升、朱钦吾等。”

▲ 20世纪30年代中期，杨钟健带领学生参观周口店，在鸽子堂洞口前合影。

▲ 1935年11月初，杨钟健在中山公园。这两张照片是杨钟健的一位外国友人拍摄的。中山公园和北海公园是杨钟健和亲友当时常去的地方。

▲ 20 世纪 30 年代，杨钟健（左一）和同事加好友田奇瑪（左二）、张席禔（左三）和侯德封（左四）合影留念。

8. 举世瞩目的著述

▲ 杨钟健在 1936 年当选中国地质学会理事长。

从 1928 年到 1937 年，杨钟健在中国地质学界的地位迅速提高。这不仅在于他举世瞩目的学术成果，也在于他面向公众、弘扬科学的众多著述。

1928 年，杨钟健回国后成为中国地质学会的正式会员。1936 年 1 月，在南京召开的中国地质学会第 12 届会议上，杨钟健经翁文灏提议，当选为中国地质学会的理事长。1937 年 2 月，杨钟健获得中国地质学会的最高奖章——葛利普奖章。

在 2 月 22 日的会席上，杨钟健的恩师葛利普先生亲自授奖。在此之前的获奖者依次为葛利普、李四光、丁文江、德日进和翁文灏。葛利普奖章的颁发，随后因为抗日战争爆发而停止，一直到抗日战争胜利后才恢复。杨钟健之后的获奖者为章鸿钊。

1933 年 6 月，身为中国地质学会理事长的杨钟健和其他中国地质学家们在北平西城豆芽菜胡同（今民强胡同）的葛利普寓所合影留念。这是葛利普、丁文江、翁文灏和德日进前往美国参加第 16 届国际地质大会前的合影（当时步达生已经在欧洲，将直接赴美参加会议）。

在 1928 年至 1937 年的 10 年间，杨钟健学术研究的重点从古哺乳动物转到古爬行动物。1928 年至 1934 年，大致代表了杨钟健学术生涯的前期。他研究的重点在华北新生代地质和相关的哺乳动物化石。杨钟健陆续发表了《周口店鸡骨山哺乳类化石》《中国北方新生代后期之哺乳类化石》《周口店第二、第七、第八地点之脊椎动物化石》《周口店中国猿

▲ 杨钟健和前排座席上的章鸿钊（左一）、丁文江（左二）、葛利普（中间）、翁文灏（右二）和德日进（右一）都是葛利普奖章的获奖者。照片第二排和第三排是和杨钟健长期共事的同辈地质学家。第二排从左至右依次为杨钟健、周赞衡、谭家荣、徐光熙、孙云铸、谭锡畴、王绍文、尹赞勋、袁复礼。第三排从左至右依次为何作霖、王恒升、王竹泉、王曰伦、朱焕文、计荣森、孙健初。

▲ 杨钟健珍藏的地质调查所胸徽。

人地点之偶蹄类》《周口店第一地点之食虫类、翼手类、啮齿类与灵长类化石》等古哺乳动物的专著和大约 30 篇有关哺乳动物与新生代地质的论文。由于杨钟健等人的工作，地质学家早在 20 世纪 30 年代，就能根据化石哺乳动物的组合，对华北以黄土为主的各种“土状堆积”进行比较详细的划分和对比。

大致从 1934 年起，杨钟健逐步开始进行爬行动物化石和中生代地层的调查和研究，主要包括对新疆和山西的三叠纪爬行类的研究，以及对四川、新疆、内蒙古侏罗纪和白垩纪恐龙化石的研究。杨钟健关于恐龙的第一篇文章发表于 1932 年。研究的是鹦鹉嘴龙。随后，杨钟健又

▲ 20 世纪 30 年代中期，杨钟健和周赞衡（左侧两幅照片中身穿浅色长袍者）等地质学家在一起。周赞衡是研究古植物学的第一位中国学者。他长期担任出版《中国古生物志》等刊物的重任，后来任地质调查所副所长。

研究了山东蒙阴的恐龙。1935 年和 1937 年，杨钟健与袁复礼共同研究了新疆的二齿兽及水龙兽。1935 年，杨钟健在《地质专报》发表《中国地史上之爬行动物》一文。这些工作为他后来在古爬行动物研究上的巨大成就奠定了基础。

德国图宾根大学的许耐（F. von Huene，1875—1969）教授是研究恐龙等爬行动物的权威。他始终关注着杨钟健的研究成果，并

▲ 20 世纪 30 年代的杨钟健。

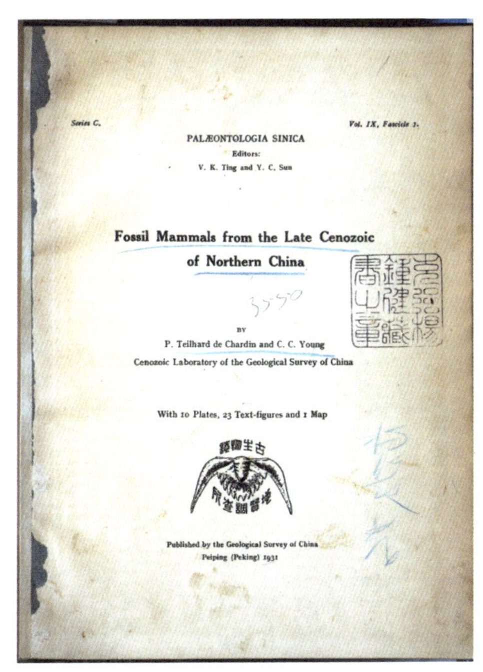

Series C. Vol. IX, Fascicle 3.

PALÆONTOLOGIA SINICA

Editors:

V. K. Ting and Y. C. Sun

Fossil Mammals from the Late Cenozoic of Northern China

BY

P. Teilhard de Chardin and C. C. Young

Cenozoic Laboratory of the Geological Survey of China

With 10 Plates, 23 Text-figures and 1 Map

Published by the Geological Survey of China

Peiping (Peking) 1931

▲ 1931 年，德日进和杨钟健在《中国古生物志》发表的《中国北方新生代后期之哺乳类化石》一文。图为杨钟健保存的单行本封面，带有杨钟健手迹和“克强杨钟健藏书”的印章。

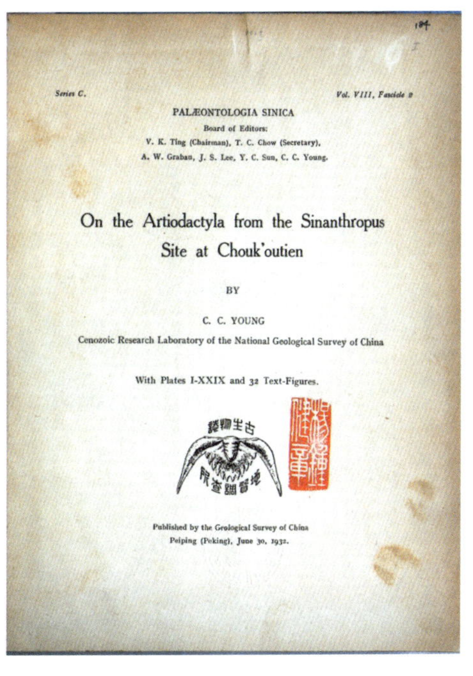

Series C. Vol. VIII, Fascicle 2

PALÆONTOLOGIA SINICA

Board of Editors:

V. K. Ting (Chairman), T. C. Chow (Secretary),

A. W. Grabau, J. S. Lee, Y. C. Sun, C. C. Young.

On the Artiodactyla from the Sinanthropus Site at Chouk'outien

BY

C. C. YOUNG

Cenozoic Research Laboratory of the National Geological Survey of China

With Plates I-XXIX and 32 Text-Figures.

Published by the Geological Survey of China

Peiping (Peking), June 30, 1932.

▲ 1932 年，杨钟健在《古生物志》发表关于周口店中国猿人地点偶蹄类化石的专著。杨钟健将此文献给去世的父亲，以示怀念。图为带有杨钟健印章的单行本封面。

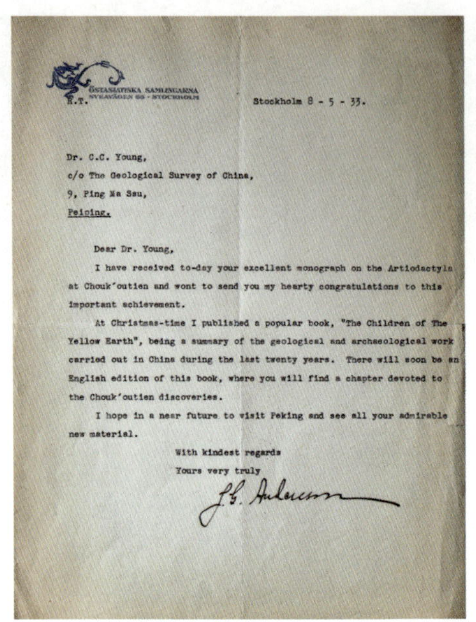

ÖSTASIATISKA SAMLINGARNA
SVEAVÄGEN 65 - STOCKHOLM
R.T.

Stockholm 8 - 5 - 33.

Dr. C.C. Young,
c/o The Geological Survey of China,
9, Ping Ma Ssu,
Peiping.

Dear Dr. Young,

I have received to-day your excellent monograph on the Artiodactyla at Chouk'outien and wont to send you my hearty congratulations to this important achievement.

At Christmas-time I published a popular book, "The Children of The Yellow Earth", being a summary of the geological and archaeological work carried out in China during the last twenty years. There will soon be an English edition of this book, where you will find a chapter devoted to the Chouk'outien discoveries.

I hope in a near future to visit Peking and see all your admirable new material.

With kindest regards
Yours very truly

▲ 1933年5月8日，安特生从斯德哥尔摩写信，告诉杨钟健他收到关于周口店中国猿人地点偶蹄类化石的专著，并就这一重要成果向杨钟健表示由衷的祝贺。

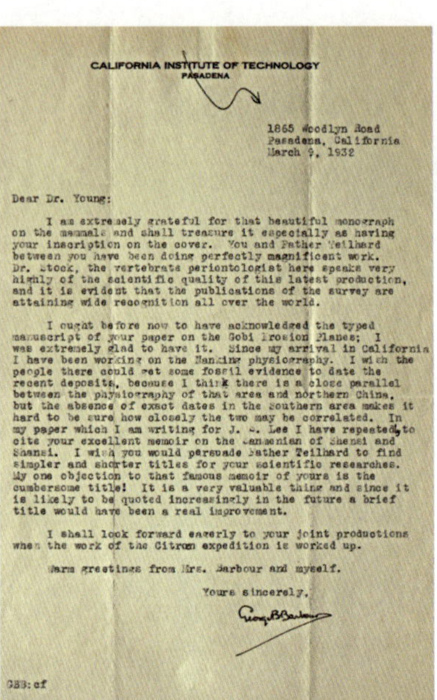

CALIFORNIA INSTITUTE OF TECHNOLOGY
PASADENA

1865 Woodlyn Road
Pasadena, California
March 9, 1932

Dear Dr. Young:

I am extremely grateful for that beautiful monograph on the mammals and shall treasure it especially as having your inscription on the cover. You and Father Teilhard between you have been doing perfectly magnificent work. Dr. Stock, the vertebrate periontologist here speaks very highly of the scientific quality of this latest production, and it is evident that the publications of the survey are attaining wide recognition all over the world.

I ought before now to have acknowledged the typed manuscript of your paper on the Gobi Erosion Planes; I was extremely glad to have it. Since my arrival in California I have been working on the Nanking physiography. I wish the people there could get some fossil evidence to date the recent deposits, because I think there is a close parallel between the physiography of that area and northern China, but the absence of exact dates in the southern area makes it hard to be sure how closely the two may be correlated. In my paper which I am writing for J. S. Lee I have repeated, to cite your excellent memoir on the Sanmenian of Shensi and Shansi. I wish you would persuade Father Teilhard to find simpler and shorter titles for your scientific researches. My one objection to that famous memoir of yours is the cumbersome title! It is a very valuable thing and since it is likely to be quoted increasingly in the future a brief title would have been a real improvement.

I shall look forward eagerly to your joint productions when the work of the Citroen expedition is worked up.

Warm greetings from Mrs. Barbour and myself.

Yours sincerely,

GBB:cf

▲ 1932年3月9日，巴尔博从美国加州写信给杨钟健，感谢他寄来关于化石哺乳动物的专著。巴尔博称赞杨钟健和德日进正在从事的出色工作，并说地质调查所的出版物具有极高的科学水平，得到世界范围的广泛承认。

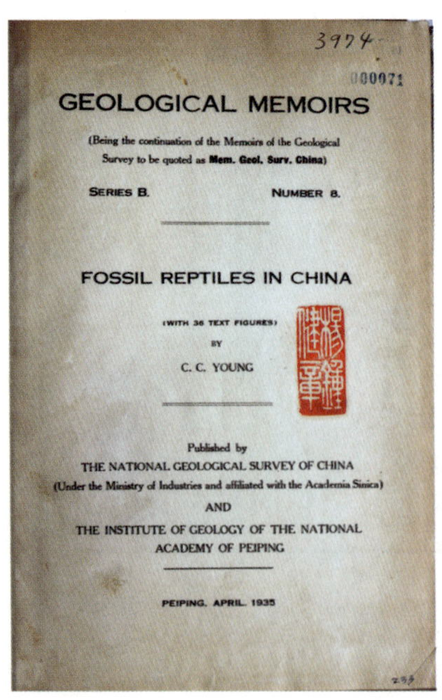

3974

000071

GEOLOGICAL MEMOIRS

(Being the continuation of the Memoirs of the Geological Survey to be quoted as Mem. Geol. Surv. China)

SERIES B. NUMBER 8.

FOSSIL REPTILES IN CHINA

(WITH 36 TEXT FIGURES)

BY

C. C. YOUNG

Published by
THE NATIONAL GEOLOGICAL SURVEY OF CHINA
(Under the Ministry of Industries and affiliated with the Academia Sinica)
AND
THE INSTITUTE OF GEOLOGY OF THE NATIONAL ACADEMY OF PEIPING

PEIPING, APRIL 1935

▲ 1935年，杨钟健著《中国地史上之爬行动物》一文。

为他提供相关的资料和文献。1934年3月，许耐在收到杨钟健寄去的《新疆新二齿兽之发现》和《论新疆水龙兽之发现》文章后，写信给杨钟健表示感谢。他对新疆出现类似冈瓦纳地层的爬行动物显示出极大的兴趣。

杨钟健在专业研究之外，投入大量的精力，撰写相关的通俗作品。他回忆说："我自学成以来，可说以北京大学毕业后算起，不甘以一纯研究学问的人为限，而极力想把自然科学的知识向大众传播。"

杨钟健或者向读者介绍系统的专门知识，例如《地史学的基本概念》《古气候学概论》等书，或者向读者介绍科学上新的发现和新观察，例如《西北的土质》《生物在地质上的作用》等文章。杨钟健平日十分羡慕欧美各国的自然杂志和其中图文并茂的科普文章。他和尹赞勋、张春霖、张尔玉、计荣森、裴文中等学者一道在《世界日报》创办了《自然》副

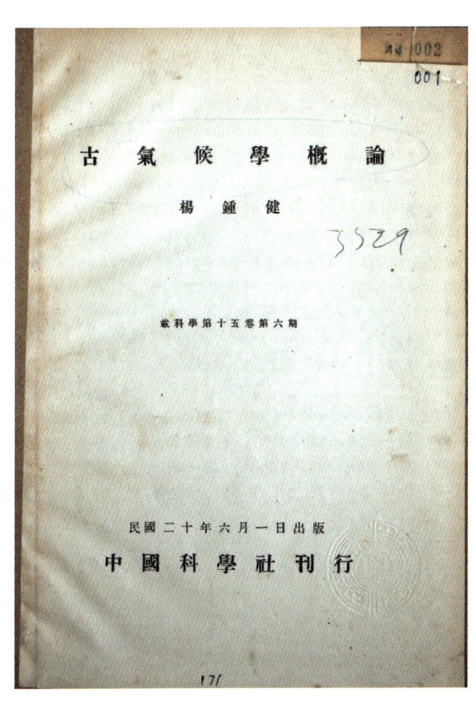

▲ 1931年，杨钟健著《古气候学概论》一书。

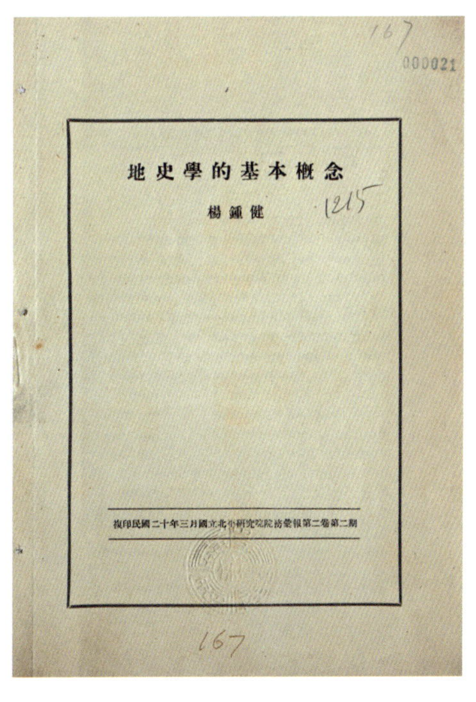

▲ 1931年，杨钟健著《地史学的基本概念》一书。

刊，并积极投稿，撰写各种有关科学发展的通俗文章。杨钟健同时也极力主张发展中国的陈列馆（博物馆）事业，以达到提升研究水平、普及科学和保存国家宝藏的目的。

1937 年 6 月 1 日，杨钟健在 40 岁生日时，把自己从 1918 年以来所发表之文字汇总为《记骨室文目》。记骨室是杨钟健的斋名。《记骨室文目》的封面中间，印着由“木一金一人”组成的图案，分别取自“杨钟健”三个字的部首。

《记骨室文目》共纳入杨钟健各种著述 285 篇，既包括他学生时代关于社会问题的文章，也包括他后来科学研究的专著和科学普及方面的文章。在提到自己 20 年来一步一步的努力时，杨钟健自谦地说：“（自己）虽然不能对发扬真实的工作，有伟大的贡献，然在这个工作中，作一小卒，亦是引为快慰的。”

▲ 杨钟健《记骨室文目》的封面。

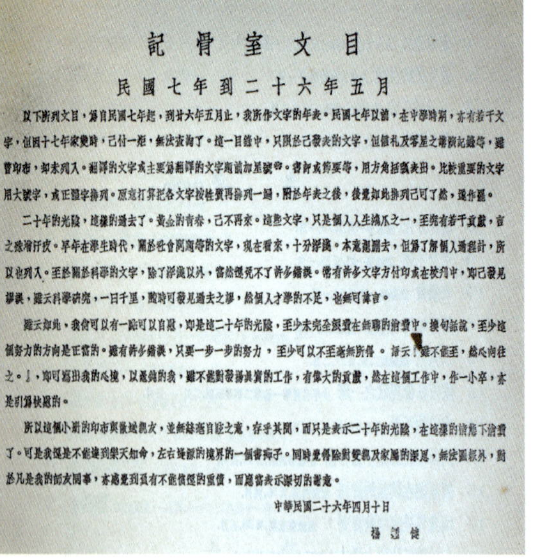

記骨室文目

民國七年到二十六年五月

以下所列文目，係自民國七年起，到廿六年五月止，我所作文字的年表。民國七年以前，在中學時期，亦有若干文字，但因十七年家變時，已付一炬，無法查詢了。這一目錄中，只限於已發表的文字，但信札及零星之講演記錄等，雖曾印布，卻未列入。翻譯的文字或主要爲翻譯的文字均誼加星號*。書評或節要等，用方角括弧表出。比較重要的文字用大號字，或正體字排列。原意打算把各文字按性質再排列一過，附於年表之後，後覺如此排列已可了然，遂作罷。

二十年的光陰，這樣的過去了。黃金的青春，已不再來。這些文字，只是個人人生鴻爪之一，至說有若干貢獻，言之殊增汗顏。早年在學生時代，關於社會問題等的文字，現在看來，十分浮淺。本意想刪去，但爲了解個人過程計，所以也列入。至於關於科學的文字，除了浮淺以外，當然僅免不了許多錯誤。常有許多文字方付印或在校刊中，即已發見謬誤，雖云科學研究，一日千里，隨時可發見過去之謬，然個人才學的不足，也無可諱言。

雖云如此，我倘可以有一點可以自慰，即是這二十年的光陰，至少未完全浪費在無聊的消費中。換句話說，至少這個努力的方向是正當的。雖有許多錯誤，只要一步一步的努力，至少可以不至毫無所得。語云「雖不能至，然心嚮往之。」，即可寫出我的心境，以愚鈍的我，雖不能對發揚真實的工作，有偉大的貢獻，然在這個工作中，作一小卒，亦是引爲快慰的。

所以這個小冊的印布與散送親友，並無絲毫自詡之意，存乎其間，而只是表示二十年的光陰，在這樣的情形下消費了。可是我還是不能達到樂天知命，左右逢源的境界的一個書痴子。同時覺得除對雙親及家屬的深恩，無法圖報外，對於凡是我的師友同事，亦處處覺到負有不能償還的重債，而應當表示深切的謝意。

中華民國二十六年四月十日

楊鍾健

▲ 杨钟健《记骨室文目》的自序。

9. 人事沧桑师友情

1928—1937 年，杨钟健在中国地质学界的地位不断提高。他不仅进一步结交了不同领域的学界精英，同时也不忘北大时期的旧友情谊。早在 1927 年，杨钟健在德国哈尔茨的地质旅行中，曾经和他北大时期的学长和助教孙云铸筹划成立中国古生物学会事宜。1929 年 8 月，这个愿望终于实现。第一代古生物学家丁文江、葛利普、孙云铸、俞建章、周赞衡等 10 人在北京参加了中国古生物学会创立大会。当时杨钟健和德日进正在陕西、山西野外考察。杨钟健没有出席大会，但他和李四光、赵亚曾、王恭睦等一起被选为评议员。

赵亚曾是杨钟健北大时的同班同学。杨钟健父亲 1928 年去世时，赵亚曾曾经亲手向杨钟健转交母亲报父丧的电报，并对杨钟健表示不胜的同情。不料，1929 年 11 月，杨钟健惊闻赵亚曾在云南昭通调查途中被土匪杀害的消息。赵亚曾毕业后直接进入地质调查所。在葛利普指导下取得优异的成绩，发表过七八部古生物学专著。12 月 8 日，杨钟健参加了

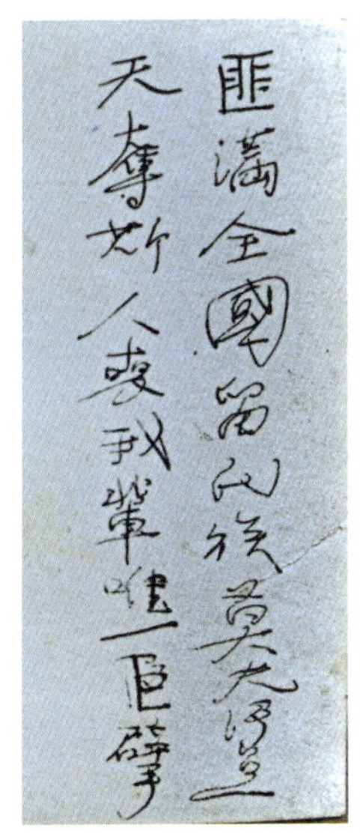

▲ 杨钟健保存的赵亚曾先生灵堂照片。照片背面有杨钟健亲笔题字“匪满全国留民族莫大污点　天夺斯人丧我辈唯一巨擘”。

地质调查所与北京大学地质系联合举行的赵亚曾追悼会。杨钟健回忆道："我们1923年毕业的地质系古生物组的学生，后来被人们视为北大地质系最杰出的一组人才，赵先生即为其中之一。"

杨钟健始终保存着他当年为赵亚曾先生（字予仁）写的悼文。他写道：

> 今君虽逝，惟其学术上之成绩与其以身殉学之精神，当永垂不朽，永为吾人楷范。

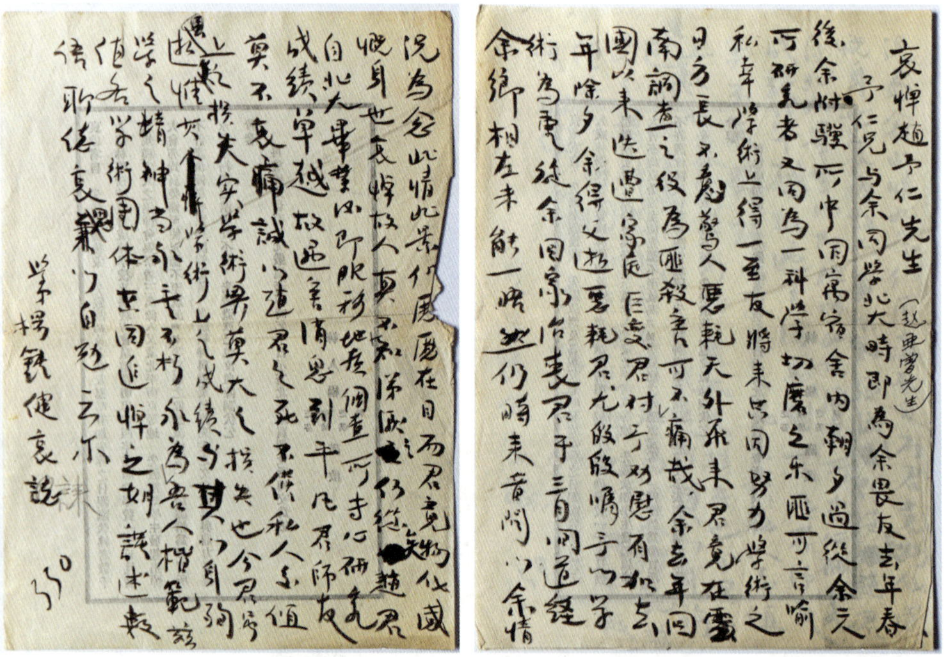

▲ 杨钟健始终保存着他当年为赵亚曾先生（字予仁）写的悼文。

1934年2月中，地质调查所和新生代研究室竟在一个月中遭遇两起不幸的意外。2月26日，翁文灏在由南京去杭州路上，因汽车出事头部受到重伤。在随后的80天中，翁文灏两度闯过危险期，身体才逐渐恢复。杨钟健在翁文灏4月底返回北京后，曾在中文报纸的《自然》副刊撰文《欢迎翁咏霓先生来平》。他写道："翁先生的健康，不但地质界同人，十二分的关心，就是全国学术界，乃至其他社会人士，以及国外学术界，也多闻翁先生的病笃而凄然心忧，闻翁先生的出险，而色喜的。”

1934 年 3 月 15 日，杨钟健和新生代研究室的同事们又失去了为人精干、平易可亲的名誉主任步达生。步达生在 1933 年秋天从美国返回中国。此时，他的步履比以往显得缓慢。他回来后第一次到周口店视察发掘工作时，曾短暂心脏病发作，但很快恢复过来，坚持完成了视察。随后，在朋友们的坚持下，步达生住进协和医院进行观察和休养。

步达生的病情报告证实他的心脏有严重问题，但步达生并没有声张，甚至也没有告诉夫人阿迪娜。1934 年 3 月 15 日下午，步达生来到办公室继续工作，却不幸因心脏病发作而在午夜之前永别人间。杨钟健回忆道：

> 步达生白天忙于系中各事，夜间则从事研究工作……他自知有心脏病，不能终其天年，所以工作更加勤奋，总想在他死之前把中国猿人工作弄出一个眉目来。他对新生代研究室有远大的计划……可惜他只以 49 岁的年龄便骤然逝于其办公桌上。在他逝世前半个小时，我尚与他长谈，故次日早晨听到他逝世的消息，我几乎不能置信。

杨钟健还始终保留着步达生 2 月 21 日写的短信。步达生在信中对翁文灏车祸重伤的病情表示关切，并希望他能很快恢复。不幸的是，这封信竟成了步达生写给杨钟健的最后一封短信。

1934 年，中国北方的局势日渐危急。翁文灏决定将地质调查所总部迁到南京，北平改为分所，以谢家荣为北平分所所长。

步达生逝世后，1935 年夏，德国人类学家魏敦瑞（F. Weidenreich，1873—1948）接替步达生成为新生代研究室名誉主任。随后裴文中赴法深造，由卞美年和贾兰坡主持周口店发掘。

1935 年 10 月底，北平研究院副院长、物理学家李书华访问周口店办事处时，曾在大门口和杨钟健等人合影。从 1930 年 3 月起，北平兵马司

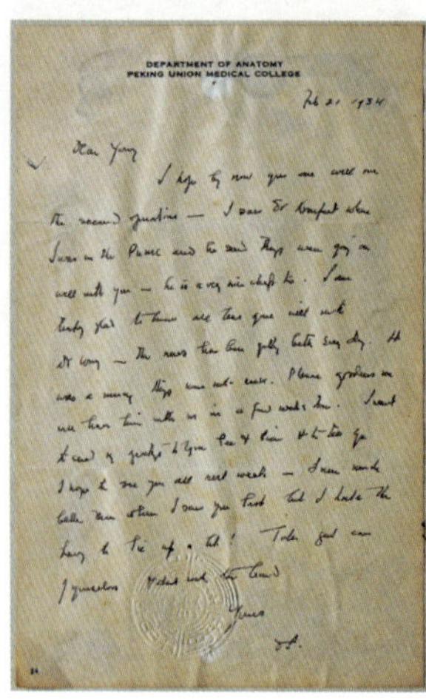

DEPARTMENT OF ANATOMY
PEKING UNION MEDICAL COLLEGE

▲ 1934 年 2 月 21 日步达生写给杨钟健的短信。信的下方带有杨钟健藏书的专用钢印。

▲ 杨钟健保存的步达生照片。

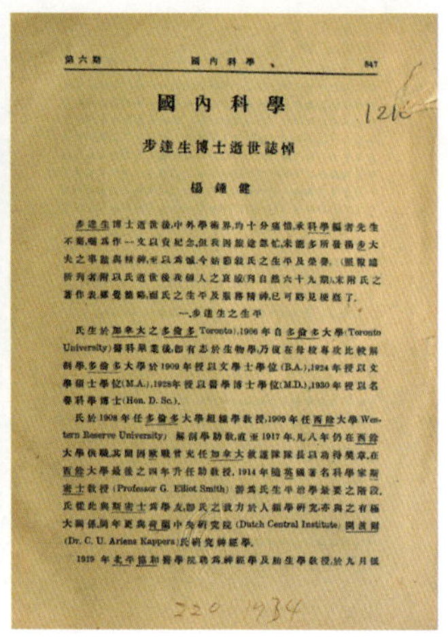

第六期　國內科學　847

國內科學

步達生博士逝世誌悼

楊鍾健

步達生博士逝世後,中外學術界,均十分痛惜,承科學編者先生不棄,囑爲作一文以資紀念,但我因旅途忽忙,未能多所發揚步大夫之事業與精神,至以爲憾.今姑節敍氏之生平及學業,(照報編所列者附以氏逝世後我個人之哀感(列自然六十九期),末附氏之著作表,畢竟簡略,而氏之生平及服務精神,已可略見梗概了.

一.步達生之生平

氏生於加拿大之多倫多(Toronto),1906 年自多倫多大學(Toronto University)醫科畢業後,即有志於生物學,乃復在母校專攻比較解剖學.多倫多大學於 1909 年授以文學士學位(B.A.),1924 年授以文學碩士學位(M.A.),1928 年授以醫學博士學位(M.D.),1930 年授以名譽科學博士(Hon. D. Sc.).

氏於 1908 年任多倫多大學組織學教授,1909 年任西綠大學(Western Reserve University)解剖學助教,直至 1917 年,凡八年仍在西綠大學供職,其間因歐戰曾充任加拿大救護隊隊長以功得獎章.在西綠大學最後之四年升任助教授.1914 年隨英國著名科學家斯密士教授(Professor G. Elliot Smith)研究爲氏生平治學最要之階段.氏從此與斯密士爲學友,即氏之致力於人類學研究,亦與之有極大關係.同年更與荷蘭中央研究院(Dutch Central Institute)開普斯(Dr. C. U. Ariens Kappers)氏研究神經學.

1919 年北平協和醫學院聘爲神經學及胎生學教授,於九月抵

▲ 杨钟健发表的悼念步达生文章首页。

▲ 魏敦瑞（左二）在周口店办事处门口和德日进（左一）、杨钟健（左三）、裴文中（右二）、卞美年（右一）合影。（贾兰坡摄）

地质调查所的门口，加挂了“国立北平研究院地质研究所”的牌子。当时，北平研究院是在中央研究院以外设立的区域性研究机构。“国立北平研究院地质研究所”实际与地质调查所为同一实体，由翁文灏任所长，研究员包括刘季辰、周赞衡、葛利普、谭锡畴、孙云铸、杨钟健、王恒升等。通过这种形式，地质调查所获得了额外的经费支持。七七事变后，李书华于 1938 年在昆明成立北平研究院总办事处，其下属的地质研究所曾与杨钟健主持的地质调查所昆明办事处联合开展野外工作。

1935 年 12 月，地质调查所在南京水晶台建成新的办公室、陈列馆及图书馆。地质调查所大部分人员迁至南京。1936 年，杨钟健接替谢家

荣任地质调查所北平分所所长职务。地质调查所南迁后，杨钟健积极调整和补充北平分所的图书馆和陈列馆。1936年11月，在贾兰坡主持下，周口店第一地点连续发现3具北京猿人的头盖骨，为新生代研究室继续获得洛克菲勒基金会的资助起到决定性的作用。杨钟健回忆道："新生代研究室……人才一天多似一天，各门工作均有专人担任，就连未入过大学、而在周口店从事发掘多年的贾兰坡先生，也对考古和化石发生浓厚兴趣。"

▲ 1935年10月底，杨钟健（左一）、卞美年（左二）、贾兰坡（右二）在周口店接待北平研究院副院长李书华（左三）。

1936年1月5日，中国现代地质学的奠基人、新生代研究的名誉主持人丁文江在湖南湘雅医院因煤气中毒后的并发症而不幸去世。丁文江先生是对杨钟健有重大影响的几位人物之一。杨钟健回忆道：

> 自我回所任事后，他对我亦十分关怀，我亦对他有了好感。
>
> 1934年，我们往长江流域旅行，正值翁咏霓（即翁文灏）先生卧病杭州，一切均承他指导。1935年两广旅行，他又殷殷介绍广西当局，这都是令人不能忘的。

1936年12月底，杨钟健完成了自己第二部国内游记《剖面的剖面》的手稿。他在"自序"中，对丁文江和步达生的逝世表达了缅怀之情。他还写道："今以这一本小册奉献给吾母，作为她64岁纪念……我每次辞母出游，吾母含泪送别，与每次平安回寓，吾母喜慰以至泪下之情

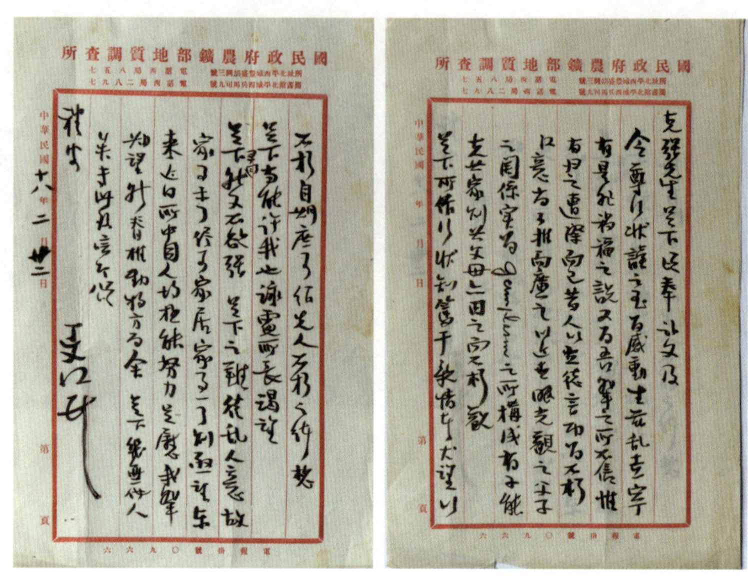
國民政府農鑛部地質調查所

國民政府農鑛部地質調查所

▲ 1929 年 2 月，丁文江收到杨钟健父亲去世的讣告后，写吊唁信给杨钟健表示慰问。杨钟健始终珍藏着这封吊唁信。

景，历历如在目前。”当时，翁文灏为此书作序，于右任题写书名。不幸的是，这本游记的手稿在转交商务印书馆的过程中，在战乱中丢失，直到 1949 年才失而复得。这本书在找回手稿后，又被耽误了 59 年，直到 2008 年才由科学出版社出版。

▲ 杨钟健保存的丁文江照片。

1937 年 1 月，中国地质学会、地质调查所和北大地质系联合举行丁文江逝世 1 周年的纪念会。作为中国地质学会理事长，杨钟健主持纪念会并作报告。随后，胡适、章鸿钊、葛利普致辞。出席纪念会的还有德日进、魏敦瑞、李书华及孙云铸、谢家荣等人。

几个月后，七七事变发生。当晚，杨钟健正与葛利普、钱耐、张席禔和谢家荣在北京大学内聚餐，饭未吃完，街道戒严，战争爆发。杨钟健的工作和生活不得不进入一个充满挑战的新阶段。

第五章　国难漂泊
（1937—1946年）

1937年七七事变爆发之前，国难危急日渐严重。从1935年开始，原来总部在北平的地质调查所，把大部分人员、设备与图书陆续迁往南京，北平的部分留守人员组成地质调查所北平分所。自1936年起，杨钟健任北平分所的所长。他一面调整和补充北平分所的图书馆和陈列馆，一面抓紧时间推动手中的研究项目。

1937年7月7日黄昏，刚从山东和美国古植物学家钱耐一道从事野外工作归来的杨钟健，正在北京大学内宴请葛利普、钱耐、魏敦瑞、张席禔、谢家荣等人。饭未吃完，街道戒严，战争爆发了。抗战爆发后，地质调查所所长翁文灏两次公开发表《告地质调查所同人书》。翁文灏提醒大家：科学的真理无国界，但科学家有祖国，“万不应托名科学而弃了国家”。他要求大家用自己的专业知识为抗战服务，将急需开发的矿产“从速详确调查，编成图说”。杨钟健回忆说：“抗战开始，不久我因高烧住了医院，八月下旬出了医院，日军已进城。待到十月末，翁有信催南下，约同时在北平的章鸿钊有消息说日方不久要招待学术界人士，劝我早离开……”

1. 国难担当　记骨拼搏

在七七事变之后的三个多月的时间里，“我日夜在北平过着精神紧张的生活。同时也作了必要时离去的准备，将公家的重要标本移至东城的娄公楼，我个人的重要图书和毛泽东先生给我的信件也存于此”，杨钟健曾回忆。

11月3日，杨钟健与卞美年离开北平南下，绕道天津、香港赴长沙。当时南京已十分危急，地质调查所的大部分同事从北平和南京等地集中到长沙。离开前一天，11月2日，杨钟健到葛利普寓所辞行，葛利普托杨钟健向南方的朋友致意。握手言别时，葛利普老泪纵横，呜咽得不能成声。杨钟健又到兵马司的北平分所和东城的娄公楼一视。他感慨道：“十年工作的地方，一旦舍去，百感交集。”

杨钟健辞去新生代研究室副主任的职务。周口店的发掘被迫中断，裴文中和德日进在北京继续研究以往在周口店采集到的各类化石，直至1941年太平洋战争爆发才中断。

▲ 1937年4月，40岁的杨钟健任地质调查所新生代研究室副主任。这是他在北平协和医学院娄公楼内的办公室研究化石。

1937年12月26日，在长沙的杨钟健在给朱森教授（1902—1942）的纪念册上留下一首五言诗：“山河半沦亡，同道集三湘。杀敌无寸铁，救国空热肠。”

杨钟健只身离开北平时，北平寓所尚有夫人王国桢、长子感孝、次子新孝、三子慈孝、四子思孝，还有表弟段明慧和岳母赵恕隆。12月31日，杨钟健在长沙赋诗，表达对家人的思念。他写道：

岁残倍思家，逆寓悲鬓华。
烽烟音信阻，肠断在天涯。

▲ 杨钟健1937年只身南下后，滞留北平的家人合影。前排从左到右：次子新孝、夫人王国桢、四子思孝、三子慈孝。后排从左到右：表弟段明慧、长子感孝。

1938年2月，中国地质学会在长沙举行抗战开始后的第一次年会。作为即将卸任的学会理事长，杨钟健作了题为《我们应有的忏悔和努力》的演说。他号召同仁们同心协力，发展中国的地质事业。正是抱着“国家兴亡，匹夫有责”的信念，杨钟健在抗战期间，不惧困苦地坚持进行野外发掘和室内的化石修理、研究工作，取得举世瞩目的古生物学研究成果。他说：

> 这过去的一年中，真是我国空前时期。强邻肆虐，陷我平津，陷我淞沪，陷我首都。……现在正是我中华男儿争取国家人格，与子孙世世自由之重要关头，不容一刻松懈。

在长沙的7个月中，杨钟健与卞美年、李悦言等赴长沙东南、衡阳、耒阳一带调查红色地层，并根据采集的脊椎动物化石确证年代。杨钟健还数度到丁文江安葬的岳麓山追思。他回忆说：“（1938 年）1 月 5 日，为先生逝世 2 周年纪念，我曾亲往吊唁，实不胜其感喟：河山破碎，丁先生已不能展其雄才大略，诚为可叹！”

1938 年，地质调查所正式由南京迁至重庆。翁文灏辞去所长职务，专任经济部长，主管矿物资源与开发。地质调查所所长由黄汲清接任。

1938 年的中国地质学会年会后，杨钟健和卞美年等人在湘江一带对含植物与鱼化石的地层作了小规模的采集，又对附近的红色地层作了考察。在长沙生活 7 个月后，6 月 27 日早，杨钟健和卞美年、谢家荣等，前往广西南宁，转道越南，于 7 月 9 日到达昆明。杨钟健随即担任起地质调查所昆明办事处主任的职务，展开对西南地区的地质和古生物化石的调查工作。7 月 16 日，杨钟健的夫人王国桢与技工王存义等同行，离开北平，于 8 月 10 日抵达昆明。

地质调查所昆明办事处一开

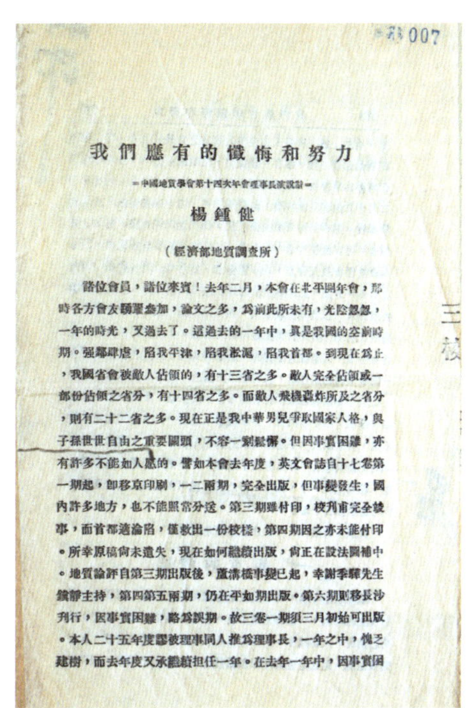

007

我們應有的懺悔和努力

=中國地質學會第十四次年會理事長演說詞=

楊鍾健

（經濟部地質調查所）

諸位會員，諸位來賓！去年二月，本會在北平開年會，那時各方會友踴躍參加，論文之多，爲前此所未有，光陰忽忽，一年的時光，又過去了。這過去的一年中，眞是我國的空前時期。强鄰肆虐，陷我平津，陷我淞滬，陷我首都。到現在爲止，我國省會被敵人佔領的，有十三省之多。敵人完全佔領或一部份佔領之省分，有十四省之多。而敵人飛機轟炸所及之省分，則有二十二省之多。現在正是我中華男兒爭取國家人格，與子孫世世自由之重要關頭，不容一刻鬆懈。但因事實困難，亦有許多不能如人意的。譬如本會去年度，英文會誌自十七卷第一期起，卽移京印刷，一二兩期，完全出版，但事變發生，國內許多地方，也不能照常分送。第三期雖付印，校刊甫完全竣事，而首都適淪陷，僅救出一份校樣，第四期因之亦未能付印。所幸原稿尙未遺失，現在如何繼續出版，尙正在設法圖補中。地質論評自第三期出版後，蘆溝橋事變已起，幸謝季驊先生鎮靜主持，第四第五兩期，仍在平如期出版。第六期則移長沙刊行，因事實困難，略爲誤期。故三卷一期須三月初始可出版。本人二十五年度謬被理事同人推爲理事長，一年之中，愧乏建樹，而去年度又承繼續担任一年。在去年一年中，因事實困

▲ 1938 年 2 月，杨钟健发表演说《我们应有的忏悔和努力》。

▲ 7 月 16 日，杨钟健的夫人王国桢离平当天，和滞留北平的家人合影。前排从左到右：三子慈孝、岳母赵恕隆、四子思孝、次子新孝；后排从左到右：夫人王国桢、表弟段明慧、长子感孝。

始在昆明市内翠湖公园里的通志馆办公。后来，为了躲避日本飞机的空袭，昆明办事处搬到昆明市北郊的瓦窑村，找了一个旧关帝庙作为临时工作地点。杨钟健带领同事们用泥巴封住透风的墙壁，又找了几个案子支起来，当作办公桌就开始工作了。

杨钟健挥笔写下的《关帝庙即景》诗一首，就是对当时艰苦工作条件的真实写照。他写道："三间矮屋藏神龙，闷对枯骨究异同。且忍半月地上垢，姑敲一日份内钟。起接屋顶漏雨水，坐当脚底空穴风。人生到此何足论，频对残篇泣路穷。"

诗中提到的"神龙"，即是后来被杨钟健命名为"许氏禄丰龙"（*Lufengosaurus huenei*）的化石材料。1938 年，卞美年在云南禄丰发现了很多中生代的脊椎动物化石，成为后来举世闻名的"禄丰动物群"工作的开端。1939 年，杨钟健又和卞美年及技工王存义等人到化石产地进一步考察发掘。不久，他们在禄丰县沙湾东山坡挖掘出一具完整的恐龙化石骨架。

当时，杨钟健与同事们在禄丰城北 30 千米处的一个关帝庙里办公，恐龙化石就是在这三间矮屋中研究的。一天，昆明报纸的记者找到杨钟健，就恐龙发现的消息进行采访。当时禄丰恐龙的细节还没有向公众公开。杨钟健在采访时说："在国难期间，有此重要发现，可见中国科学的研究，虽在神圣抗战中，并不松懈落伍，无形中把我国在学术上的国际地位增高了。"

在艰苦的抗日战争时期，杨钟健的研究工作主要是围绕禄丰动物群的各类化石进行的。距今 1.7 亿年前后的三叠纪末和侏罗纪初，是地球上大陆和生物历史上一个重要转折时期。当时，地球上南北大陆开始分裂，许多低等四足动物门类开始出现、繁盛或绝灭，哺乳动物也开始出现。云南"禄丰动物群"正是这一时代的重要代表。杨钟健先后发表了 20 余篇论文和 3 部专著，记述了这个动物群中的 20 余个新属、新种，包括假鳄类、原鳄类、副鳄类、各种恐龙类、似哺乳爬行类及原始哺乳类等。杨钟健对"禄丰动物群"的工作，使禄丰成为世界上研究这一重要地史时期的经典化石地点。

1939 年秋，杨钟健辞去昆明办事处主任的职务。后来，他担任地质调查所脊椎古生物组主任，对外使用脊椎动物化石研究室的名义。

1939 年 11 月，杨钟健在《科学》月刊发表《禄丰恐龙化石发现之经过及其意义》一文，向读者介绍禄丰恐龙。

1940 年 5 月，杨钟健在《科学》月刊发表《中国上新统与更新统之分界问题》一文后，时任经济部长的翁文灏致函表示欣赏。翁文灏写道：“在空袭警报声中，读及大著……，从地层、构造、地文、化石各方

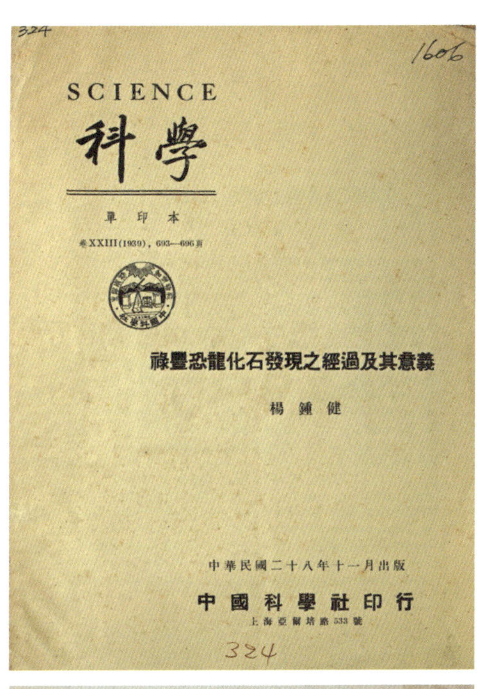
SCIENCE

科學

單印本

卷XXIII (1939)，693—696頁

祿豐恐龍化石發現之經過及其意義

楊鍾健

中華民國二十八年十一月出版

中國科學社印行

上海亞爾培路533號

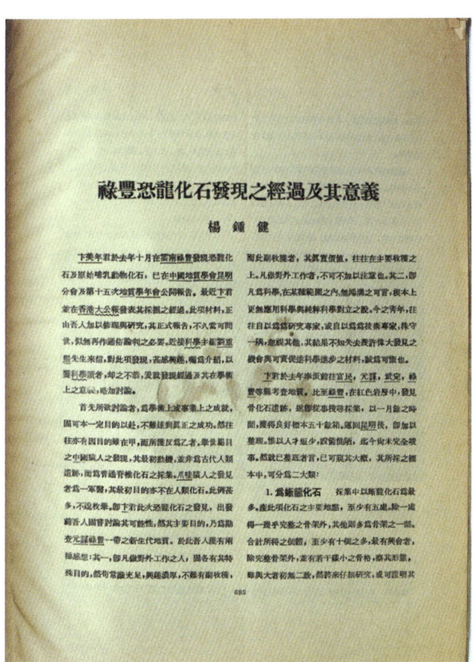
祿豐恐龍化石發現之經過及其意義

楊鍾健

卞美年君於去年十月在雲南祿豐發現恐龍化石及原始哺乳動物化石，已在中國地質學會昆明分會及第十五次地質學年會公開報告。最近卞君並在香港大公報發表其採掘之經過。此項材料，正由吾人加以修理與研究，其正式報告，不久當可問世，似無再作通俗論判之必要。近接科學主編劉重熙先生來信，對此項發現，甚感興趣，囑爲介紹，以饗科學讀者，却之不恭，爰就發現經過及其在學術上之意義，略加討論。

首先所欲討論者，爲學術上或事業上之成就，固可本一定目的以赴，不難達到真正之成功。然往往亦有因目的雖在甲，而所獲反爲乙者。舉世矚目之中國猿人之發現，其最初動機，並非爲古代人類遺跡，而爲普通脊椎化石之採集。爪哇猿人之發見者爲一軍醫，其最初目的亦不在人類化石。此例甚多，不遑枚舉。即卞君此次恐龍化石之發見，出發前吾人固曾討論其可能性，然其主要目的，乃爲勘查元謀祿豐一帶之新生代地質。於此吾人發有兩種感想：其一，即凡做野外工作之人，固各有其特殊目的，然苟常識充足，興趣濃厚，不難有副收穫，爾此副收獲者，其真實價值，往往在主要收穫之上。凡從事野外工作者，不可不加以注意也。其二，即凡爲科學，在某種範圍之內，無鴻溝之可言，根本上更無應用科學與純粹科學對立之說。今之青年，往往自以爲爲研究專家，或自以爲爲技術專家，株守一隅，忽視其他，其結果不知失去幾許偉大發見之機會與可貴促進科學進步之材料，誠爲可惜也。

卞君於去年奉派前往富民，元謀，武定，祿豐等縣考查地質。比至祿豐，在紅色岩層中，發見骨化石遺跡，旋即從事搜尋採集，以一月餘之時間，獲得良好標本五十餘箱。運回昆明後，即加以整理。惟以人才短少，設備簡陋，迄今尚未完全竣事。然就已整理者言，已可窺其大概。其所採之標本中，可分爲二大類：

1. 蜥龍化石　採集中以蜥龍化石爲最多。產此項化石之主要地點，至少有五處。除一處得一幾乎完整之骨架外，其他則多爲骨架之一部。合計所得之個體，至少有十個之多。最有興會者，除完整骨架外，並有若干纖小之骨骼，察其形態，雖與大者初無二致，然將來仔細研究，或可證明其

693

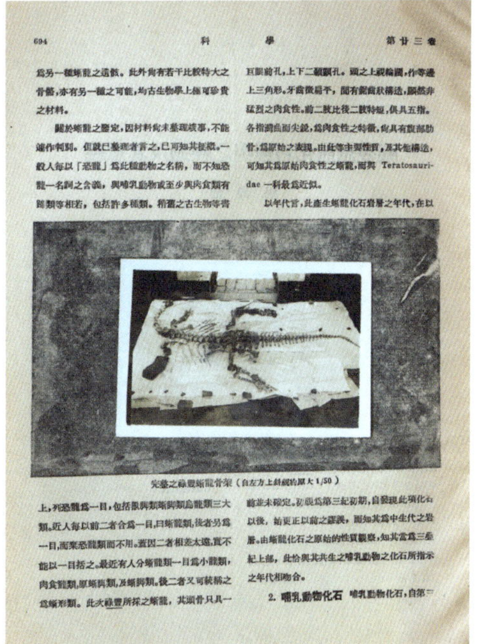
694　科　學　第廿三卷

爲另一種蜥龍之遺骸。此外尚有若干比較特大之骨骼，亦有另一種之可能，均古生物學上極可珍貴之材料。

關於蜥龍之鑒定，因材料尚未整理竣事，不能遽作判別。但就已整理者言之，已可知其梗概。一般人每以「恐龍」爲此種動物之名稱，而不知恐龍一名詞之含義，與哺乳動物或至少與肉食類有蹄類等相若，包括許多種類。稍舊之古生物等書上，列恐龍爲一目，包括腿蜥類蜥腳類鳥龍類三大類。近人每以前二者合爲一目，曰蜥龍類，後者另爲一目，而棄恐龍類而不用。蓋因二者相差太遠，實不能以一目括之。最近有人分蜥龍類一目爲小龍類，肉食龍類，原蜥腳類，及蜥腳類。後二者又可統稱之爲蜥形類。此次祿豐所採之蜥龍，其頭骨只具一巨眼前孔，上下二顳顬孔。頭之上視輪廓，作等邊三角形。牙齒微扁平，間有鋸齒狀構造，顯然非猛烈之肉食性。前二肢比後二肢特短，俱具五指。各指鋒曲而尖銳，爲肉食性之特徵，尚具有腹部肋骨，爲原始之表現。由此等主要性質，及其他構造，可知其爲原始肉食性之蜥龍，而與 Teratosauridae 一科最爲近似。

完整之祿豐蜥龍骨架（自左方上斜視約原大1/50）

以年代言，此產生蜥龍化石岩層之年代，在以前並未確定。初疑爲第三紀初期，自發現此項化石以後，始更正以前之謬誤，而知其爲中生代之岩層。由蜥龍化石之原始的性質觀察，知其當爲三叠紀上部，此恰與其共生之哺乳動物之化石所指示之年代相吻合。

2. 哺乳動物化石　哺乳動物化石，自第三

▲ 1939 年 11 月，杨钟健在《科学》月刊发表《禄丰恐龙化石发现之经过及其意义》一文，向读者介绍禄丰恐龙。

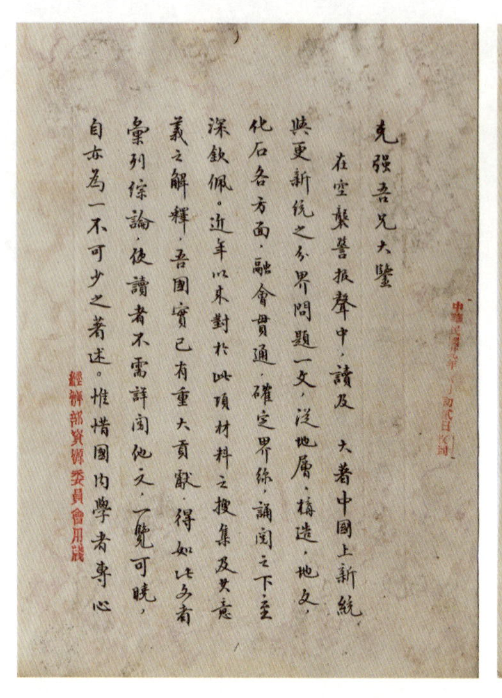

克强吾兄大鑒：

在空襲警報聲中，讀及 大著中國上新統與更新統之分界問題一文，從地層、構造、地文、化石各方面，融會貫通，確定界線，誦閱之下，至深欽佩。近年以來對於此項材料之搜集及其意義之解釋，吾國實已有重大貢獻，得如此多有彙列綜論，使讀者不需詳閱他文，一覽可曉，自亦為一不可少之著述。惟惜國內學者專心

經濟部資源委員會用箋

於此類研究者，為數無幾，如能摘為西文，刊入會誌，俾世界各國之專門學者，皆得藉為參考，則為益尤多。又孫健初兄近在玉門一帶作較詳盡之調查，近曾寫成報告一份（有油印本）附有圖件，對於新生代及中生代地層觀察頗詳，未知兄曾閱及否，如未收到，請以見示，以便設法奉寄。又前往安南，曾順道參觀該處之地質調查機關，該處雖工作人員

經濟部資源委員會用箋

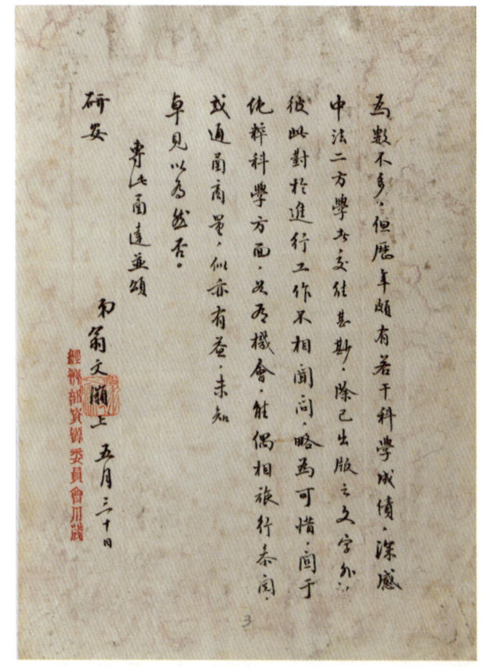

為數不多，但歷年頗有若干科學成績，深感中法二方學者交往甚勤，除已出版之文字外，彼此對於進行工作不相聞問，略為可惜。關於純粹科學方面，如有機會，能偶相旅行參觀，或通函商量，似亦有益，未知卓見以為然否。

專此函達並頌

研安

弟翁文灝上 五月三十日

經濟部資源委員會用箋

▲ 1940 年 5 月，翁文灏致函杨钟健，赞赏他在《科学》发表的文章。

面，融会贯通，确定界限，诵阅之下，至深钦佩。”

1940 年 10 月，地质调查所昆明办事处撤销，人员全部撤往重庆北碚的地质调查所总所工作。1941 年，经济部地质调查所改名为中央地质调查所，以区

► 杨钟健保存的中央地质调查所胸徽。

别于其他地区性的地质调查所，同时也进一步突出了总所的学术领导地位。

关于北碚的情形，杨钟健回忆道：“我们在瓦窑村时，一切已够简陋；到了北碚，更为狼狈。住天生桥时，办公室四面透风，地方小得转不过身来，我研究的标本又为庞然大物，周转极为不易。”在北碚时，杨钟健住的房子是用木板搭的二层小楼，一遇风起，就嘎嘎乱响，摇摇欲倒，故戏名“危楼”。杨钟健曾作对联云：“危楼一角，背水面山峡在望；漂泊三年，东奔西走了何时。”

▲ 1941 年，杨钟健在北碚。

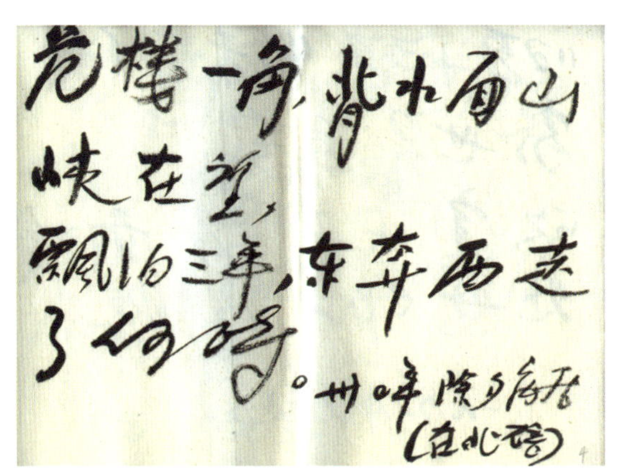

▲ 杨钟健晚年重新抄写的对联。

1941 年，杨钟健在《中国古生物志》发表《许氏禄丰龙》的专著——这是中国学者第一部研究恐龙的专著。许氏禄丰龙是侏罗纪早期的植食性恐龙，生活在大约 2 亿年前。许氏禄丰龙是“禄丰动物群”中的代表性化石之一，是中国第一具装架复原的恐龙化石，标本保存完整，装架后栩栩如生，对研究恐龙早期进化具有重大的意义。1941 年 1 月，在北

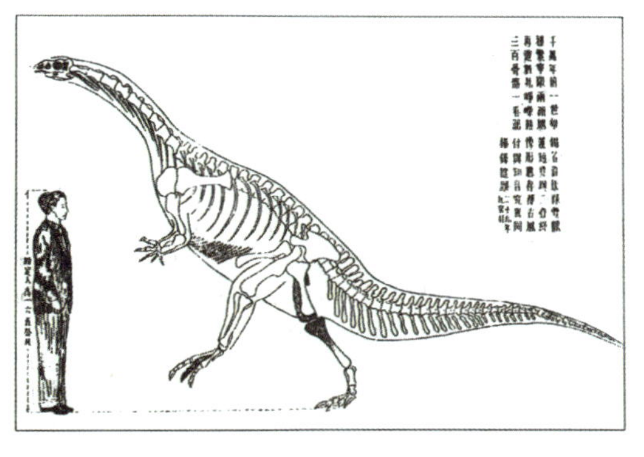

▲ 禄丰龙化石骨架重建图。

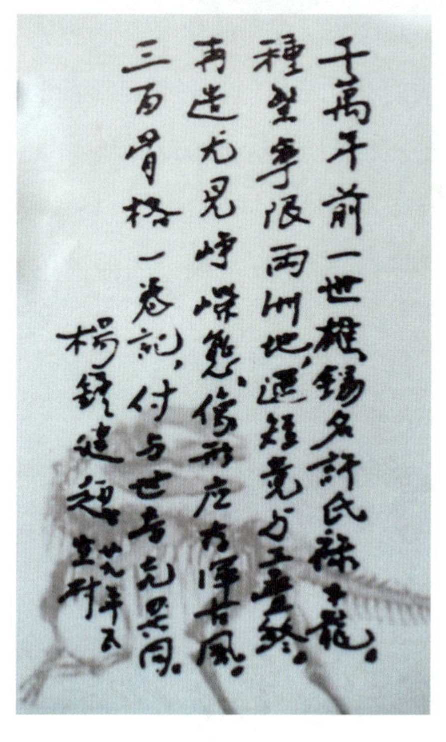

▲ 1940 年，杨钟健为许氏禄丰龙赋诗——《题许氏禄丰龙再造图》。

碚的地质调查所举行纪念丁文江逝世 5 周年的活动，向公众展出了禄丰龙骨架，每天吸引不下四五百人前来参观。

沉睡地下的“禄丰龙”被唤醒，震惊了国际古脊椎动物学界。云南“禄丰动物群”化石的研究成果，使杨钟健沉浸在欣喜和兴奋之中。1940 年，杨钟健写下了《题许氏禄丰龙再造图》的诗稿，表达了自己内心的激动和不懈的探索精神。诗曰：“千万年前一世雄，赐名许氏禄丰龙。种繁宁限两洲地，运短竟与三叠终。再造犹见峥嵘态，像形应存浑古风。三百骨骼一卷记，付与知音究异同。”

在禄丰龙研究和装架过程中，杨钟健多次向德国著名的古生物学家许耐请教，相互磋商。许耐任图宾根大学古生物与地质博物馆的恐龙部馆员，以恐龙研究著称于世，其工作兴趣包括南非卡鲁动物群和整个冈瓦纳动物群。

1938 年 11 月，许耐写信感谢杨钟健寄来的三叠纪异齿类文章，并在随后的多封信件中为杨钟健研究禄丰龙化石提供了有益的信息和建议。1939 年 1 月，许耐说：“知道你在困苦的环境中依然工作。你在云南发现新的恐龙地点，非常让人有兴趣。”许耐希望杨钟健能不受战争干扰、继续进行自己的重要工作。1939 年 3 月，许耐来信说：“知道你有和三瘤齿兽相关但更为进步的哺乳动物，实在太神奇了。更为感兴趣的是，它们和蜥臀类恐龙在一起。你如果愿意，我可以帮助你鉴定后者及其地层年代。”1939 年 6 月，许耐写信给杨钟健，磋商化石的形态、年代等问题。他特别提到杨钟健所采到的三瘤齿兽的完整头骨，具有极大的重要意义。许耐还提到已经把自己保留的、已经绝版的参考资料给杨钟健寄出，以帮助他顺利进行研究工作。

1941 年 10 月，杨钟健把禄丰龙的种名献给许耐，命名为“许氏禄丰龙”。

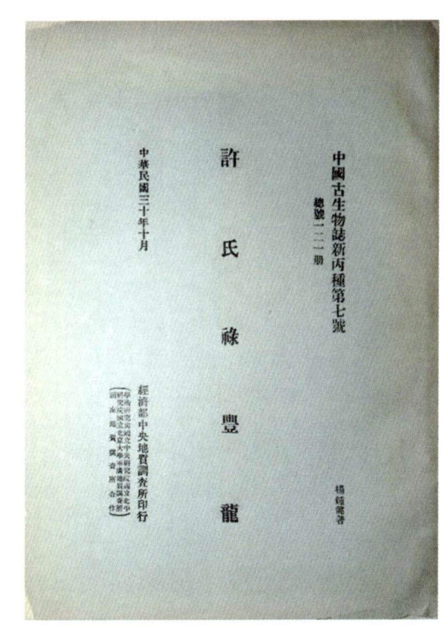

▲ 1941 年，杨钟健在《古生物志》发表《许氏禄丰龙》专著。

在北碚期间，除了研究“禄丰龙”材料外，杨钟健还着手研究《禄丰动物群》中的一些类似三瘤齿兽的化石。这些化石的保存状态远比以前在南非、英国发现的同类标本

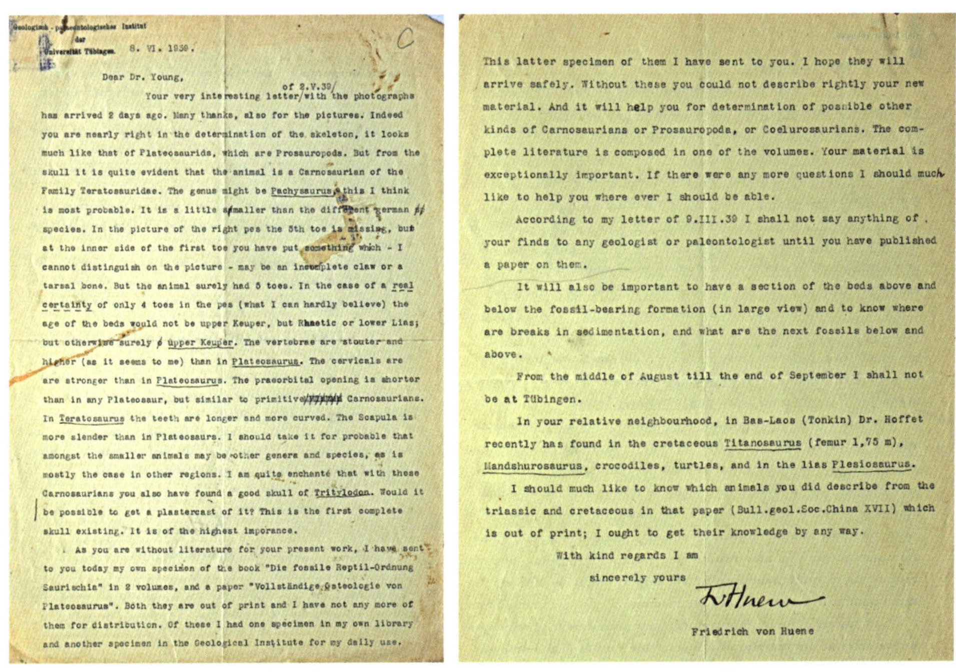

Geologisch-paläontologisches Institut der Universität Tübingen. 8. VI. 1939.

Dear Dr. Young,

Your very interesting letter of 2.V.39 with the photographs has arrived 2 days ago. Many thanks, also for the pictures. Indeed you are nearly right in the determination of the skeleton, it looks much like that of Plateosaurids, which are Prosauropoda. But from the skull it is quite evident that the animal is a Carnosaurian of the Family Teratosauridae. The genus might be Pachysaurus, this I think is most probable. It is a little smaller than the different german species. In the picture of the right pes the 5th toe is missing, but at the inner side of the first toe you have put something which - I cannot distinguish on the picture - may be an incomplete claw or a tarsal bone. But the animal surely had 5 toes. In the case of a real certainty of only 4 toes in the pes (what I can hardly believe) the age of the beds would not be upper Keuper, but Rhaetic or lower Lias; but otherwise surely upper Keuper. The vertebrae are stouter and higher (as it seems to me) than in Plateosaurus. The cervicals are are stronger than in Plateosaurus. The praeorbital opening is shorter than in any Plateosaur, but similar to primitive Carnosaurians. In Teratosaurus the teeth are longer and more curved. The Scapula is more slender than in Plateosaurs. I should take it for probable that amongst the smaller animals may be other genera and species, as is mostly the case in other regions. I am quite enchanté that with these Carnosaurians you also have found a good skull of Tritylodon. Would it be possible to get a plastercast of it? This is the first complete skull existing. It is of the highest imporance.

As you are without literature for your present work, I have sent to you today my own specimen of the book "Die fossile Reptil-Ordnung Saurischia" in 2 volumes, and a paper "Vollständige Osteologie von Plateosaurus". Both they are out of print and I have not any more of them for distribution. Of these I had one specimen in my own library and another specimen in the Geological Institute for my daily use. This latter specimen of them I have sent to you. I hope they will arrive safely. Without these you could not describe rightly your new material. And it will help you for determination of possible other kinds of Carnosaurians or Prosauropoda, or Coelurosaurians. The complete literature is composed in one of the volumes. Your material is exceptionally important. If there were any more questions I should much like to help you where ever I should be able.

According to my letter of 9.III.39 I shall not say anything of your finds to any geologist or paleontologist until you have published a paper on them.

It will also be important to have a section of the beds above and below the fossil-bearing formation (in large view) and to know where are breaks in sedimentation, and what are the next fossils below and above.

From the middle of August till the end of September I shall not be at Tübingen.

In your relative neighbourhood, in Bas-Laos (Tonkin) Dr. Hoffet recently has found in the cretaceous Titanosaurus (femur 1,75 m), Mandshurosaurus, crocodiles, turtles, and in the lias Plesiosaurus.

I should much like to know which animals you did describe from the triassic and cretaceous in that paper (Bull.geol.Soc.China XVII) which is out of print; I ought to get their knowledge by any way.

With kind regards I am

sincerely yours

F. v. Huene

Friedrich von Huene

▲ 1939 年 6 月，许耐写信给杨钟健，磋商化石的形态、年代等问题。

▲ 1935 年，德国古生物学家许耐在图宾根大学指导采自巴西的二齿兽化石装架工作。

完好。三瘤齿兽曾因具有类似哺乳动物的牙齿、颅骨和颅后骨骼的特征而被归入哺乳动物，但后来的研究发现三瘤齿兽缺少像哺乳动物一样的上下颌关节。1940 年，杨钟健在《中国地质学会志》发表《云南禄丰中生代哺乳动物的初步报告》一文，描述了云南卞氏兽（*Bienotherium yunnanense*）和美小卞氏兽（*Bienotherium elegans*）两个化石物种。卞氏兽的重要性表现在进化意义上，涉及爬行动物和哺乳动物之间的演化关系。“禄丰动物群”的化石组合还具有重大的古动物地理学意义，为在亚洲和欧洲、非洲之间进行古动物区系对比和地层对比，提供了有力的证据。

在北碚的三年多时间，杨钟健差不多有一年多在野外，和卞美年、黄汲清等人到四川广元、陕西、新疆等地作野外考察。1941 年春，杨钟健和同事们赴四川、陕南、甘南等地进行地质调查。1941 年 3 月，中国地质学会公布了尹赞勋和杨钟健共同编词的中国地质学会会歌。歌词表现了地质工作者的豪迈气概与情怀：

大哉我中华！
大哉我中华！
东水西山，南石北土，真足夸。
泰山五台国基固，震旦水陆已萌芽，
古生一代沧桑久，矿岩化石富如沙。
降及中生代，构造更增加，
生物留迹广，湖泊相屡差。

地文远溯第三纪，猿人又放文明花。
锤子起处发现到，共同研讨乐无涯。
大哉我中华！
大哉我中华！

▲ 杨钟健保存的《地质论评》第 5 卷第 6 期会歌的石印版。

1941 年 11 月，为了保护裴文中、贾兰坡等先后在周口店发掘出的包括 5 个完整头骨在内，约 40 个个体的中国猿人材料和大量的动物化石，地质调查所授权协和医院将这些珍贵的化石转运美国暂时保管。但是，1941 年 12 月 7 日，太平洋战争突然爆发。这批化石装箱后，在战乱中下落不明。

1942 年秋，杨钟健与黄汲清、程裕祺、卞美年等 8 人去新疆。他们受资源委员会委托，参加新疆石油的野外考察，先后到库车、阿克苏等地填图找油，还对天山南麓的新生界地层进行了实地考察和研究。在新疆独山子时，杨钟健曾赋诗《独山曲》。他写道：“携锤走天山，苍茫荒漠间。石岩细推究，苦中自有甘。”

1943 年 5 月中，杨钟健等人自新疆返回北碚。他得知新孝、慈孝已于春季由北平安抵华县故乡。长子感孝此时随夫人王国桢在北培就学。至此，杨钟健滞留北平的家属，除四子思孝不幸病逝外，均分批迁离北平。

1943 年 10 月，杨钟健被聘为资源委员会专门委员，并被指定为资源委员会赴欧美考察人员，开始筹备出国事宜。

1943 年，杨钟健因为对于许氏禄丰龙的研究而获得教育部颁发的一等奖金。奖金发下时，杨钟健已经赴美。奖金中三分之二给杨钟健，三分之一给禄丰龙化石的发现人卞美年。

2. 烽火真情　得道多助

在研究禄丰龙和卞氏兽等材料的过程中，杨钟健在昆明和重庆北碚期间，身边缺少可用的参考书。他便将初步的鉴定结果函告各国知名的古生物学家，包括德国的许耐和布罗里、英国的沃森（D. M. S. Watson）、南非的布鲁姆（R. Broom）和美国的葛兰阶、辛普森（G. G. Simpson）等人。杨钟健保存的外国科学家在抗日战争期间的来信大约有 30 来封，其中包括法国古生物学家德日进 7 封，南非古生物学家布鲁姆和德国古生物学家许耐各 5 封，美国古生物学家甘颇和罗美尔（A. S. Romer）各 3 封，美国古生物学家葛兰阶和钱耐各 2 封，德国古生物学家布罗里和美国古生物学家辛普森各 1 封。

最早给杨钟健回信的是法国古生物学家德日进。作为新生代研究室顾问，德日进从 1929 年起，经常与杨钟健在野外和研究室内一道工作。他在中国期间，时常往返于法国、英国、北美、印度、缅甸、印尼等地。每当他和杨钟健不在一处时，他们便通过来往信件保持经常的联系。杨钟健回忆说：“德日进学识丰富，又为人温和，诚可师可友。”德日进在抗战期间给杨钟健的信件，除了很多关于地层和古生物学的讨论外，时常对杨钟健个人在工作和情感上表达诚挚的支持与关注。

1938年6月下旬，德日进从北平写信给在长沙的杨钟健。信中说：“我非常想念你。希望中国经历的艰难时刻很快结束。我对你在南方的研究非常感兴趣。你发现红层属于早新生代，这就让一切问题都更加明朗。”德日进告诉杨钟健关于出版文章的计划，以及周口店材料的状况。在信的最后，德日进说：“鼓起勇气，我的老伙伴。有朝一日，这些困扰都将过去。”

1938年12月上旬，德日进从巴黎写信给在昆明的杨钟健。他说：“诚然，你在经历一个艰难的时刻。但是，你正在从事重要而有意义的工作。而且，你正以你个人的角色，构建中国新的灵魂——这是你一生中所能

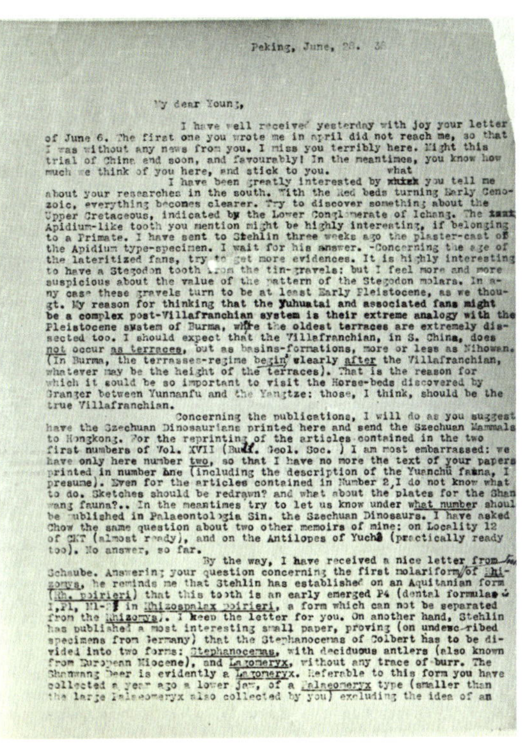

Peking, June, 28. 38

My dear Young,

I have well received yesterday with joy your letter of June 6. The first one you wrote me in April did not reach me, so that I was without any news from you. I miss you terribly here. Might this trial of China end soon, and favourably! In the meantimes, you know how much we think of you here, and stick to you.

I have been greatly interested by what you tell me about your researches in the south. With the Red beds turning Early Cenozoic, everything becomes clearer. Try to discover something about the Upper Cretaceous, indicated by the Lower Conglomerate of Ichang. The Apidium-like tooth you mention might be highly interesting, if belonging to a Primate. I have sent to Stehlin three weeks ago the plaster-cast of the Apidium type-specimen. I wait for his answer. -Concerning the age of the lateritized fans, try to get more evidences. It is highly interesting to have a Stegodon tooth from the tin-gravels: but I feel more and more suspicious about the value of the pattern of the Stegodon molars. In any case these gravels turn to be at least Early Pleistocene, as we thought. My reason for thinking that the Yuhuatai and associated fans might be a complex post-Villafranchian system is their extreme analogy with the Pleistocene system of Burma, where the oldest terraces are extremely dissected too. I should expect that the Villafranchian, in S. China, does not occur as terraces, but as basins-formations, more or less as Nihowan. (In Burma, the terrasses-regime begins clearly after the Villafranchian, whatever may be the height of the terraces). That is the reason for which it sould be so important to visit the Horse-beds discovered by Granger between Yunnanfu and the Yangtze: those, I think, should be the true Villafranchian.

Concerning the publications, I will do as you suggest have the Szechuan Dinosaurians printed here and send the Szechuan Mammals to Hongkong. For the reprinting of the articles contained in the two first numbers of Vol. XVII (Bull. Geol. Soc.) I am most embarrassed: we have only here number two, so that I have no more the text of your papers printed in number one (including the description of the Yuanchü fauna, I presume). Even for the articles contained in Number 2, I do not know what to do. Sketches should be redrawn? and what about the plates for the Shanwang fauna?.. In the meantimes try to let us know under what number should be published in Palaeontologia Sin. the Szechuan Dinosaurs. I have asked Chow the same question about two other memoirs of mine: on Locality 12 of CKT (almost ready), and on the Antilopes of Yuchê (practically ready too). No answer, so far.

By the way, I have received a nice letter from Schaube. Answering your question concerning the first molariform of Rhizomys, he reminds me that Stehlin has established on an Aquitanian form (Rh. poirieri) that this tooth is an early emerged P4 (dental formula: I, P1, M1-3 in Rhizospalax poirieri, a form which can not be separated from the Rhizomys). I keep the letter for you. On another hand, Stehlin has published a most interesting small paper, proving (on undescribed specimens from Germany) that the Stephanocemas of Colbert has to be divided into two forms: Stephanocemas, with deciduous antlers (also known from European Miocene), and Lagomeryx, without any trace of burr. The Shanwang Deer is evidently a Lagomeryx. Referable to this form you have collected a year ago a lower jaw, of a Palaeomeryx type (smaller than the large Palaeomeryx also collected by you) excluding the idea of an

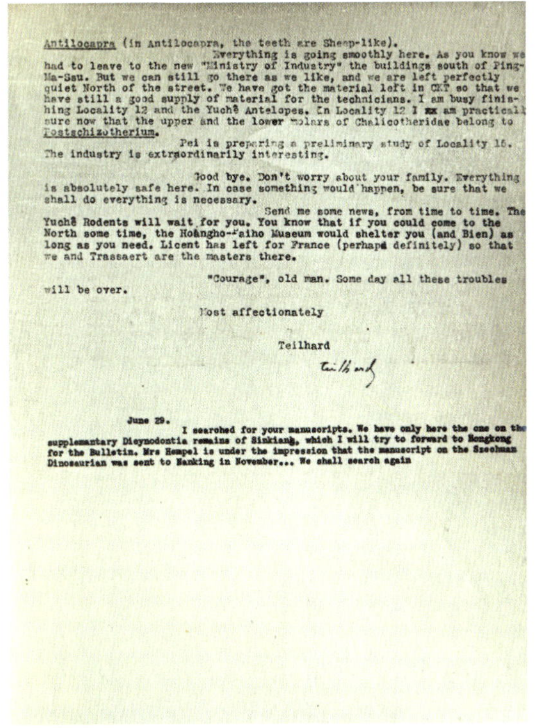

Antilocapra (in Antilocapra, the teeth are Sheep-like).

Everything is going smoothly here. As you know we had to leave to the new "Ministry of Industry" the buildings south of Ping-Ma-Ssu. But we can still go there as we like, and we are left perfectly quiet North of the street. We have got the material left in CKT so that we have still a good supply of material for the technicians. I am busy finishing Locality 12 and the Yuchê Antelopes. In Locality 12 I am practically sure now that the upper and the lower molars of Chalicotheridae belong to Postschizotherium.

Pei is preparing a preliminary study of Locality 15. The industry is extraordinarily interesting.

Good bye. Don't worry about your family. Everything is absolutely safe here. In case something would happen, be sure that we shall do everything is necessary.

Send me some news, from time to time. The Yuchê Rodents will wait for you. You know that if you could come to the North some time, the Hoangho-Paiho Museum would shelter you (and Bien) as long as you need. Licent has left for France (perhaps definitely) so that we and Trassaert are the masters there.

"Courage", old man. Some day all these troubles will be over.

Most affectionately

Teilhard

Teilhard

June 29.

I searched for your manuscripts. We have only here the one on the supplemantary Dicynodontia remains of Sinkiang, which I will try to forward to Hongkong for the Bulletin. Mrs Hempel is under the impression that the manuscript on the Szechuan Dinosaurian was sent to Nanking in November... We shall search again

▲ 1938年6月下旬，德日进从北平写信给在长沙的杨钟健。

15, Rue Monsieur, Paris VII
March 13, 39

My dear Young,

I have well received, and with much joy, your letter of Jan. 26, so full of news. What you say about the fossils brought by Bien is really exciting. We know so little about primitive Mammals! I am writing to Colbert, asking him and Simpson to send you whatever they can find in their series on the subject (here we have nothing). If you could have casts made, it should be excellent to have a cast of the best skull sent in communication to Simpson for advice. He is a perfectly fair man, and you would not have to fear any interference in your work from his part. Tritylodon is a Triassic form: but the family may have evolved and lasted a long time. As you observe correctly, Yunnan might perfectly well have preserved a long time Gondwana affinities, in spite of being already fused with the "Angara land" in Lower Cretaceous. By the way, is your impression that the Yunnan Cretaceous has been deposited after, or before, the main peneplanation of the country? in other words, does the Yunnan old peneplain (in spite of some stronger disturbances) represent, more or less, an equivalent of the Lower-Cretaceous mongolian peneplain?..
I imagine that you are now on the field, and I would like to be with you. You are doing a splendid work, -and under such circumstances. Nothing can show better to the world what the chinese spirit really is.

Nothing new here. Scientifically speaking, Paris is much duller than China. You heard about the recent discovery of a Pithecanthropus upper jaw by v. Koenigswald. Two weeks ago young baron Blanc got, in a newly exposed cave near Rome, a marvelous Neanderthaloid skull, absolutely perfect: the specimen was lying, on the surface(!), in the cave. It duplicates exactly (but it is still better) than) the Chapelle-aux-Saints skull. -Trassaert is here for several months, studying mainly sedimentation and mineralogy. Leroy is in charge of the Tientsin museum, and Licent will apparently not go back to China. - From Peking I get periodically letters from Pei and Mrs. Hempel. I am surprised not to have any answer (yes or not) from the Rockefeller Foundation concerning the scholarship of Bien, and I will write tomorrow to Mr. W. Weaver in New York. Very strange!..

My plans keep essentially the same. I will leave Paris in June, via America, and reach Peking by the end of August. I am decided to do my best to go to Yunnan during the fall, alone or with Pei. I must see you all. We have so much to talk about, and to discuss, and to plan. I will send you, these days, anything I can find in the line of palaeontological memoirs or books, or Notes. I suppose you do not have "Les Annales de Paléontologie". Next week, I will go to Cambridge and London. I will ask Hopwood to send you what he can, too.

My best regards to everybody I know in Kunming. I have well received the letter of Bien.

Most faithfully and cordially yours

Teilhard

▲ 1939 年 3 月中，德日进从巴黎写给杨钟健的信。

梦想的最伟大的事业。我完全理解，你在当下与外界隔绝的环境中会时常感到这种负担。但是，保持耐心，不要担忧。……生活把我们两人弄在一起，完全像兄弟一样。……我会在法国为中国的伟大事业助威助力。”

1939 年 3 月中，德日进从巴黎写信给杨钟健说：“你提到卞美年采回的化石实在令人振奋。我们对原始哺乳动物知道得太少了。我打算写信给科尔伯特，请他和辛普森把他们所有关于这个问题的文献寄给你。……我想你眼下会正在野外，我真希望能和你在一起。你在如此困难的环境之中，作着如此精彩可嘉的工作。没有任何事情能更好地告诉世界什么才是真正的中国精神。”

1939 年 9 月中，德

日进从北京写信给杨钟健。他说："接到你 8 月 15 日来信，非常高兴。我理解你的忧虑和你对家人的思念。我会尽我所能地去帮助。……我钦佩你和你的同事们。无论在科学上还是在道义上，你们所有人都极为出色，你们的生活扎实而有意义：这乃是达到内心快乐的真实原因。"德日进还提到他在纽约时，葛兰阶和辛普森对于杨钟健找到多瘤齿兽的头骨和肢骨都感到兴奋不已。

第二个给杨钟健回信的是南非古生物学家布鲁姆。杨钟健始终保存着布鲁姆从 1938 年 10 月到 1947 年 9 月间寄来的 7 封信，其时间跨度持续将近 10 年。1938 年 10 月，布鲁姆给杨钟健寄来一系列三叠纪似哺乳爬行动物肯氏兽（*Kannemeyeria*）的照片。布鲁姆在信中说："对于中国眼下经历的痛苦时刻，我们都深感不安，但是我确信日本将为攻击中国而后悔。你们一定最终取得胜利。"他在后来的信件中多次询问杨钟健是否需要得到他的任何文章。1944 年 7 月，布鲁姆说："知道你已经安全到达美国，让人欣慰。……我确信把日本赶出中国的日子不会是几年那么久了。……是的，请你计划经过南非返回中国，我有好多东西向你展示。"布鲁姆的最后一封信是 1947 年 9 月写的，当时杨钟健已经返回中国。布鲁姆在信中兴奋地告诉杨钟健自己陆续发现的南非古猿头骨、下颌及腰带骨、股骨等材料，还附了简要的草图。

第三个给杨钟健回信的是德国图宾根大学的古生物学家许耐。杨钟健始终保存着许耐的大批来信。1969 年，许耐去世。杨钟健随即赋诗一首《读许耐小传》，表达思念。诗中说："文稿寄来情恒长，恐龙研究费思量。亦师亦友感人甚，看罢遗容涕泪滂。"

许耐之后，葛兰阶、甘颇等人陆续来信。1938 年 11 月，葛兰阶写信给在昆明的杨钟健，感谢他寄来的 3 篇文章。他代表纽约自然历史博物馆的同事，向中国地质调查所在国难当头所表现出的勇气表示钦佩。他说："我无须告诉你，绝大多数美国人都站在中国一边，而去过中国并在那里生活过一段时间的美国人更是毫无例外。我们都一致为中国鼓劲。"1939

年2月，美国古生物学家葛兰阶写信祝贺杨钟健在云南发现和恐龙伴生的原始哺乳动物（后来归入似哺乳爬行动物）。葛兰阶曾在美国西部、埃及、中国和蒙古等地采集化石。1921年，葛兰阶曾和安特生及师丹斯基一起参加周口店古人类化石的早期发掘。他曾多次作为首席古生物学家参加安得思的中亚考察团，在蒙古等地采集化石，发现了伶盗龙、窃蛋龙、原角龙等标本。1930年夏天，葛兰阶曾和杨钟健一起参加中美考察团在蒙古的野外工作，他们之间一直保持着通信联系。葛兰阶在1939年2月给杨钟健的信中说：“非常高兴收到你的来信，并得知你发现恐龙和伴生哺乳类的惊人消息。我们满怀兴趣期待看到你的详细描述。”不幸的是，葛兰阶没有机会看到1944年杨钟健在美国自然历史博物馆馆刊（*Bulletin of The American Museum of Natural History*）上发表的《中国三叠纪脊椎动物化石》一文，他于1941年9月因心脏病在野外工作时去世。杨钟健在文章最后感谢卞美年，以及布罗里、布鲁姆、葛兰阶、辛普森和许耐提供宝贵信

▲ 美国古生物学家葛兰阶。照片摄于1939年4月。

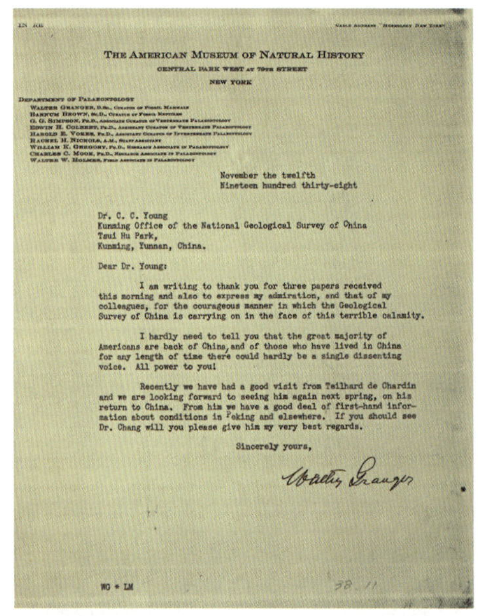

THE AMERICAN MUSEUM OF NATURAL HISTORY
CENTRAL PARK WEST AT 79TH STREET
NEW YORK

DEPARTMENT OF PALAEONTOLOGY
WALTER GRANGER, D.Sc., CURATOR OF FOSSIL MAMMALS
BARNUM BROWN, Sc.D., CURATOR OF FOSSIL REPTILES
G. G. SIMPSON, Ph.D., ASSOCIATE CURATOR OF VERTEBRATE PALAEONTOLOGY
EDWIN H. COLBERT, Ph.D., ASSISTANT CURATOR OF VERTEBRATE PALAEONTOLOGY
HAROLD E. VOKES, Ph.D., ASSISTANT CURATOR OF INVERTEBRATE PALAEONTOLOGY
RACHEL H. NICHOLS, A.M., STAFF ASSISTANT
WILLIAM K. GREGORY, Ph.D., RESEARCH ASSOCIATE IN PALAEONTOLOGY
CHARLES C. MOOK, Ph.D., RESEARCH ASSOCIATE IN PALAEONTOLOGY
WALTER W. HOLMES, FIELD ASSOCIATE IN PALAEONTOLOGY

November the twelfth
Nineteen hundred thirty-eight

Dr. C. C. Young
Kunming Office of the National Geological Survey of China
Tsui Hu Park,
Kunming, Yunnan, China.

Dear Dr. Young:

I am writing to thank you for three papers received this morning and also to express my admiration, and that of my colleagues, for the courageous manner in which the Geological Survey of China is carrying on in the face of this terrible calamity.

I hardly need to tell you that the great majority of Americans are back of China, and of those who have lived in China for any length of time there could hardly be a single dissenting voice. All power to you!

Recently we have had a good visit from Teilhard de Chardin and we are looking forward to seeing him again next spring, on his return to China. From him we have a good deal of first-hand information about conditions in Peking and elsewhere. If you should see Dr. Chang will you please give him my very best regards.

Sincerely yours,

Walter Granger

WG * LM

38.11

▲ 1938年11月，葛兰阶写给在昆明的杨钟健的信。

息。纽约自然历史博物馆在葛兰阶去世后，曾把原来的“亚洲化石大厅”命名为“葛兰阶纪念大厅”。

1939 年 2 月，美国古生物学家甘颇也写信给杨钟健说：“你提到和恐龙共生的原始哺乳动物化石，更是让人倍感兴趣。在眼下的环境中，你能在中国新的地点继续作出新的发现，真是奇妙的事情。”甘颇研究过美国地质学家劳德巴克（G. D. Louderback，1874—1957）1915 年在四川威远采集的肉食类恐龙化石。1936 年春，甘颇来华访问，主要目的是观察袁复礼在 1928 年自新疆发现的水龙兽和二齿兽化石，并调查中生代地质。杨钟健与袁复礼陪同甘颇前往山西榆社、武乡等地考察，沿途发现不少三叠纪化石地点。随后，杨钟健又和甘颇去西安、成都等地考察。7 月，杨钟健和甘颇在成都以南的荣县西爪山发现侏罗纪中期的蜥脚类恐龙化石，后来被杨钟健命名为荣县峨眉龙（*Omeisaurus junghsiensis*）。从 1930 年到 1949 年，甘颇担任加州大学伯克利分校的古生物博物馆馆长和古生物系主任。1945 年，杨钟健在美国考察期间，曾到加州大学古生物博物馆工作了几个月，在卞氏兽材料的修理和绘图上，得到甘颇提供的各种方便和帮助。

1940 年 8 月，甘颇来信说：“祝贺你在云南三叠纪的各种美妙的发现。我期待事态的发展能让我再次到你那里访问。”甘颇告诉杨钟健在野外缺少石膏等材料的替代办法，并告诉杨钟健使用长针剥离头骨和下颌的方法。1942 年 8 月，甘颇说：“我刚刚收到你的禄丰龙专著。这非常重要、非常令人感兴趣。你在如此困难的环境中作出这样杰出的工作，我要向你表示祝贺。我打算写一篇文章，介绍你的专著。”

德国地质古生物学家布罗里是杨钟健在慕尼黑大学攻读古生物学时期的业师。1928 年杨钟健离开德国回国后，布罗里对杨钟健的工作十分关心，不时来信进行学术讨论。杨钟健在 1936 年《新疆加斯马吐龙新材料》一文中，曾感谢布罗里和甘颇的批评与建议。杨钟健回忆说：“战事发生，流落西南，他每次来信，加以鼓舞，对中国抗战，备极赞扬。那时中德关系，不绝如缕。而他对中国人的热诚，并未随政治之逆转而

▲ 美国古生物学家甘颇在野外观察二叠纪四足类化石。

改变。”1908 年，布罗里成为慕尼黑大学的副教授，1919 年成为巴伐利亚州地质历史和古生物博物馆的馆长。30 年代，布罗里和施罗德（J. Schröder）合作发表了 28 卷南非卡鲁系的脊椎动物化石研究。1934 年，布罗里又发表了犬颌兽头骨研究的文章。布罗里一生不喜欢照相，很难找到他的照片。杨钟健回忆说：“尤忆我离德时，许多教授全赐以照片，独他无有。我回国后，有一次写信向他要，他回信说不久要照相了，照了一定要寄给你。但始终未见寄来。”1945—1946 年，杨钟健在欧洲考察时，由于第二次世界大战刚刚结束后的纷乱时局，无法到德国看望自己的恩师。在欧洲第二次世界大战结束之前，慕尼黑的很多建筑遭到战争破坏，其中包括布罗里投入终生心血的巴伐利亚州地质历史和古生物博物馆。1946 年 4 月，布罗里在孤独与悲哀中离世。

1939 年 6 月初，刚刚从委内瑞拉野外工作归来的美国古生物学家辛普森给杨钟健回信说：“你发现的类似三瘤齿兽的头骨，自然引起我特别的兴趣，让我倍感兴奋。”辛普森还给杨钟健寄来有关三瘤齿兽的文献目录及相关种属的名单。辛普森在信的最后说：“请你确信，我们对你的科学工作抱有持久的兴趣，对你们国家目前经历的痛苦与磨难表示同情。”1944 年，辛普森成为纽约博物馆地质和古生物部主任。1959 年，辛普森成为哈佛大学比较动物学博物馆的教授。辛普森是现代综合进化论的奠基人之一，著有《进化的速度与模式》《进化的含义》

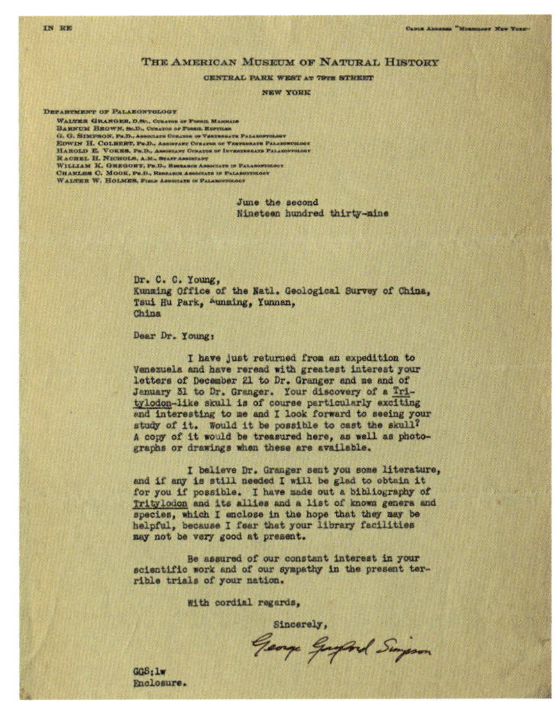

IN RE

THE AMERICAN MUSEUM OF NATURAL HISTORY
CENTRAL PARK WEST AT 79TH STREET
NEW YORK

DEPARTMENT OF PALAEONTOLOGY
WALTER GRANGER, D.Sc., CURATOR OF FOSSIL MAMMALS
BARNUM BROWN, Sc.D., CURATOR OF FOSSIL REPTILES
G. G. SIMPSON, Ph.D., ASSOCIATE CURATOR OF VERTEBRATE PALAEONTOLOGY
EDWIN H. COLBERT, Ph.D., ASSISTANT CURATOR OF VERTEBRATE PALAEONTOLOGY
HAROLD E. VOKES, Ph.D., ASSISTANT CURATOR OF INVERTEBRATE PALAEONTOLOGY
RACHEL H. NICHOLS, A.M., STAFF ASSISTANT
WILLIAM K. GREGORY, Ph.D., RESEARCH ASSOCIATE IN PALAEONTOLOGY
CHARLES C. MOOK, Ph.D., RESEARCH ASSOCIATE IN PALAEONTOLOGY
WALTER W. HOLMES, FIELD ASSOCIATE IN PALAEONTOLOGY

June the second
Nineteen hundred thirty-nine

Dr. C. C. Young,
Kunming Office of the Natl. Geological Survey of China,
Tsui Hu Park, Kunming, Yunnan,
China

Dear Dr. Young:

I have just returned from an expedition to Venezuela and have reread with greatest interest your letters of December 21 to Dr. Granger and me and of January 31 to Dr. Granger. Your discovery of a Tritylodon-like skull is of course particularly exciting and interesting to me and I look forward to seeing your study of it. Would it be possible to cast the skull? A copy of it would be treasured here, as well as photographs or drawings when these are available.

I believe Dr. Granger sent you some literature, and if any is still needed I will be glad to obtain it for you if possible. I have made out a bibliography of Tritylodon and its allies and a list of known genera and species, which I enclose in the hope that they may be helpful, because I fear that your library facilities may not be very good at present.

Be assured of our constant interest in your scientific work and of our sympathy in the present terrible trials of your nation.

With cordial regards,

Sincerely,

George Gaylord Simpson

GGS:lw
Enclosure.

▲ 1939 年 6 月初，辛普森写给杨钟健的信。

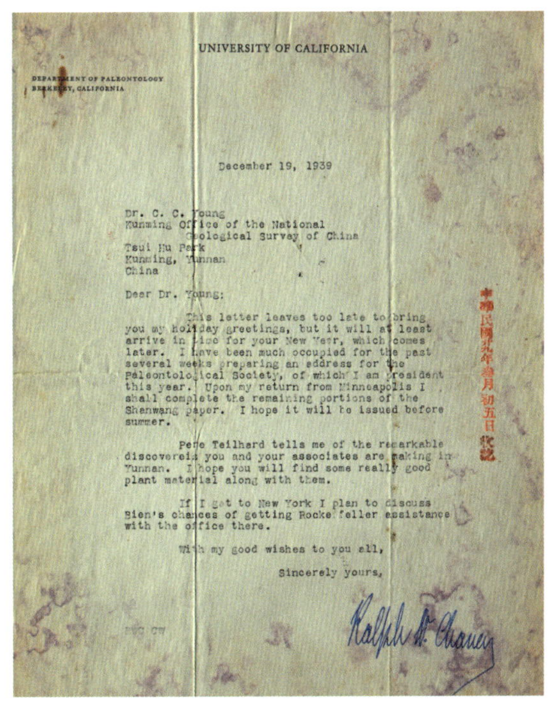

UNIVERSITY OF CALIFORNIA

DEPARTMENT OF PALEONTOLOGY
BERKELEY, CALIFORNIA

December 19, 1939

Dr. C. C. Young
Kunming Office of the National
Geological Survey of China
Tsui Hu Park
Kunming, Yunnan
China

Dear Dr. Young:

This letter leaves too late to bring you my holiday greetings, but it will at least arrive in time for your New Year, which comes later. I have been much occupied for the past several weeks preparing an address for the Paleontological Society, of which I am president this year. Upon my return from Minneapolis I shall complete the remaining portions of the Shenwang paper. I hope it will be issued before summer.

Pere Teilhard tells me of the remarkable discovereis you and your associates are making in Yunnan. I hope you will find some really good plant material along with them.

If I get to New York I plan to discuss Bien's chances of getting Rockefeller assistance with the office there.

With my good wishes to you all,

Sincerely yours,

Ralph W. Chaney

RWC CW

中華民國廿九年叁月初五日收訖

▲ 1939 年 12 月中旬，钱耐给杨钟健的来信。

等书。1927 年，杨钟健曾和在伦敦访问的辛普森见过一面，当时他们两人刚刚各自获得慕尼黑大学和耶鲁大学的博士学位。后来，在相隔 50 年后，杨钟健和辛普森于 1978 年 10 月在上海重逢。回顾往事，他们都感慨不已。

1939 年 12 月中旬，美国古植物学家钱耐写信祝贺杨钟健在云南惊人的化石发现。钱耐出生于伊利诺伊州，中学时代就热衷观察鸟类、收集鸟类标本。在芝加哥大学时，他的兴趣转向植物学和古植物学。1919 年，钱耐获得芝加哥大学的地质学博士学位。1925 年，他参加安得思的中亚考察团，在蒙古等地采集标本。1931 年，钱耐成为加州大学古生物系教授和古生物博物馆的古植物研究馆员。1933 年，钱耐又到周口店参加了洞穴堆积中古植物种子的分析工作。1937 年 6 月，七七事变之前，杨钟健和钱耐一起去山东临朐观察地质、采集化石。杨钟健把他 1935 年以来多次野外采集的山旺植物标本交由钱耐和植物学家胡先骕（1894—1968）合作研究。在古植物学家中，钱耐首先使用化石植物叶子的形态特征推测地质时代的生态信息。1939 年，钱耐成为美国古生物学会会长。1948 年，钱耐最后一次来中国野外工作，到湖北、四川交界的山区考察研究刚刚发现的“活化石”水杉。钱耐热衷收集中国古代陶器和玉器。在抗日战争时期，他

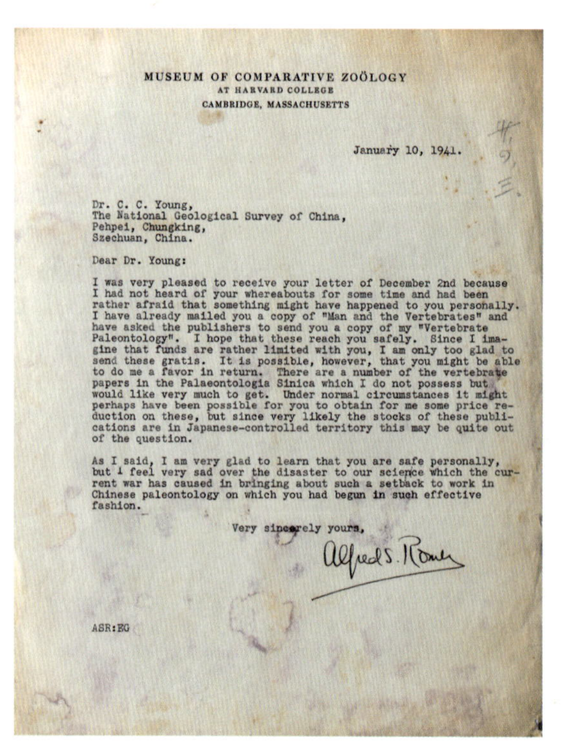
MUSEUM OF COMPARATIVE ZOÖLOGY
AT HARVARD COLLEGE
CAMBRIDGE, MASSACHUSETTS

January 10, 1941.

Dr. C. C. Young,
The National Geological Survey of China,
Pehpei, Chungking,
Szechuan, China.

Dear Dr. Young:

I was very pleased to receive your letter of December 2nd because I had not heard of your whereabouts for some time and had been rather afraid that something might have happened to you personally. I have already mailed you a copy of "Man and the Vertebrates" and have asked the publishers to send you a copy of my "Vertebrate Paleontology". I hope that these reach you safely. Since I imagine that funds are rather limited with you, I am only too glad to send these gratis. It is possible, however, that you might be able to do me a favor in return. There are a number of the vertebrate papers in the Palaeontologia Sinica which I do not possess but would like very much to get. Under normal circumstances it might perhaps have been possible for you to obtain for me some price reduction on these, but since very likely the stocks of these publications are in Japanese-controlled territory this may be quite out of the question.

As I said, I am very glad to learn that you are safe personally, but I feel very sad over the disaster to our science which the current war has caused in bringing about such a setback to work in Chinese paleontology on which you had begun in such effective fashion.

Very sincerely yours,

Alfred S. Romer

ASR:EG

▲ 1941 年 1 月上旬，罗美尔给杨钟健的回信。

在美国积极参与为抗日战争救援的集资筹款活动。

从1941年到1969年，美国古生物学家罗美尔和杨钟健长期保持书信往来。1940年，杨钟健被重庆大学聘为特邀名誉教授，兼授古脊椎动物学一课。

由于缺乏教材，杨钟健写信向罗美尔索取他的新著。1941年1月上旬，罗美尔给杨钟健回信，告诉他已经寄来《人与脊椎动物》一书，并请出版社直接给杨钟健寄出《脊椎动物古生物学》一书。罗美尔在信中写道："当前的战争对您开创的中国古生物学工作造成困扰，为我们这门科学带来如此的灾难，我深深为之叹息。"1944年5月，杨钟健到达美国进行考察研究。罗美尔写信说："我对你的三叠纪哺乳动物非常感兴趣，当然想亲眼看到标本。我正在改写我的《脊椎动物古生物学》一书，对于这些有疑问的类型所占的位置至为关心。"罗美尔还请杨钟健在7月份到自己在麻省阿默斯特（Amherst）附近的乡间别墅做客。

各国科学家在抗战期间给杨钟健的来信，印证了中国著名第四纪地质学家、"黄土研究之父"刘东生院士（1917—2008）说过的一段话。刘东生院士在为杨新孝（1931—1998）先生所著《杨钟健教授与美国科学家学术交流简史》一书作序时说，很多外国科学家和杨钟健院士的书信中，有一种明显而强烈的倾向性，其中"蕴藏着一种氛围，即他们为杨钟健和中国科学家的品德和魅力所吸引"。

3. 欧美考察　拓新眼界

1944年4月至1946年3月，杨钟健受经济部资源委员会派遣，赴美国、加拿大、英国、法国、瑞士等国进行学术考察、研究。当时经济部还派遣程裕祺、王钰、李庆远、高振西、卞美年、卢衍豪等地质学者先后赴美英等国，以实现与英、美科学家保持交流的目的。

在国外的两年期间，杨钟健抱着对国家战后重建的期望，全力投入对多瘤齿兽等材料的研究，以期回国后，能在古生物学方面作出更多的贡献。在这两年中，杨钟健共到过 7 个国家，参观了各地博物馆 39 处，访问了各地地质调查机构 12 处、各大学地质系等 38 处，以及各地地质学会等 15 处。他进一步结识了各地主要的地质学家、古生物学家和动物学家等学术带头人。杨钟健特别参观了许多古脊椎动物的研究中心，观察、研究美国自然历史博物馆和大英博物馆等处的标本，并先后到耶鲁、哈佛、普林斯顿、堪萨斯大学、加州大学等处会见古生物学界同行。通过与格雷戈里、罗美尔、甘颇、科尔伯特、沃森等许多专家共同探讨，杨钟健完成了几部重要著作，成为当时世界上最活跃的古生物学家之一。

1944 年 4 月 15 日，杨钟健离别了北碚的亲友，登车离开北碚赴重庆等待搭机。行前，杨钟健写下《由北碚临行书》一诗。在诗的前半部，他写道："十万长征未云多，一机凌云遂气波。前去尽有新眼界，临行仍怜旧山河。"

抱着追求新眼界的渴望，杨钟健为自己定下出国考察的目标。除了考察、参观各地的地质机构，进一步结识各地的地质古生物学家，杨钟健还随身携带卞氏兽等禄丰化石，准备在纽约等地作进一步的修理和研究。此外，他计划在初去或回国途中到印度北部作一段地质旅行，以观察那里的新生代地层。他还准备回国途中先到英国再转南非，以观察南非古生物学家布鲁姆手中的多瘤齿兽材料。

▲ 杨钟健保存的资源委员会胸徽。

4 月 22 日，杨钟健乘坐的飞机，从重庆起飞，越过白雪覆盖的喜马拉雅山，飞往印度加尔各答。杨钟健在加尔各答停留了 10 天，参观了印度地质调查所等处，然后横穿印度到巴基斯坦的卡拉奇。他随后离开卡拉奇，乘飞机经北非飞越大西洋到巴西，从南美抵达美国的迈阿密。最后，他坐火车经过首都华盛顿，于5月13日抵达纽约。

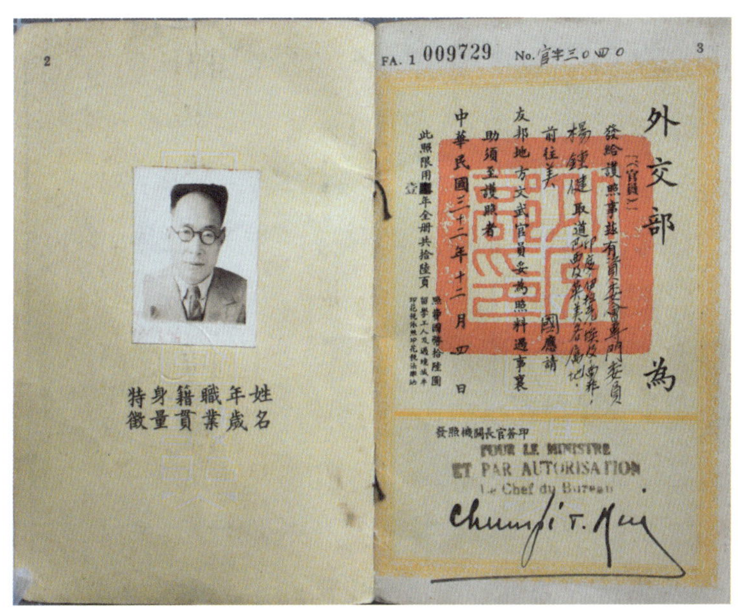

▲ 杨钟健到北美、欧洲等国考察时使用的护照。

▲ 1917年时的纽约自然历史博物馆外景。

到纽约后，杨钟健住进离纽约自然历史博物馆很近的哈格雷夫旅馆，当时从北平新生代研究室回到美国的魏敦瑞也住在这里。

杨钟健每天到纽约博物馆自己进行研究。在博物馆，杨钟健还会晤了古生物学家布朗（B. Brown）和格雷戈里（W. K. Gregory）等人。布朗是老一代古生物学家，研究爬行动物化石。格雷戈里是著名的比较解剖学家，著有《我们的面孔——从鱼到人的转变》一书。杨钟健到博物馆时，正值格雷戈里退休，赶上聆听格雷戈里所作的“最后一课”报告。

在纽约博物馆，杨钟健还结识了尼科尔斯（R. Nichols）夫人、路易丝·杰曼（L. W. German）夫人和化石修理师法尔肯巴赫（O. Falkenbach）等人。尼科尔斯夫人是古生物学部的科学助理兼秘书。她交际广泛，成为联结各国古生物学家和纽约自然历史博物馆的纽带。她协助杨钟健安排各种事务，建立了长达半个世纪的友谊。尼科尔斯夫人和杨钟健长期保持通信联系，其中杨钟健保存的尼科尔斯夫人来信多达百余封。尼科尔斯夫人为杨钟健提供各国科学家的动态，为杨钟健和各国科学家之间维系交往、搭桥牵线。1956 年，尼科尔斯夫人给杨钟健寄来一张照片。照片摄于 1934 年，其中有好几位是杨钟健在欧美考察期间见过的古生物学家，包括帕林顿（F. R. Parrington）、沃森、布朗和格雷戈里。

法尔肯巴赫是具有 50 年化石修理经验的修理师。在博物馆，杨钟健将珍贵的“小昆明兽”的头骨化石交给他进行亲手修理。路易斯·杰曼夫人是博物馆的艺术家，负责绘制化石标本和制作陈列大厅的绘画布置。1945 年，杨钟健请杰曼夫妇特意为自己父母定制了凸版肖像，以铭记父母的养育之恩。初到纽约期间，杨钟健还去哥伦比亚大学参观，会见当年中亚考察团的地质师伯基（C. P. Berkey）教授，并对 1941 年去世的葛兰阶表示哀悼。

在纽约时，杨钟健还抽空到美国东部各地如华盛顿、纽黑文、波士顿等处参观，认识不少同行。其中，华盛顿的吉尔摩（C. W. Gilmore）和

▲ 尼科尔斯夫人在1956年赠予杨钟健的照片。杨钟健在欧美期间，见到其中几位著名的古生物学家，包括帕林顿（左二）、沃森（左三）、布朗（左五）、格雷戈里（右四）。照片由科尔伯特摄于1934年。1944年，杨钟健到纽约博物馆时，照片中的奥斯本（左一）和葛兰阶（右一）已经去世。安得思（右三）已经退休。

剑桥的罗美尔对杨钟健的接待最为周到、热情。杨钟健抵美后，科尔伯特（E. H. Colbert）在美国古脊椎动物学会的新闻通报上发布杨钟健访美的消息并介绍他的研究动向。6月，杨钟健去华盛顿国家自然历史博物馆参观。古脊椎动物部的主管吉尔摩以研究爬行动物化石闻名。他向杨钟健详细介绍了化石标本的储藏方法和新式标本柜的结构。返纽约途中，杨钟健参观了费城自然科学研究院，并到普林斯顿大学与古生物学家杰普森（G. L. Jepsen）会晤。

7月中，杨钟健离开纽约到康州的纽黑文和麻省的波士顿访问。杨钟健在纽黑文待了3天，到耶鲁大学的地质系和皮博迪博物馆参观，并见到邓巴（C. O. Dunbar）教授。邓巴当时任皮博迪博物馆馆长，接替已经退休的勒尔（R. S. Lull）教授。

随后，杨钟健从纽黑文到波士顿。杨钟健在罗美尔教授的带领下，参观了哈佛大学地质系、地理系和比较动物学博物馆，并见到先前在德国认识的古生物学家艾丁格（T. Edinger）。艾丁格女士从事脑化石研究。她见到杨钟健时谈起在德的往事，时过境迁，双方都不胜感慨。

7月21日（周五），罗美尔在哈佛大学教员俱乐部招待杨钟健。罗美尔等人在当天的午餐菜单背面签名后送给杨钟健留念。参加午餐的客人还包括哈佛大学人类学系主任胡顿（E. A. Hooton）、矿物和石油系主任拉森（E. S. Larsen）等。

除了哈佛大学，杨钟健还到麻省理工学院看望当年中亚考察团的地质学家莫里斯（F. K. Morris）教授。

杨钟健在哈佛住了3天。星期六，罗美尔请杨钟健到其乡间住宅过周末。罗美尔的乡间别墅，是一幢古老木房，位于佩勒姆（Pelham）地区。当地石块嶙峋，林木茂盛。附近的阿默斯特地区还有冰碛层等有意义的地质特征。周六晚，杨钟健在罗美尔家中吃饭。次日，杨钟健和罗

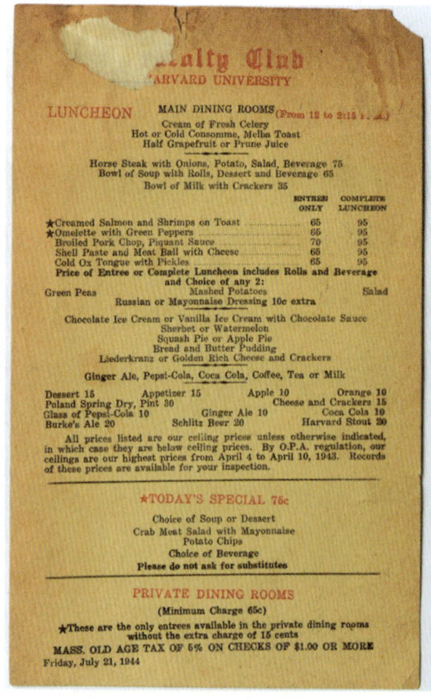

...ulty Club
...ARVARD UNIVERSITY

LUNCHEON　MAIN DINING ROOMS (From 12 to 2:15 P.M.)

Cream of Fresh Celery
Hot or Cold Consomme, Melba Toast
Half Grapefruit or Prune Juice

Horse Steak with Onions, Potato, Salad, Beverage 75
Bowl of Soup with Rolls, Dessert and Beverage 65
Bowl of Milk with Crackers 35

	ENTREE ONLY	COMPLETE LUNCHEON
★Creamed Salmon and Shrimps on Toast	65	95
★Omelette with Green Peppers	65	95
Broiled Pork Chop, Piquant Sauce	70	95
Shell Paste and Meat Ball with Cheese	65	95
Cold Ox Tongue with Pickles	65	95

Price of Entree or Complete Luncheon includes Rolls and Beverage and Choice of any 2:
Green Peas　Mashed Potatoes　Salad
Russian or Mayonnaise Dressing 10c extra

Chocolate Ice Cream or Vanilla Ice Cream with Chocolate Sauce
Sherbet or Watermelon
Squash Pie or Apple Pie
Bread and Butter Pudding
Liederkranz or Golden Rich Cheese and Crackers

Ginger Ale, Pepsi-Cola, Coca Cola, Coffee, Tea or Milk

Dessert 15　Appetizer 15　Apple 10　Orange 10
Poland Spring Dry, Pint 30　Cheese and Crackers 15
Glass of Pepsi-Cola 10　Ginger Ale 10　Coca Cola 10
Burke's Ale 20　Schlitz Beer 20　Harvard Stout 20

All prices listed are our ceiling prices unless otherwise indicated, in which case they are below ceiling prices. By O.P.A. regulation, our ceilings are our highest prices from April 4 to April 10, 1943. Records of these prices are available for your inspection.

★TODAY'S SPECIAL 75c

Choice of Soup or Dessert
Crab Meat Salad with Mayonnaise
Potato Chips
Choice of Beverage
Please do not ask for substitutes

PRIVATE DINING ROOMS

(Minimum Charge 65c)

★These are the only entrees available in the private dining rooms without the extra charge of 15 cents

MASS. OLD AGE TAX OF 5% ON CHECKS OF $1.00 OR MORE

Friday, July 21, 1944

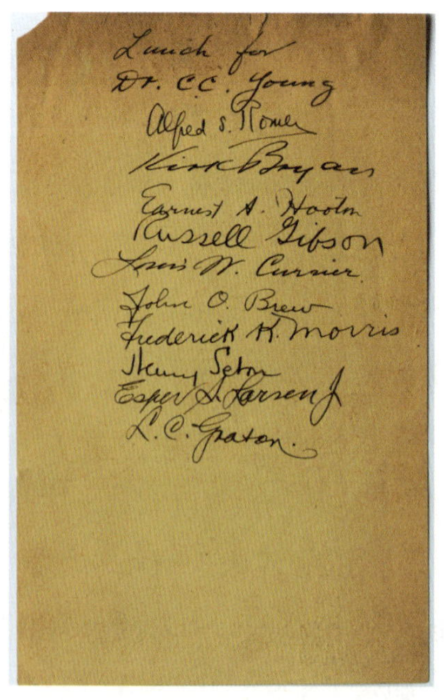

Lunch for
Dr. C.C. Young
Alfred S. Romer
Kirk Bryan
Earnest A. Hooton
Russell Gibson
Louis W. Currier
John O. Brew
Frederick K. Morris
Henry Seton
Esper S. Larsen Jr
L. C. Graton

▲ 杨钟健保存的午餐菜单，背面有罗美尔等人的签名。菜单下方印有当天的日期“1944年7月21日”。

美尔等同去附近的阿默斯特学院参观，见到当地博物馆中丰富的恐龙足迹化石。周日晚上，罗美尔全家人与杨钟健同往附近林中一瀑布之上野餐，极尽宾主之乐。

杨钟健的哈佛之行，给罗美尔和其他美国学者留下深刻的印象。杨钟健返回纽约后不久，收到当时在美国工作的地理学家徐近之的明信片，明信片上写道：“哈佛方面对先生颇赞美诚我国之光也。”

▲ 地理学家徐近之给杨钟健的明信片。

1960 年，时隔 15 年后，罗美尔夫妇给杨钟健寄来一张贺年片，上面即是多年前的佩勒姆古老木屋。罗美尔提及杨钟健曾于多年前到此住过，并问他是否还曾记得。

杨钟健披览之余，不胜感慨，即兴赋诗。他在诗中写道：

> 十五年前曾一游，主人好客风光幽。
> 冰川地形可回忆，林下野餐对溪流。
> 亲割佳肴供远客，漫谈地史追千秋。
> 派尔哈穆（现译佩勒姆）游如昨，昔日少年今白头。

初秋，杨钟健在美国中西部及加拿大作了比较长的旅行。他先由纽约市到葛利普的故乡布法罗镇（Buffalo），参观那里的自然历史博物馆并游览尼亚加拉大瀑布。在布法罗，杨钟健参观了葛利普纪念室，并与葛利普的胞弟见面。然后，杨钟健到加拿大的多伦多、渥太华及蒙特利尔参观地质机构。随后，杨钟健回到美国，到芝加哥、哥伦布市、克利夫兰、匹茨堡等地。在俄亥俄州的辛辛那提，杨钟健还到旧识巴尔博（G. B. Barbour）教授家做客。杨钟健曾回忆，在美国中西部和加拿大旅行，“尤其在芝加哥、匹兹堡等地，于脊椎动物化石方面得益最多”。秋末，杨钟健返回纽约。

在纽约时，杨钟健继续每天到自然历史博物馆进行研究，并进一步修理、研究卞氏兽等标本，确定了卞氏兽是似哺乳爬行动物。

1944 年 8 月，杨钟健所著《抗战中看河山》一书在重庆出版。他用游记的方式，在国难中见证山河的壮美、国事的艰难。12 月，《自然论略》一书在重庆出版。这本书汇总了杨钟健先前在报刊发表的 35 篇文章，以向有志从事科学的青年宣扬地质、地理与古生物学的知识。12 月，杨钟

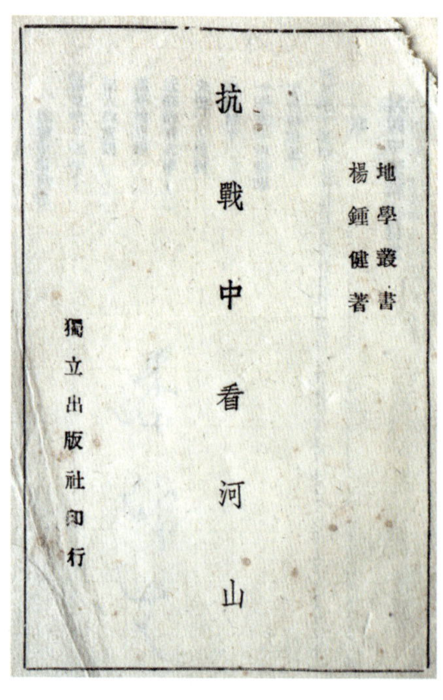

▲ 1944 年 8 月，游记《抗战中看河山》一书在重庆出版。

▲ 1944 年 12 月，《自然论略》一书在重庆出版，在自序中说明此书出版为纪念母亲 70 寿诞。

▲ 1944年，在内布拉斯加大学，杨钟健（左一）与巴伯、舒尔茨和莱德尔观看一具上新统的骆驼骨架。

健还在美国自然历史博物馆馆刊发表《禄丰红层上三叠纪的新假鳄类》一文，描述了他和卞美年于1939年采集的许氏扁颌鳄（*Platyognathus hsui*）材料。

12月初，杨钟健离开纽约，又作了横穿美国大陆的旅行。他先到芝加哥，再到内布拉斯加州的首府林肯城，参观了内布拉斯加大学的地质系、陈列馆和地质调查所。

▲ 1944年，杨钟健在美国。

▲ 1944年9月，在美国考察、研究顺利结束时的杨钟健。

之后，他到堪萨斯州的劳伦斯，参观堪萨斯大学和自然历史博物馆。在堪萨斯大学等处，杨钟健作了学术报告，进行交流。他又到丹佛，最后到伯克利的加州大学作了几个月的研究工作。

在林肯城，杨钟健在巴伯教授（E. H. Barbour）和舒尔茨教授（C. B. Schultz）的陪同下，参观了内布拉斯加大学的自然历史博物馆。巴伯原为内布拉斯加大学的地质系主任，当时刚刚退休，以研究美国中西新生代化石闻名。舒尔茨是巴伯的继任者，是同一代的古生物学家，以研究新生代化石著名。

在博物馆中，修理师莱德尔（H. Reider）向杨钟健介绍一具栩栩如生的上新统的骆驼骨架。莱德尔善于巧妙地用藏在骨骼内部的铁条支撑骨架，由神经孔或长骨的内腔穿过，外部看不见任何金属支架的痕迹。赖德尔还曾用犀牛化石的肋骨制作一台乐器，到处表演，用喜闻乐见的方式引起观众对化石的兴趣。杨钟健与莱德尔相谈甚欢，还在这具远近闻名的骆驼骨架前合影留念。

在伯克利加州大学期间，杨钟健分别受到甘颇、钱耐的热情接待，甘颇还托系里的绘图员为杨钟健绘制卞氏兽化石的图样。在伯克利时，杨钟健通过纽约自然历史博物馆尼科尔斯夫人的妹妹找到一家民宅。布置安顿后，他每天按时到加州大学的实验室工作。

在伯克利期间，杨钟健曾到旧金山、奥克兰、洛杉矶等地游览。初春，杨钟健搭车去斯坦福大学，到地质系见到系主任布莱克韦尔德教授（E. Blackwelder）和已经退休的威利斯教授（B. Willis）。布莱克韦尔德是著名的古脊椎动物学家威利斯顿（S. W. Williston）的学生。年轻时，布莱克韦尔德曾和威利斯一道在中国作地质勘查。

▲ 1945 年 9 月 22 日，杨钟健与尼科尔斯夫妇在纽约州西切斯特郊游时合影留念。

在伯克利住了 3 个多月后，杨钟健于 3 月中坐火车离开伯克利，前往纽约。从伯克利回纽约途中，杨钟健在大峡谷停留，又到新墨西哥州的首府阿尔伯克基市（Albuquerque），参观印第安人的村落。随后，他直往圣路易斯城，参观华盛顿大学地质系，最后返回纽约。回到纽约已是春末夏初。

回纽约后，除了去自然历史博物馆工作外，杨钟健曾去过两次华盛顿。一次是 5 月上旬，住了 6 天，一次为 8 月下旬，只住 1 天即回。吉尔摩见到再次来访的杨钟健，又带他参观了陈列厅，并特意说明近来新增加的标本和陈列方式的改进。吉尔摩还和杨钟健讨论了在中国新近发现的凌原县中生代爬行动物化石的归属。杨钟健还和在华盛顿的中国地质学家一道，参观了华盛顿故居和墓地。

5 月下旬，杨钟健再次到波士顿访问，并曾到罗美尔在波士顿的家中做客。在波士顿，杨钟健还见到语言学家赵元任和地理学家张其昀等中国学者。

1945 年 8 月，博物馆工作上的事，已算完成。杨钟健坐火车到纽约往北 4 小时车程的斯托克布里奇镇（Stockbridge），去老友德特拉（H. de Terra）家做客。杨钟健和德特拉早在慕尼黑大学时就认识，他们曾一起到野外作地质旅行。

回到纽约后，日本于8月14日宣布无条件投降，太平洋战事结束。美国上下一片欢腾，放假2天，以资庆祝。此时，德特拉又来纽约。他和杨钟健坐船3小时，然后坐汽车，到哈德孙河畔的海德公园镇。那里是罗斯福总统的故乡，也是罗斯福最后安息的地方。他们到逝世不久的罗斯福陵墓前拜谒。第二天，杨钟健午间到纽约的中国城，看到同胞们载歌载舞，耍着狮子和龙灯，以庆祝抗战胜利。

旧金山联合国大会的召开、德国投降、日本投降，这些陆续发生的大事，让杨钟健的心情为之一振。此时，他主要的研究论文已经自己打印完成。杨钟健在美国生活、工作共1年多后，准备动身去英国等地考察。

杨钟健订到9月23日开往英国的船票。临行前，他到博物馆和各位好友、同事告别。9月22日，离开纽约的前一天，尼科尔斯夫妇开车带杨钟健到纽约以北的西切斯特白原一带游览。他们还驱车经过文学作品中著名的睡谷，穿过了许多山林，欣赏美国的乡间景色。杨钟健于夜幕后返回寓中。

9月23日，杨钟健登上“伊丽莎白女王号”邮轮赴英国。他的主要目的是研究南非的三列齿兽化石正型标本及英国的中生代哺乳动物化石，此外，他计划到南非研究卡鲁系地层的化石。在英国期间，杨钟健首先会见了研究南非卡鲁系似哺乳爬行动物的沃森教授。沃森是著名的动物学家和古生物学家。他专门在伦敦大学动物系准备了房间，供杨钟健研究使用。

此后数月，杨钟健即以伦敦大学为中心，抽暇到格拉斯哥大学、剑桥大学等地参观地质机关，其中最重要的是在大英自然历史博物馆的参观。在大英自然历史博物馆，杨钟健见到古鱼类学家怀特（E. J. White）、古哺乳动物学家霍普伍德等。杨钟健还在德国古生物学家屈内（G. A. Kuehne）的陪同下去伦敦以北的特灵（Tring），观察战时转移到那里的化石标本。在剑桥大学，杨钟健见到古脊椎动物学家帕林顿，观看他从南非采集的化石材料。

由于战后海运交通困难，杨钟健赴南非的计划无法实现。他便由伦敦飞往巴黎，晤见人类学家步日耶（H. Breuil）和阿郎堡（C. Arambourg）及古脊椎动物学家皮沃托（J. Piveteau）等人。然后，杨钟健由巴黎坐火车到瑞士的巴塞尔，由自然历史博物馆的肖布（S. Schaub）接待参观。肖布专门研究啮齿类，曾对乌普萨拉大学馆藏的中国啮齿类化石重新研究，颇多新论。杨钟健和肖布彼此交流，均感到兴奋与愉快。肖布还告诉杨钟健，说他是战后首先到瑞士参观的唯一外国地质学家。肖布带杨钟健到与德国比邻的地区作地质旅行。德国领土，隔河可见。一次，杨钟健独自到莱茵河畔散步，他思考未来，对于将来回国后如何开展工作，感到一筹莫展，内心烦躁。

不久后，杨钟健由苏黎世返回伦敦。

1945 年的圣诞节，杨钟健和同在伦敦的中国地质学家李庆远、喻德渊、张文佑等人一起，应沃森夫妇的邀请参加了聚会。新年那天，又逢父亲的忌日，杨钟健在旅馆的寂寞中迎来了 1946 年。

1946 年 2 月，杨钟健和德国古生物学家屈内专程去伦敦东南部 30 千米处的达尔文故居参观。杨钟健回忆："达尔文住所在市区附近不远，绿草一片，疏林一丛之旁，有旧式洋楼一座。凡达氏生前各重要照片，所遗手稿，所用器作，及所得之奖状奖章纪念等，均陈列于此室。……达氏生平工作之书室。桌上陈设，书架之书，所坐之椅，乃至达氏当年所用之煤油灯，均一仍其旧，实更足令人敬慕，当年在此沉思，完成一代大著《物种起源》。一代学人，遗物宛然，感思甚深。"

离开达尔文故居后，杨钟健又和屈内拜访了在附近隐居的著名人类学家基斯爵士（Sir Arthur Keith）。基斯当时已年逾 80 岁，为人类学界泰斗，曾亲自和步达生、魏敦瑞、德日进、裴文中等人讨论过许多古人类学的问题。拜别基斯，回到伦敦，已是万家灯火。

▲ 杨钟健保存的达尔文工作室照片。背面为杨钟健亲笔说明。

2月20日，杨钟健乘“伊丽莎白女王号”邮轮回到纽约，时值大雪。随后他会见魏敦瑞夫妇及协和医院负责人胡恒德（H. S. Houghton），谈及新生代研究室的复兴之事。21日上午，杨钟健又到自然历史博物馆和同事、好友，特别是尼科尔斯夫人，一一道别。

杨钟健在纽约购得两三天内的回国船票，当时正值星期天，且为华盛顿生日。临行前一天，杨钟健再次和尼科尔斯夫人告别。2月23日，杨钟健登上“海猫号”小货轮的甲板。船由纽约港口慢慢地开出，自由女神像逐渐消失在身后。小货轮由纽约南下，绕道巴拿马运河，经太平洋启程返国。

看着眼前一望无际的海水，杨钟健写下《归程杂诗》一首：

孤航一叶直指西，水国不尽连天低。
偶闻舟子谈鲸过，时依船头看鱼飞。
洋餐两周少改味，番女一日三更衣。
看书百万年前祖，消闲凑合布累机。
（杨钟健注：布累机，为桥牌也。）

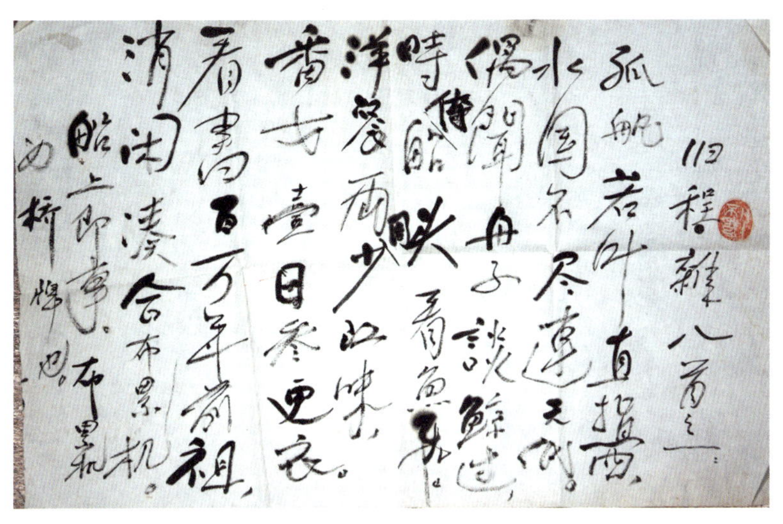

▲ 杨钟健晚年抄录的《归程杂诗》之一。

杨钟健如今已在归途，思绪万千。他对回国后研究工作的未来感到不安。他回忆说："（在船上）想写些东西，也写不下去，不知为什么，心境总不能舒畅。回想两年来，到处游历之生活，自然不无所得，然我个人在科学上的工作，事实上自 1940 年离开昆明以后，即陷于停顿状态。"

3 月 26 日，"海猫号"小货轮载着船上的 200 多人抵达吴淞口，停了数日，才入黄浦江到上海。4 月 4 日，杨钟健从上海坐火车到南京，回到一别 10 年的中央地质调查所总所。在战后复原的纷乱之中，地质调查所总所已经物是人非。

1947 年 10 月，杨钟健把自己欧美考察的经历与见闻汇集成册，出版《新眼界》一书。中国现代地质学先驱章鸿钊先生为《新眼界》题写书名。杨钟健用《由北碚临行书》一诗为《新眼界》代序。在诗的后半部，他写道："敢将学术贡社会，欲为中兴作喽啰。临岐回首秦关远，未忘手中线一歌。"

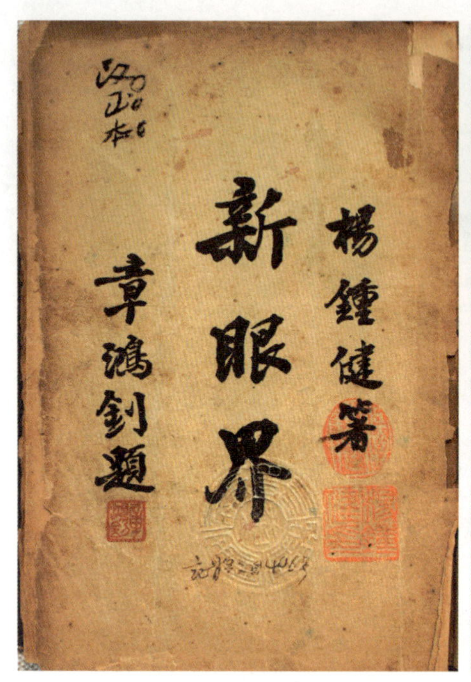

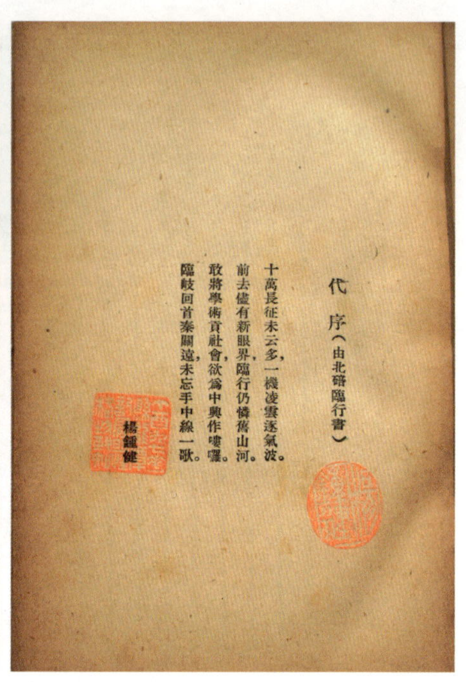

代序（由北碚臨行書）

十萬長征未云多，一機凌霄逐氣波。
前去儘有新眼界，臨行仍憐舊山河。
敢將學術貢社會，欲爲中興作嘍囉。
臨岐回首秦關遠，未忘手中線一歌。

楊鍾健

▲ 1947 年 10 月，杨钟健把自己欧美考察的见闻汇集成册，出版《新眼界》一书。书中用《由北碚临行书》一诗代序。章鸿钊先生为《新眼界》题写书名。

杨钟健在书中写道：“……人生需要新的生命，源泉，新的刺激，人人如此，不过在学自然科学的人，尤为迫切。能时时有新的材料发现，可以使他的内心常保青新，足以鼓励追求前进的勇气。就是说一个学自然科学的人，需要时有新的眼界。……人生最有意义的工作……就是以整个人类为单位，要扩充整个人类的新眼界。世上的工作，还有比这个更纯洁，更伟大的吗？”

带着欧美考察获得的新眼界，带着以学术贡献社会、为国家兴盛尽力的愿望，杨钟健回到离别两年的祖国，准备开始下一阶段的事业生涯。

第六章　困境与转机

（1947—1957 年）

在50岁到60岁的10年间，杨钟健经历了中国社会的巨大变革，是他生涯中充满挑战和机遇的时期。1946年4月，杨钟健回到抗战胜利后的祖国，但他在开展实质研究工作方面却遇到重重困难。杨钟健刚到南京的地质调查所总所时，因为总所从重庆返迁后一切尚未就绪，不能开展工作。他请假回陕西家乡一视，看到母亲的健康已经恢复，长子感孝复旦毕业后回陕，次子新孝和三子慈孝在华县读中学。杨钟健在家住了3个月，当时正是收麦摘杏的季节。8月，杨钟健只身返回南京，夫人王国桢仍留在咸林中学教书。

▲ 1946年5月中旬，杨钟健（后排右三）自欧美考察回国后，在陕西家乡和家人合影。母亲（前排右三）、夫人（后排右一）、长子感孝、次子新孝、三子慈孝（后排右四、右五、右六）。

1. 身处困境志不渝

1946年，地质调查所的所长仍然是李春昱，杨钟健是古生物室的脊椎古生物主任。但是，杨钟健实际上只有刘东生一个助手，只能和技工胡承志、王存义等人一起整理标本。杨钟健曾赋诗吐露心中的惆怅。他写道："……少华辞亲多悲意，西安别妻茹辛酸。条条路险比蜀道，件件事难如登天。最是到京看所务，七乱八糟景依然。"

抗战胜利后，新生代研究室名义上在南京，但事实上人与材料却在北平，由复原后的北平分所管辖。那时，新生代研究室只有裴文中、贾兰坡等人，人员过少，不易推动工作。北京大学校长胡适曾请杨钟健到北大教书，并允诺可以帮助发展新生代研究。1947年3月，杨钟健受北大代理校长傅斯年之邀到北平，一方面作为名誉教授上课，讲授脊椎动物化石和大陆地质等课程，另一方面试图恢复新生代研究室的工作。杨钟健在回忆时说："我最关心的还是我未来的工作。抗战前离开的新生代研究室，一直使我牵肠挂肚。"

后来，由于地质调查所总所不准将北平分所的化石移出，杨钟健与北大合作的计划落空。1947年6月1日，杨钟健在北平度过他50岁生日。为纪念50岁生辰，他将1937年以来新发表的文字共117则编入《记骨室文目续编》。除序言外，杨钟健还作了《附五十书往百句》。他写道："记骨志不渝，人事多苦煎。重建新生代，再来执教鞭。谁不感苦闷，和平付空谈……报国尚许久，工作宜更添。生欲无所愧，勉强渡难关。诗成付一叹，杯酒慰凄然。"

1947年暑假，杨钟健离开北平去西安家中小住。8月，杨钟健偕夫人和三子慈孝回到南京，住在地质调查所的眷属宿舍。对于以后的研究如何进展，杨钟健心中充满无奈。

在南京期间，杨钟健仍然和中国地质学界的前辈和同仁们保持着联系。由于地质系前辈章鸿钊先生当时在国立编译局任职，杨钟健偶尔去章鸿钊住所晤谈。1947年2月，《地质论评》出版章鸿钊先生70寿辰纪念专号，杨钟健撰写《中国地质事业之萌芽》一文。章鸿钊在阅读文稿后，写信感谢杨钟健，并说中国地质事业“任重道远，深望有宏毅正直如先生者……守定科学本位、群策群力以赴之”。

地質論評

第十二卷　雙月刊　第一二合期

中華民國三十六年二月出版

章鴻釗先生七十壽辰紀念專號

要目

中國地質學會編輯

臨時通訊處：南京高樓門

▲ 1947年2月，杨钟健为《地质论评》撰写《中国地质事业之萌芽》一文，庆贺章鸿钊先生70寿辰。

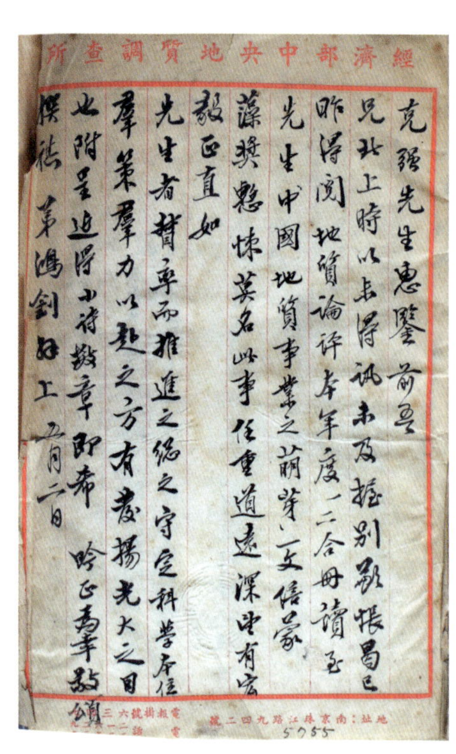

經濟部中央地質調查所

克強先生惠鑒：前奉
兄北上時以未得訊未及握別殊悵悵
昨得閱地質論評本年度一二合冊讀至
先生中國地質事業之萌芽一文備蒙
藻獎愧悚莫名此事任重道遠深望有宏
毅正直如
先生者贊導而推進之總之守定科學本位
群策群力以赴之方有發揚光大之日
也附呈近得小詩數章即希吟正為幸敬頌
撰祺　弟鴻釗頓首　五月二日

地址：南京珠江路九四二號

▲ 章鸿钊在阅读杨钟健的文章后，写信表示感谢，并鼓励杨钟健为发扬光大地质事业而努力。

1947年，杨钟健还在英国《伦敦动物学会会志》发表《云南禄丰似哺乳爬行动物》一文，进一步描述和讨论卞氏兽和昆明兽各种属。他的专著《巨型禄丰龙（新种）及许氏禄丰龙之新加材料》在《中国古生物志》发表。

1947年10月，在杨钟健的倡议下，在南京的古生物学界同仁召开座谈会，商议恢复中国古生物学会活动的事宜。12月初，杨钟健被公推为中国古生物学会理事长，并定于12月25日召开“中国古生物学会复活

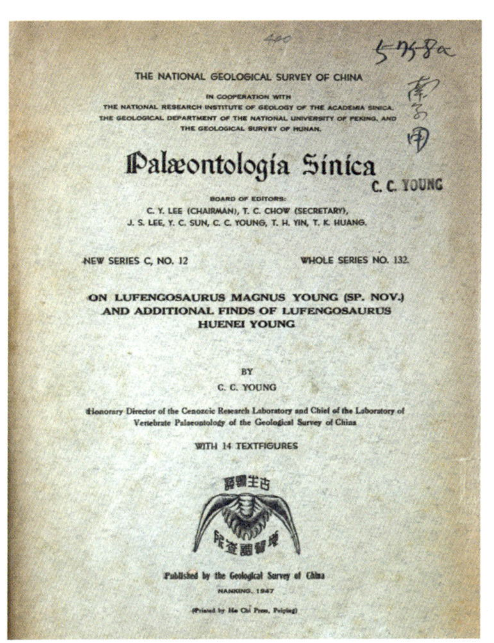

THE NATIONAL GEOLOGICAL SURVEY OF CHINA

IN COOPERATION WITH
THE NATIONAL RESEARCH INSTITUTE OF GEOLOGY OF THE ACADEMIA SINICA,
THE GEOLOGICAL DEPARTMENT OF THE NATIONAL UNIVERSITY OF PEKING, AND
THE GEOLOGICAL SURVEY OF HUNAN.

Palæontologia Sinica

BOARD OF EDITORS:
C. Y. LEE (CHAIRMAN), T. C. CHOW (SECRETARY),
J. S. LEE, Y. C. SUN, C. C. YOUNG, T. H. YIN, T. K. HUANG.

NEW SERIES C, NO. 12 WHOLE SERIES NO. 132.

ON LUFENGOSAURUS MAGNUS YOUNG (SP. NOV.) AND ADDITIONAL FINDS OF LUFENGOSAURUS HUENEI YOUNG

BY
C. C. YOUNG

Honorary Director of the Cenozoic Research Laboratory and Chief of the Laboratory of Vertebrate Palaeontology of the Geological Survey of China

WITH 14 TEXTFIGURES

Published by the Geological Survey of China
NANKING, 1947

(Printed by Ha Chi Press, Peiping)

▲ 1947年5月，杨钟健的专著《巨型禄丰龙（新种）及许氏禄丰龙之新加材料》在《中国古生物志》发表。

[*Reprinted from* PROC. ZOOL. SOC., Vol. 117, Parts II. & III., pp. 537-597, 1947.]

Mammal-like Reptiles from Lufeng, Yunnan, China *. By CHUNG-CHIEN YOUNG, Ph.D. (Chief of the Laboratory of Vertebrate Palaeontology, National Geological Survey of China).

[Communicated by Prof. D. M. S. WATSON, F.R.S.—Received January 17, 1947.]

(With Plates I-IV, and 23 figures in the text.)

CONTENTS.

I. INTRODUCTION.

In the Lufeng Saurischian fauna some interesting fossils other than Saurischians have been found. These pertain mainly to the Tritylodontoidea remains which were first discovered in 1938 (Cenozoic Research Laboratory of the Geological Survey of China, Cat. no. V 1–V 14), and were announced in a preliminary paper by the present author (Young, 1940). During the next year, when Mr. M. N. Bien and I went to Lufeng for additional material, we collected a number of upper and lower jaws and limb-bones, from both the sites Tachun and Shawan belonging to the same stratigraphical level and the same zoological group, in addition to vast quantities of Saurischian remains. Furthermore, a tiny skull with lower jaws, as well as two limb-bones referable to *Bienotherium*, has been unearthed from the Dark Red Beds near Huangchiatien, about three hundred metres above the *Bienotherium* level. The former has been made the type of *Kunminia minima*.

When the specimens were brought home they were prepared in the Kunming Office of the Geological Survey of China. Owing to the war-time situation the work has been done without an experienced preparator and necessary equipment in the laboratory. On account, however, of the unusual importance of the discovery I endeavoured to make a preliminary report, including the

* Published by the Permission of Dr. C. Y. Lee, Director of the National Geological Survey of China.

▲ 1947年10月，杨钟健在英国《伦敦动物学会会志》发表《云南禄丰似哺乳爬行动物》一文，进一步描述和讨论卞氏兽和昆明兽各种属。

大会”。12月25日，杨钟健在于南京鸡鸣寺中研院地质研究所举行的中国古生物学会复活大会上致辞《科学研究与科学学会之演化》，当天，到会者有23人，来宾6人。

1948年3月2日是葛利普先生逝世2周年的纪念日。杨钟健在“中国科学社”出版的《科学》月刊发表《科学家是怎样长成的？——纪念葛利普先生逝世2周年纪念作》一文。“中国科

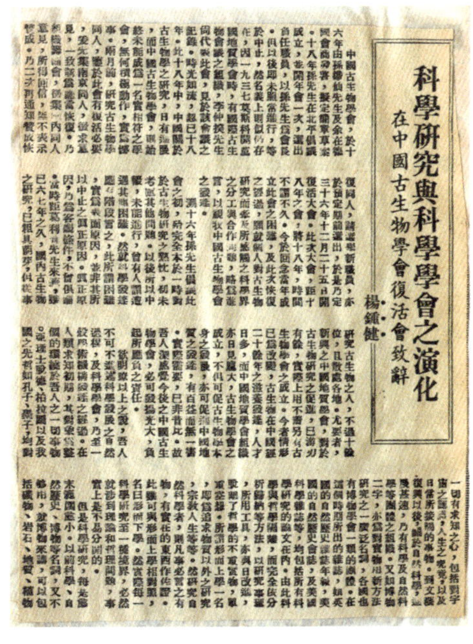

科學研究與科學學會之演化
在中國古生物學會復活會致辭
楊鍾健

▲ 1947年12月25日，杨钟健在中国古生物学会复活大会上致辞。

▲ 1947年12月25日，杨钟健（前排右三）和参加中国古生物学会复活大会的同仁合影。前排从左至右为王鸿祯、谢家荣、俞建章、李春昱、陈旭、杨钟健、崔克信、尹赞勋。中排从左至右为王钰、宋叔和、卢衍豪、侯德封、许杰、赵金科、黄汲清、李星学。后排从左至右为李铭德、郭文魁、刘东生、曾鼎乾、李广源、马溶之、盛金章、黄懿、谌义虞、吴磊伯、南延宗、穆恩之、顾知微。

学社”是中国很早的科学团体。杨钟健自德国回国后不久，由翁文灏介绍加入。杨钟健曾是《科学》月刊的编辑及特约编辑。

杨钟健以葛利普为例，简述了科学大师应该展现的执着精神和学术风范。杨钟健写道：

> 没有一个大师，不在科学工作优良条件滋养而成；也没有一个大师，没有他新奇的更伟大的梦境；也没有一个大师，不是皓首穷经，有假我数年，可以学易的精神……一门科学的大师，则具有继往开来的作用。他可以对所习的科学，有结束以前人工作的能力；对未来青年，有循循善诱的雅量；对一门科学有只手推动的功能。……谈到科学大师的养成，要靠高尚的素养、靠从事科学工作的客观方便条件、靠科学大师的世界性。……纵观一部科学发达史，

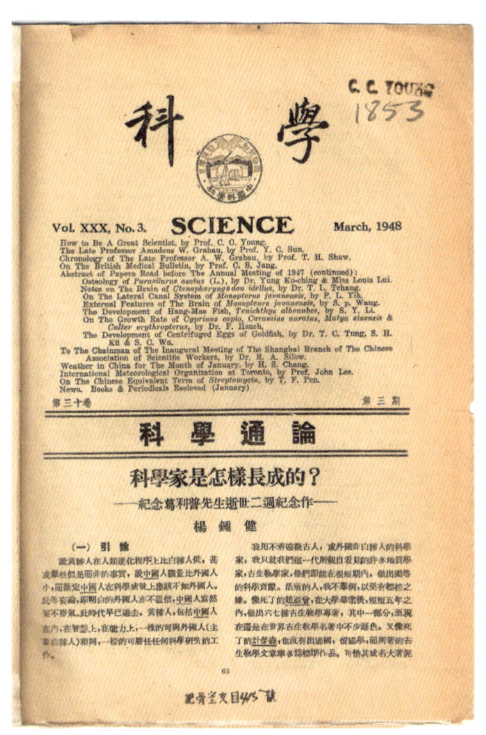

科學

Vol. XXX, No. 3. SCIENCE March, 1948

How to Be A Great Scientist, by Prof. C. C. Young.
The Late Professor Amadeus W. Grabau, by Prof. Y. C. Sun.
Chronology of The Late Professor A. W. Grabau, by Prof. T. H. Shaw.
On The British Medical Bulletin, by Prof. C. S. Jang.
Abstract of Papers Read before The Annual Meeting of 1947 (continued):
Osteology of *Parasilurus asotus* (L.), by Dr. Yung Ko-ching & Miss Louis Lui.
Notes on The Brain of *Ctenopharyngodon idellus*, by Dr. T. L. Tchang.
On The Lateral Canal System of *Monopterus javanensis*, by P. L. Yih.
External Features of The Brain of *Monopteurs javanensis*, by S. p. Wang.
The Development of Hang-Mae Fish, *Tenichthys albonubes*, by S. Y. Li.
On The Growth Rate of *Cyprinus capio*, *Carassius auratus*, *Matya sinensis* & *Culter erythropterus*, by Dr. F. Hsueh.
The Development of Centrifuged Eggs of Goldfish, by Dr. T. C. Tung, S. H. Kü & S. C. Wu.
To The Chainman of The Inaugural Meeting of The Shanghai Branch of The Chinese Association of Scientific Workers, by Dr. R. A. Silow.
Weather in China for The Month of January, by H. S. Chang.
International Meteorological Organization at Toronto, by Prof. John Lee.
On The Chinese Equivalent Term of *Streptomycin*, by T. F. Pen.
News, Books & Periodicals Recieved (January)

第三十卷 第三期

科學通論

科學家是怎樣長成的？

——紀念葛利普先生逝世二週紀念作——

楊鍾健

(一) 引論

第三期 科學家是怎樣長成的 69

(四) 結論

▲ 1948 年，杨钟健《科学家是怎样长成的？——纪念葛利普先生逝世 2 周年纪念作》一文的首页和末页。

实可以说全在逆境中图生存，图发展……养成科学大师的条件，一方面固要靠环境方面之改良，另一方面尤靠本身之努力。

回顾杨钟健为中国科学事业毕生奋斗的经历，这篇文章几乎可以看成是杨钟健自己成长道路

► 杨钟健珍藏的葛利普教授照片。葛利普是著名的德裔美国古生物学家，1920 年应聘到北京大学研究、讲学。1946 年病逝于北平。

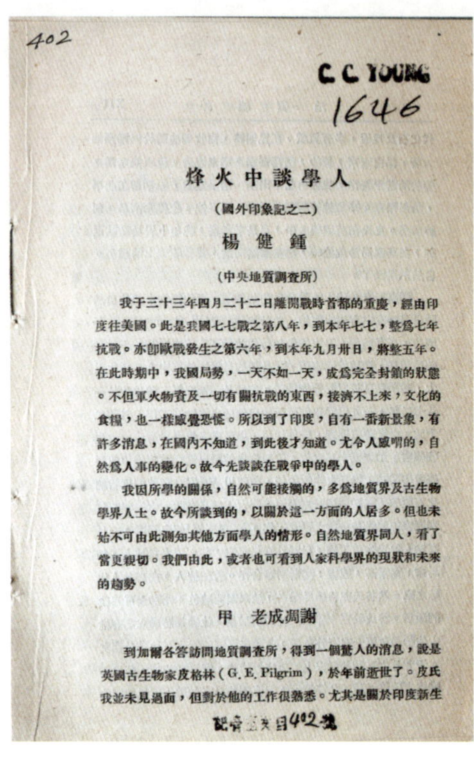

烽火中談學人

（國外印象記之二）

楊健鍾

（中央地質調查所）

我于三十三年四月二十二日離開戰時首都的重慶，經由印度往美國。此是我國七七戰之第八年，到本年七七，整爲七年抗戰。亦卽歐戰發生之第六年，到本年九月卅日，將整五年。在此時期中，我國局勢，一天不如一天，成爲完全封鎖的狀態。不但軍火物資及一切有關抗戰的東西，接濟不上來，文化的食糧，也一樣感覺恐慌。所以到了印度，自有一番新景象，有許多消息，在國內不知道，到此後才知道。尤令人感喟的，自然爲人事的變化。故今先談談在戰爭中的學人。

我因所學的關係，自然可能接觸的，多爲地質界及古生物學界人士。故今所談到的，以關於這一方面的人居多。但也未始不可由此測知其他方面學人的情形。自然地質界同人，看了當更親切。我們由此，或者也可看到人家科學界的現狀和未來的趨勢。

甲　老成凋謝

到加爾各答訪問地質調查所，得到一個驚人的消息，說是英國古生物家皮格林（G. E. Pilgrim），於年前逝世了。皮氏我並未見過面，但對於他的工作很熟悉。尤其是關於印度新生

▲ 杨钟健发表的《烽火中谈学人》一文。

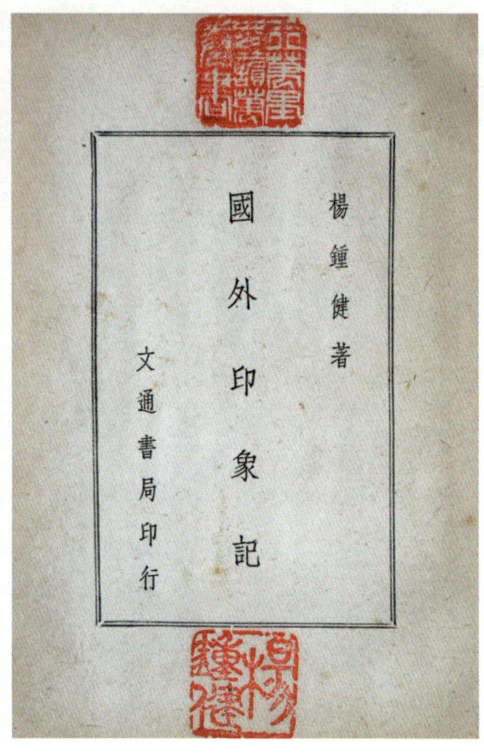

國外印象記

楊鍾健著

文通書局印行

▲ 杨钟健《国外印象记》封面。杨钟健加盖的两枚印章之一为“行万里路，读万卷书”。

的真实写照。

1948 年，杨钟健把 1944 年至 1946 年这两年间在国外的观感、沿途各地观察所得，以及一些学术方面的综合讨论、感触等，集中成册，出版了《国外印象记》。他还发表《美国地质机关谈》《记纽约自然历史博物馆》《烽火中谈学人》等文章，介绍国外地质古生物学界的机构功能和老、中、青学者的专长与近况。

1948 年 4 月，杨钟健经过中央研究院第二届评议会进行的投票选举，当选为首批中央研究院院士。在 150 名院士候选人中，当选的院士共有 81 人，囊括了当时全国最优秀的学术人才。其中数理组院士 28 人，生物组院士 25 人，人文组院士 28 人。在数理组中，地质学方面的院士候选人有 12 名，其中有 6 人当选，即朱家骅、翁文灏、李四光、谢家荣、黄

汲清和杨钟健。

杨钟健在古生物学领域取得的成就和荣誉，并没有为他在南京地质调查所总所带来满意的工作环境。他在南京的工作难以推进，心中充满无奈之感。此外，不断恶化的通货膨胀，也使生活一天比一天困难。一次，他因为三子慈孝的医疗费报销问题，和地质调查所负责人发生了正面冲突。杨钟健在之后事业发展的方向上，陷入了两难的困境。他回忆说：“抗战胜利后的最初几年，为我的生活最感烦闷的时期。”

1948 年 9 月，时任教育部长的朱家骅征询杨钟健有无出任西北大学校长之意。之后，朱家骅与杨钟健约谈。杨钟健又与翁文灏、傅斯年、裴文中及华县亲属等通信征询意见。最后，杨钟健同意在不放弃地质调

▲ 1948 年 9 月 23 日，在南京参加“国立中央研究院成立第二十周年纪念暨第一次院士会议”部分院士合影。其中地学方面的院士有 6 名，即朱家骅、翁文灏、李四光、杨钟健（第二排左三）、谢家荣和黄汲清。照片中的其他院士包括茅以升、竺可桢、胡适、李书华、冯友兰、陶孟和、梁思成、秉志、严济慈、叶企荪、伍献文、胡先骕、李济、苏步青、傅斯年、陈省身、贝时璋、吴定良等。

查所工作的前提下赴西北大学任职。10月，杨钟健只身赴西安到西北大学任职。1948年底，国民党政权濒于垮台，教育部勒令西北大学迁往成都。校内出现“迁校”与“反迁校”斗争，杨钟健随即以向教育部要欠薪和迁校费为由，离开西安到南京。此时，杨钟健内心已萌发辞职之心。

1948年，杨钟健出版了少年读物《古代的生物》。1949年2月，杨钟健在书的扉页中写道：“此书原文是在1947年冬写的，以两袋面之时值卖给文通书局。”可见杨钟健和其他读书人当时生活的窘困。

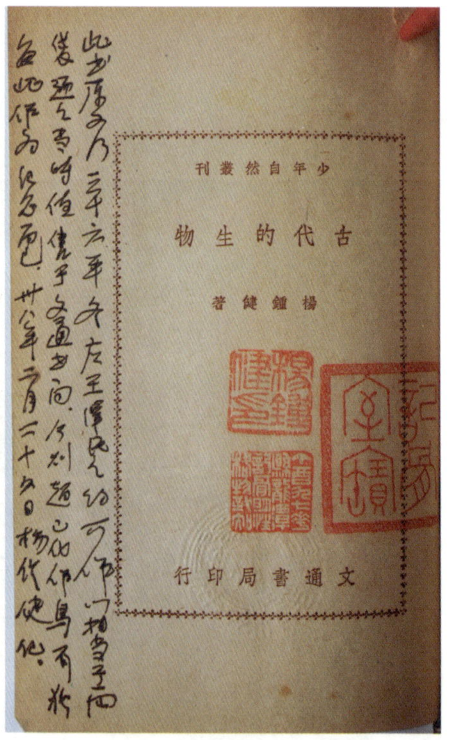

▲ 杨钟健所著《古代的生物》封面及扉页。

1949年4月23日，中国人民解放军解放南京时，杨钟健仍在南京。不久，杨钟健被任命为西北大学代理校长。1957年，在回忆这段经历时，杨钟健在《六十述往百句》中写道：“希望知何托，人事狭路逢。可怜廿载事，舍之心内疼。不舍又何法，豆萁难相容。因之去西大，比若跳火坑。”杨钟健在回忆录中，把西北大学的经历说成是一段插曲，“谈不上成功或失败，只是插曲而已”。

▲ 杨钟健保存的西北大学校徽。

在杨钟健保存的材料中，还有一张他在南京参加少年中国学会会员聚会的照片。1948年的这次社交性的聚会，由时任南京市市长的少中学会会员、水利专家沈怡召集。当时少中学会早已分化瓦解多年，但很多少中学会会员已经成为各界精英。尽管各自的道路不同，很多人仍然珍惜着当年少中学会成员之间的情谊。参加聚会的包括数学家魏时珍、哲学家宗白华、文学家黄仲苏、哲学家方东美及教育家余家菊等人。无论所处环境如何，

▲ 1948年，杨钟健参加在南京的少年中国学会会员聚会时的合影。前排从左到右：魏时珍、宗白华、曾慕韩、王崇植、沈太太、沈怡、余家菊、何鲁之、左舜生。后排从左到右：恽阴棠、李幼椿、黄仲苏、梁绍文、曾守一、刘泗英、常道直、陈启天、吴俊升、杨钟健、方东美。

杨钟健在人生的道路上，始终以行动践行着自己的终身志向。

2. 河山换颜迎新机

1949 年 4 月 23 日，中国人民解放军解放南京。1949 年 5 月中，南京市军事管制委员会文教委员会邀请南京科技界一些知名人士召开座谈会，使他们感受到新政府对知识的重视，增加他们对前途的信心。尹赞勋、杨钟健等人参加了座谈会，并陪同南京市军事管制委员会副主任宋任穷等到地质调查所参观陈列室。随后，杨钟健和尹赞勋、周立三、涂长望等人被推举为中华全国科学会议筹备委员会成员，到北京参加筹备委员会会议（后来成为科联）。7 月 1 日，杨钟健在北京见到了毛泽东，聆听了“论人民民主专政”的讲话。9 月，杨钟健被南京市军管会和南京市人民政府聘为南京市第一届各界代表会议代表。同月，北京市政府决定恢复中断 12 年之久的周口店发掘工作。11 月，杨钟健受聘成为南京市第二届各界代表会议代表。这些不仅让杨钟健感到光荣，也让他感到新政府致力发展科学事业的决心。

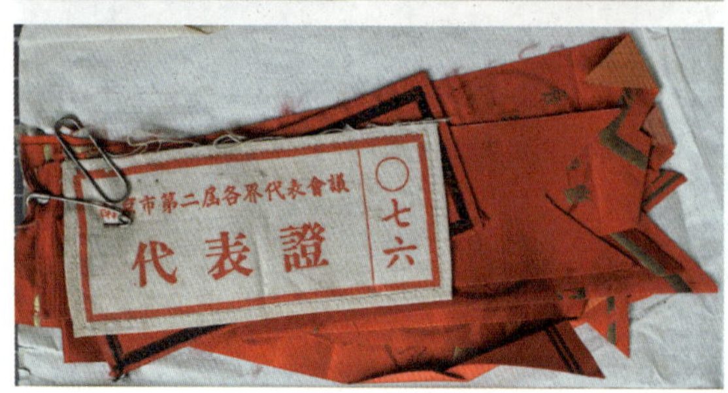

▲ 杨钟健珍藏的南京市人民政府第一届和第二届各界代表会议的胸标条（1949 年 9 月和 11 月）。

1949 年 10 月，杨钟健在 1937 年战乱中丢失的《剖面的剖面》手稿，由商务印书馆寄回。手稿的失而复得，让杨钟

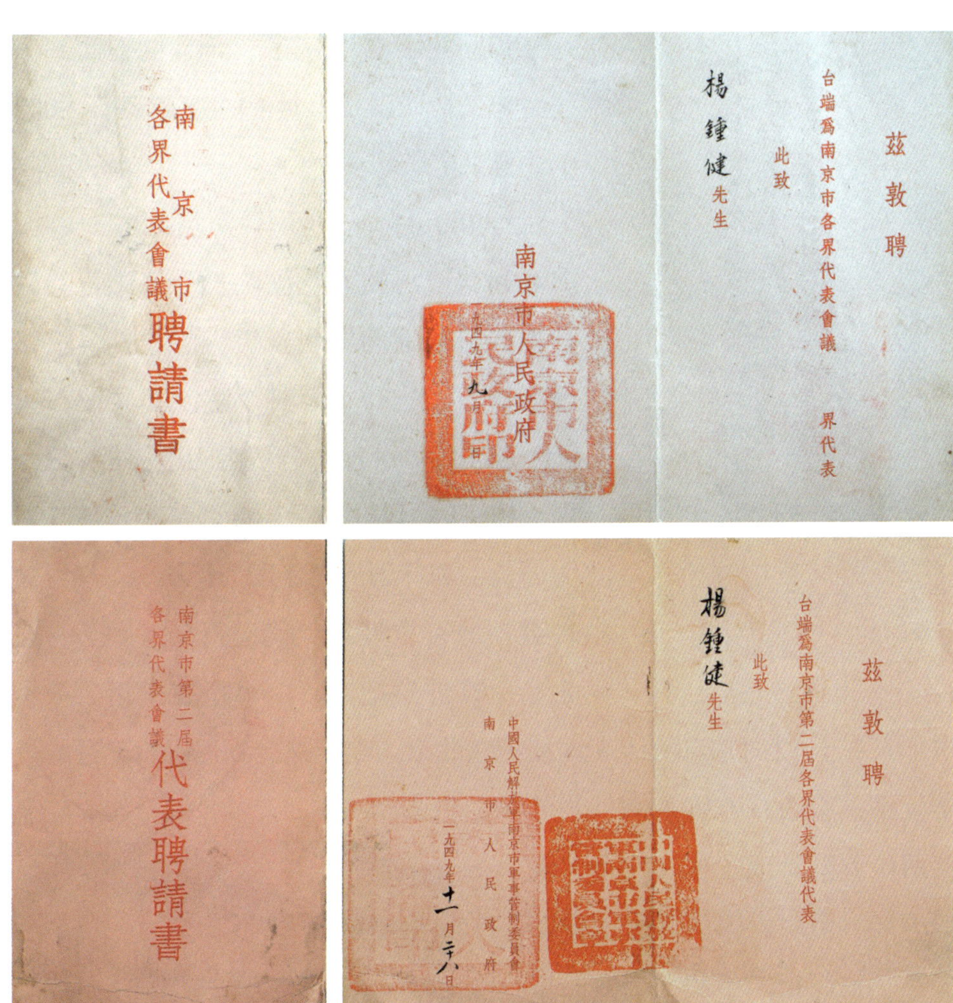
南京市各界代表會議聘請書

茲敦聘
台端為南京市各界代表會議　界代表
此致
楊鍾健先生
南京市人民政府
一九四九年九月　日

南京市第二屆各界代表會議代表聘請書

茲敦聘
台端為南京市第二屆各界代表會議代表
此致
楊鍾健先生
中國人民解放軍南京市軍事管制委員會
南京市人民政府
一九四九年十一月二十八日

▲ 杨钟健珍藏的南京市人民政府第一届和第二届各界代表会议聘请书（1949年9月和11月）。

健喜出望外。他赋诗一首：

> 十三年尽经沧桑，当日旅踪将半忘。
> 未随劫兵沦战火，还回故稿显灰黄。
> 山河豪兴事犹在，手稿点收鬓已霜。
> 愿再能游十万里，寻踪自然到穷荒。

在这首诗中，杨钟健表达了自己在新时代继续野外工作，“寻踪自然

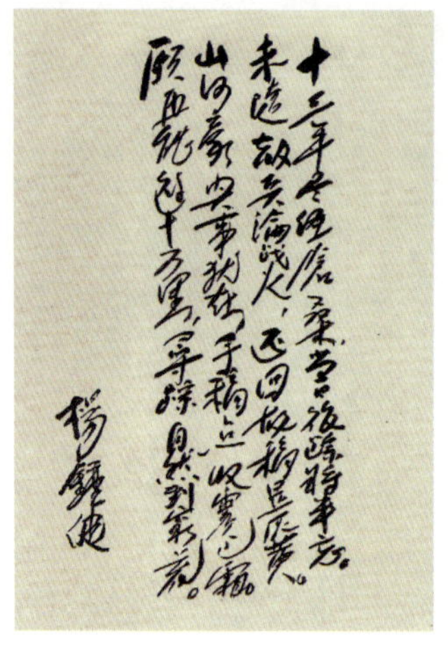

▲ 杨钟健收到失而复得的《剖面的剖面》的手稿，不胜感喟，赋诗《题剖面的剖面旧稿》。

到穷荒”的心愿。但是，《剖面的剖面》手稿后来又被耽误了整整59年，最终于2008年才得以出版。

1949年11月，中国科学院在北京成立，陶孟和与竺可桢两位副院长受郭沫若院长委托，请杨钟健到北京担任中国科学院编译局局长。当时中国科学院院部共设有一厅三局，即办公厅（严济慈为主任）、编译局（杨钟健为局长）、国际联络局（钱三强为局长）和计划局（丁瓒为局长）。这为杨钟健在北京重理新生代研究室提供了一线机会。杨钟健把南京的书籍装了箱，家具送了人，于12月底和夫人王国桢抵达北京。他们被接到地安门附近的科学院第一宿舍，与陶孟和、竺可桢两位副院长成了住在一个大院的邻居。当时，因为孩子上学的关系，他们把二子和三子暂时留在南京。

▲ 50年代，杨钟健在中国科学院第一宿舍的房前。

中国科学院第一宿舍（现为地安门东大街84号）原是北平研究院院长、中法大学校长李石曾（原名李煜瀛）的房产。当时，偌大的宅子中住进七八户人家，住房还是相当宽裕的。院内原有花坛、草地和鸡舍狗厩，曾被附近居民称为“月季大院”。

杨钟健主管的编译局和国际

联络局一起，在东厂胡同二号办公。编译局的首要工作，包括创办《中国科学》和《科学通报》两本杂志，组织科学名词审定工作，以及整顿、合并原中央研究院和北平研究院下属各所的各种学科期刊。编译局后来搬到中国科学院在文津街的地址。最后，编译局改为编译出版委员会，迁到朝内大街“孚王府”（俗称“九爷府”）内，并成立科学出版社作为下属单位。编译出版委员会由副院长陶孟和任主任，杨钟健任副主任。在主管编译工作时期，杨钟健和原新生代研究室的一些人经常见面，坚持每星期到研究室来两天。他的办公室也和其他局长的办公室不同，除了公文和书籍以外，还放有他正在研究的化石标本。尽管原新生代研究室的名称和隶属关系几经变换，杨钟健始终没有忘记重建新生代研究室的设想。

在杨钟健保存的各种材料中，有 1952 年 3 月的工资计算表、房租收据和购煤款借条等，从中可以看到 50 年代初期中国科学院工作人员的工资、房租等状况。杨钟健在 1952 年 3 月领取的工资为 1 554 581 元（以 2 月的工资分值 659 分计算，每个工分值折合成人民币 2 359 元）。杨钟

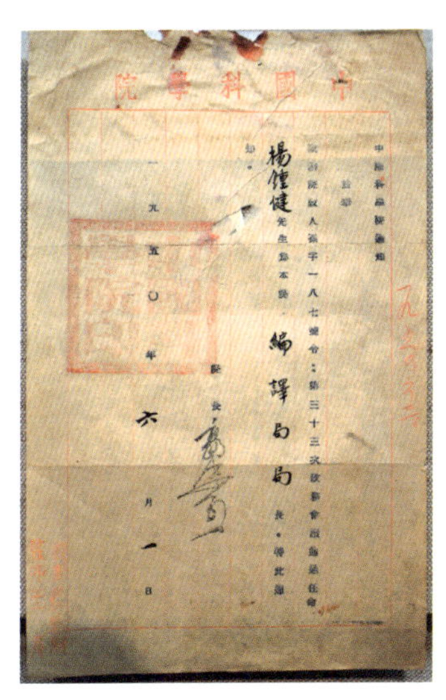
中國科學院

楊鍾健 先生 ... 編譯局局長 ...

一九五〇年六月一日

▲ 中国科学院 1950 年 6 月 1 日的任命通知。

中央人民政府
政務院 任命通知書 政字第 0428 號

茲經政務院第三十三次政務會議通過任命
楊鍾健為中國科學院編譯局局長
特此通知

總理 周恩来

一九五〇年五月十九日

中央人民政府政務院印

▲ 1950 年 5 月 19 日，中央人民政府政务院总理周恩来签署任命通知书，任命杨钟健为中国科学院编译局局长。

科字081號
姓名 楊鍾健
部別 編譯局
職別 局長
年齡 53
性別 男
籍貫 陝西華縣
住址
中國科學院辦公廳人事處發
195 年 月 日

注意事項
1. 出入本院必須携帶此證
2. 此證不得轉借他人。
3. 遺失此證須於三天內登報聲明作廢並報人事處方能補領。
4. 此證只限院本部人員配帶。

▲ 杨钟健使用过的中国科学院机关工作证。

健所住的8间房的房租，共计253 200元（按小米计算为240斤，每斤折合1 055元人民币）。可见，杨钟健当时每月房租占他月工资的大约六分之一。当时杨钟健的购煤费用是293 000元。扣除房租和购煤等款项后，杨钟健3月份实际领取的工资为1 018 925元。当时，人民币的面额很大。到了1955年，国家发行第二套人民币，原来的一万元兑换成新人民币只有一元，面值大大缩减。

在经过一段迂回曲折的机构重组过程后，杨钟健通过各种努力，逐步实现了重建原新生代研究室架构的梦想。

1950年8月，中央人民政府决定成立中国地质工作计划指导委员会（简称“地指会”），统一领导新中国的地质工作。当时，李四光任“地指会”的主任委员，尹赞勋、谢家荣任副主任委员，杨钟健及其他很多知名学者任委员。随后，全国地质机构开始实行大调整，原地质调查所和

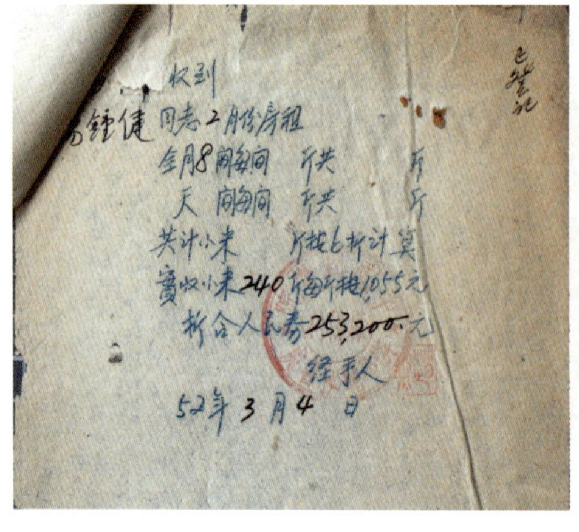
收到
杨鍾健同志2月份房租
共计小米 斤
实收小米240斤每斤按1055元
折合人民币253,200.元
经手人
52年3月4日

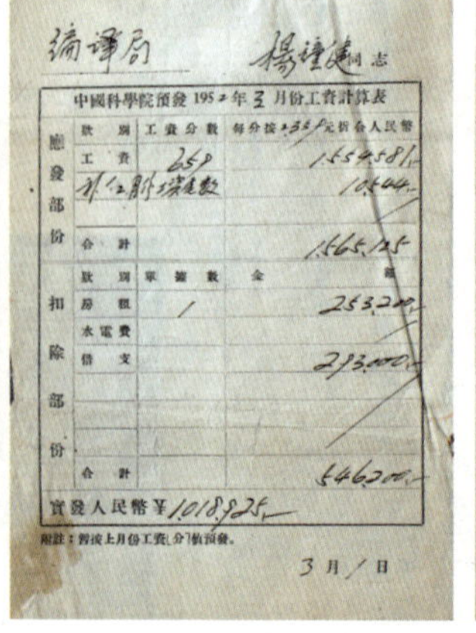
編譯局 楊鍾健同志
中國科學院預發195２年３月份工資計算表

	款別	工資分數	金額
應發部份	工資	650	1,554,581
			10,544
	合計		1,565,125
扣除部份	房租	1	253,200
	水電費		
	借支		293,000
	合計		546,200

實發人民幣¥1,018,925

3月1日

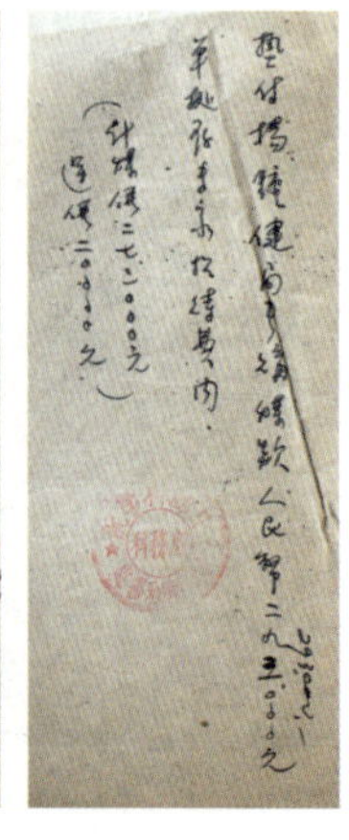

▲ 杨钟健1952年3月的工资计算表、房租收据和购煤款借条。

原中央研究院地质研究所等机构的名称被宣告撤销，人员随后陆续分流到中国科学院新成立的地质研究所、古生物研究所及以生产建设为主的矿产勘探局。这些机构，以及原来隶属地质调查所北平分所的新生代研究室，均归“地指会”领导，形成一会（中国地质工作计划指导委员会）统管两所（中国科学院地质研究所和古生物研究所）、一局（矿产勘探局）的局面。

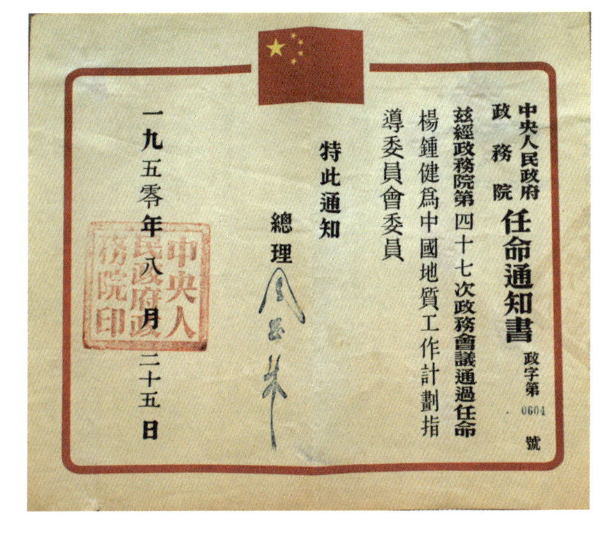

中央人民政府
政務院 任命通知書 政字第 0604 號

茲經政務院第四十七次政務會議通過任命
楊鍾健爲中國地質工作計劃指
導委員會委員

特此通知

總理 周恩来

一九五零年八月二十五日

中央人民政府政務院印

▲ 1950 年 8 月 25 日，周恩来总理任命杨钟健为中国地质工作计划指导委员会委员。

当时的中国科学院古生物研究所，是在原中央研究院地质研究所古生物组、原中央地质调查所古生物室、原中央地质调查所北平分所古脊椎动物室的基础上组建的。所长为李四光，代理所长为斯行健，副所长为赵金科和卢衍豪。古生物研究所下设位于南京的古无脊椎动物组和古植物组，以及位于北京的新生代及古脊椎动物组（杨钟健任组长）。

在地质机构重组的变动中，杨钟健曾在《光明日报》发表《把中国地质事业交还中国人民地质工作者》一文。他说：“政府已把中国地质事业从过去的不合理情况下，取过来，交还中国人民地质工作者，每一个地质工作者应该是何等的感奋。”

1952 年 8 月，中国科学院院长会议决定，古生物研究所在京的新生代及脊椎古生物研究室归中科院直接领导，脱离“地指会”的领导。1952 年 9 月，中央人民政府成立地质部，原来“地指会”的功能宣布撤销。1953 年 1 月，中国科学院院长会议决定，将研究室命名为“古脊椎

把中國地質事業交還中國人民地質工作者

楊鍾健

中國地質學會成立于一九二二年，迄今已二十九年，中間因爲有幾度年會未開，所以今年的年會是第二十六屆年會，但是所出的會誌，不但始終未有中斷，因加出了卷數，今年已出至第三十卷。中文的地質論評創刊以來，也始終未斷已出到十四卷。我們學會有光輝的歷史，但到了成長將近三十年的今天，我們也應當檢討過去的缺點，確立今後工作方針，以配合政府的號召。

當中國地質學會成立之初，地質事業還在萌芽時代，但那時實在是洋氣十足時代，充滿了買辦式的意味。因爲創立會員中有幾位在中國工作的洋員，又因爲開會時召請了許多在北京的外國人，竟至不但讀論文要用外文宣讀，就是開會時的發言，和對於論文的討論，也要用外文。所以把會場弄得成了幾位外交流通的中國人和外人談話的場所；其他參加的人，莫不感覺到不便。

會裡的組織呢？也富於階級性，主要的負責人老是那幾位走馬燈式的輪流着，次要的負責人差不多出于指定。大多數會員不大過問會事。幾十年來，每年改選所收的選票從未超過會員總數的四分之一。開理事會的時候，往往由主持者之意旨行事，絕對說不到民主。此等情形，遠在解放以前，即已得到反感，所以有人提議把每年選舉由理事會提名的辦法，和連選連任的辦法取消。

說到兩種刊物的編輯，大體上講來，還算不錯，可是不公平的作風還是有的。還免不了應登的文章反而未登，不應登的文章却登出來了。這其間當然也有編輯人的理由和苦衷，也有些地方確出于投稿人的錯誤。可是事情不能處理得盡善盡美，乃是事實。

自從解放以後，暮氣沉沉的中國地質學會，得到了新生。尤以北京分會，曾[illegible]動各小組廣泛的對於未來地質的工作與任務展開了討論，其總結已見最近出版的地質論評。在這總結中指出了中國地質工作者應服務于人民，要理論與實際配合，要努力於從事集體創作……。南京方面的會員以及各地會員比較集中的地點地質工作者，莫不有類似的表示，這說明中國地質工作已意味着過去不完備的歷史，擺脫了少數統治者的束縛，而向着正確的道路邁進。

就在最近，一個多月以前，中國地質工作者，在政府領導下，統一起來，成立了中國地質工作計劃指導委員會，統籌計劃與推進中國地質的調查與研究，以配合生產建設，中國地質工作者經由此一結構，更堅強的團結起來，爲人民服務。這是地質界空前的大事。中國地質學會適于中國地質工作計劃指導委員會開過擴大會議不久，分別在北京、南京舉行年會，其意義可以說特別重大，就是說學會的每一會員，在政府的號召下，要發揮他最高的力量。政府已把中國地質事業從過去不合理情況下，取過來，交還中國人民地質工作者，每一個地質工作者應該是何等的感奮。地質學會今後不再是一個洋化的地質學會了。會中的組織要經過民主方式的探討，通過後執行，實行民主集中，不再是過去包辦而統治的了。刊物方面，當然也配合需要，加強生產方面的研究與報導，不再是不配合實際的了。學會的前途，充滿了無限光明。

▲ 1950 年 12 月，杨钟健在《光明日报》发表《把中国地质事业交还中国人民地质工作者》一文。

动物研究室”。4 月，周恩来总理任命杨钟健为中国科学院古脊椎动物研究室主任。

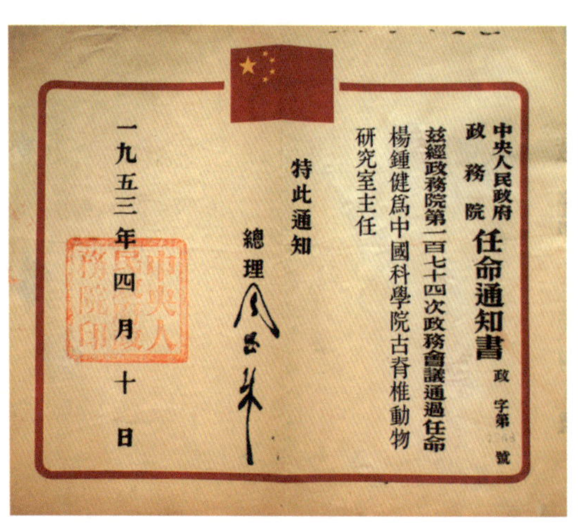

中央人民政府
政務院 任命通知書
政字第　號

兹經政務院第一百七十四次政務會議通過任命楊鍾健爲中國科學院古脊椎動物研究室主任

特此通知

總理 周恩來

一九五三年四月十日

中央人民政府政務院印

▲ 1953 年 4 月，周恩来总理任命杨钟健为中国科学院古脊椎动物研究室主任。

有了直属科学院的古脊椎动物研究室，杨钟健感到如鱼得水，开始组建和扩充古脊椎动物研究的一班人马。当时，由于科学院没有地方，“古脊椎动物研究室”即用地质部在北京地安门二道桥 2 号的一个四合院招待所作为室址。1953 年 4 月 1 日，中国科学院古脊椎动物研究室在二道桥正式成立，杨钟健任研究室主任，全室共有职工近 30 人，其中研究人员 8 人，包括杨钟健、裴文中、刘东生、周明镇、贾兰坡、刘宪亭、胡长康、邱中郎。研究室在不大的四合院内，很快建起研究室、图书室、技术室、行政办公室及食堂等设施。

在古脊椎动物研究室成立的激动之余，杨钟健赋诗一首《古脊室移居后作》：“旧店又重开，龙骨全搬来。新居多喜气，旧书仍尘埃。钻研赖英俊，业务待展开。人民有需要，标本满箱台。”

至此，杨钟健从 1946 年欧美考察后回国，试图重建新生代研究室的梦想，终于得以实现。

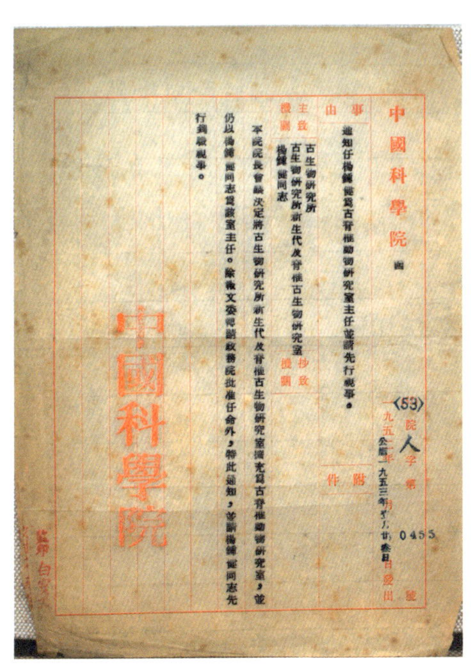
中國科學院 函
(53)院人字第 號
一九五 年 月 日發出
公曆一九五三年元月廿三日 0455
事由：通知任楊鍾健爲古脊椎動物研究室主任並請先行視事。
附件
主致機關：古生物研究所
古生物研究所新生代及脊椎古生物研究室
楊鍾健同志
抄致機關
本院院長會議決定將古生物研究所新生代及脊椎古生物研究室擴充爲古脊椎動物研究室，並仍以楊鍾健同志爲該室主任。除徵文委呈請政務院批准任命外，特此通知，並請楊鍾健同志先行到職視事。
中國科學院

▲ 1953 年 1 月，中国科学院任命杨钟健为古脊椎动物研究室主任。

▲ 中国科学院古脊椎动物研究室二道桥旧址（1953—1960 年）。

3. 时代转折做先锋

从50年代初期开始，中国发生一系列重大的社会转折，杨钟健参与的社会活动和领导工作逐渐增多。但是，杨钟健的心头时刻惦记着家乡的亲人。杨钟健夫妇在1949年底搬进中科院第一宿舍后，母亲王太夫人仍和长子感孝留在华县故乡。

1950年3月下旬到4月上旬，杨钟健利用两周的假期回到家乡探望母亲。杨钟健和胞弟杨钟华、大妹杨芝芬、二妹杨芝英重逢在母亲身边。他感慨地写道：

白发子慰白发亲，他乡归来情更殷。
母泪母心与母爱，半生飘浪一归人。
兄妹四人慰亲心，得失荣辱何足云？
听罢一曲秧歌舞，山南山北春更深。

1951年10月7日，杨钟健的长子杨感孝因严重的心脏病在家乡去世。后来，杨钟健把次子新孝和三子慈孝接到北京继续读书，并把长子去世的消息告诉了在美国的尼科尔斯夫人和德日进。他们在回信中都对杨钟健表达了安慰之情。德日进在信中说："我钦佩你在痛苦中坚持自己工作的勇气，并对你和夫人表示最深挚的同情。"

1951年，杨钟健经孙云铸、许德珩介绍，加入九三学社。入社后，杨钟健受到重视，并被选为九三学社中央委员。当时，九三学社主席是杨钟健在五四时期的好友许德珩，他相识多年的朋友涂长望、袁翰青、周培源等也是学社成员。1951年9月，杨钟健等40多人参加了九三学社举行的"科学与政治"座谈会。在会上，刚刚成为科学院办公厅副主任的恽子强呼吁科学家与群众结合，多参加社会活动，参加政治组织，提高政治认识。杨钟健采取实际行动，积极参加科学院机关的政治学习活

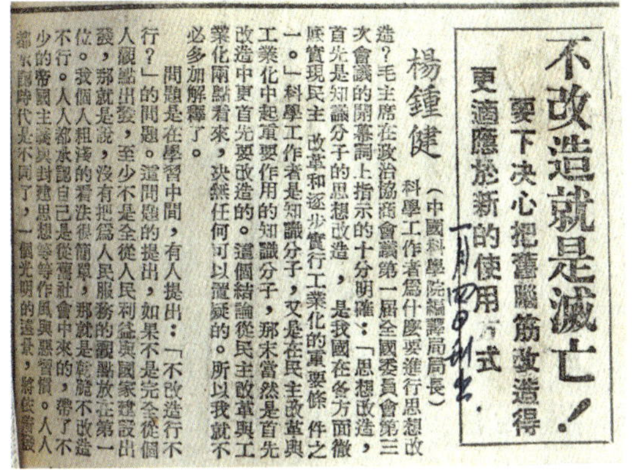

不改造就是滅亡！

要下決心把舊腦筋改造得更適應於新的使用方式

楊鍾健（中國科學院編譯局局長）

科學工作者爲什麼要進行思想改造？毛主席在政治協商會議第一屆全國委員會第三次會議的開幕詞上指示的十分明確：「思想改造，首先是知識分子的思想改造，是我國在各方面徹底實現民主改革和逐步實行工業化的重要條件之一。」科學工作者是知識分子，又是在民主改革與工業化中起重要作用的知識分子，那末當然是首先改造中更首先要改造的。這個結論從民主改革與工業化兩點看來，决無任何可以置疑的。所以我就不必多加解釋了。

問題是在學習中間，有人提出：「不改造行不行？」的問題。這問題的提出，如果不是完全從個人觀點出發，至少不是全從人民利益與國家建設出發，那就是說，沒有把爲人民服務的觀點放在第一位。我個人粗淺的看法很簡單，那就是乾脆不改造不行。人人都承認自己是從舊社會中來的，帶了不少的帝國主義與封建思想等等作風與惡習慣。人人都承認時代是不同了，一個光明的遠景，將[illegible]

▲ 1952年1月，杨钟健在天津《进步日报》发表《不改造就是灭亡》一文。

抗美援朝 保家衛國曲

中國科學院編譯局局長 楊鍾健

抗禦外侮理應當，中華男女不平常。八年驅走日入寇，再趕强梁太平洋。美帝膽敢走老路，前車之鑑不十年。豈恃蠻橫勝方決，腐朽必亡理當然。援人猶如援自家，和平陣營和平花。誰敢破壞和平局，頭破定如爛西瓜。朝鮮是我老鄰邦，四十餘年史堪傷。解放五年成績著，能爲東亞放光芒。保證勝利必屬我，必然敵心日日寒。一自北鮮奏凱後，眼看驅敵到海邊。家家同心保和平，侵略乃是法西風。試看慰勞袋與信，好似彈丸向前衝。衛國不是要消極，人要力量心要齊。那怕超級原子彈，正壓百邪萬魔低。國土寸寸貴可愛，豈容狐鼠無端侵。保衛和平堅似鐵，人民國家萬歲新。

▲ 抗美援朝期间，杨钟健发表的藏头诗《抗美援朝 保家卫国曲》。

动，并发表了和抗美援朝、思想改造、总路线有关的文章。这些充满时代浪潮兴奋感的文章，既反映了杨钟健在新时代的心路历程，又反映了当时的整体政治氛围和社会风貌。

从1953年古脊椎动物研究室成立开始，杨钟健作为研究室主任，一面巩固古脊椎动物的研究队伍，推动各项工作的开展；一面加大社会参与的力度，在各种组织和活动中发挥更大的作用，赢得更高的学术荣誉和社会地位。杨钟健于1954年当选第一届全国人民代表大会代表，并当选中国古生物学

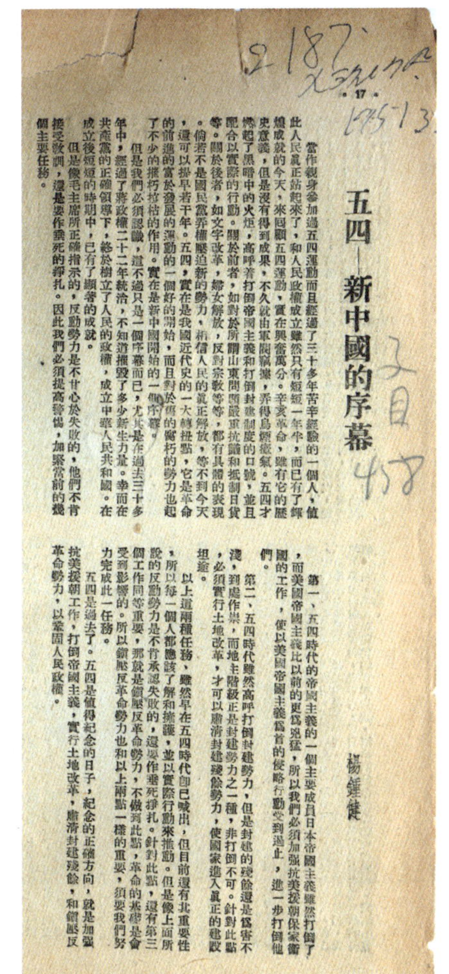

五四——新中國的序幕

楊鍾健

當作親身參加過五四運動而且經過了三十多年苦辛經驗的一個人，值此人民真正站起來了，和人民政權成立雖然只有短短一年半，而已有了輝煌成就的今天，來回顧五四運動，實在興奮萬分。辛亥革命，雖有它的歷史意義，但是沒有得到成果，不久就由軍閥竊據，弄得烏煙瘴氣。五四才燃起了黑暗中的火炬，高呼着打倒帝國主義和打倒封建制度的口號，並且配合以實際的行動。關於前者，如對於所謂山東問題嚴重抗議和抵制日貨等。關於後者，如文字改革，婦女解放，反對宗教等等，都有具體的表現。倘若不是國民黨弄權壓迫新的勢力，相信人民的真正解放，等不到今天，還可以提早若干年。五四，實在是我國近代史的一大轉捩點，它是革命的前進的富於發展的運動的一個好的開始，而且對於舊的腐朽的勢力也起了不少的摧朽拉枯的作用。實在是新中國開始的一個序幕。

但是我們必須認識，這不過只是一個序幕而已，尤其是在過去三十多年中，經過了蔣政權二十二年統治，不知道摧毀了多少新生力量。幸而在共產黨的正確領導下，終於樹立了人民的政權，成立中華人民共和國。在成立後短短的時期中，已有了顯著的成就。

但是像毛主席所正確指示的，反動勢力是不甘心於失敗的，他們不肯接受教訓，還是要作垂死的掙扎。因此我們必須提高警惕，加緊當前的幾個主要任務。

第一、五四時代的帝國主義的一個主要成員日本帝國主義雖然打倒了，而美國帝國主義比以前的更爲兇猛，所以我們必須加強抗美援朝保家衛國的工作，使以美國帝國主義爲首的侵略行動受到遏止，進一步打倒他們。

第二、五四時代雖然高呼打倒封建勢力，但是封建的殘餘還是爲害不淺，到處作祟，而地主階級正是封建勢力之一種，非打倒不可。針對此點，必須實行土地改革，才可以肅清封建殘餘勢力，使國家進入真正的建設坦途。

以上這兩種任務，雖然早在五四時代卽已喊出，但目前還有其重要性，所以每一個人都應該了解和擁護，並以實際行動來推動。但是像上面所說的反動勢力是不肯承認失敗的，還要作垂死掙扎。針對此點，還有第三個工作同等重要，那就是鎮壓反革命勢力，不做到此點，革命的基礎是會受到影響的。所以鎮壓反革命勢力也和以上兩點一樣的重要，須要我們努力完成此一任務。

五四是過去了。五四是值得紀念的日子，紀念的正確方向，就是加強抗美援朝工作，打倒帝國主義，實行土地改革，肅清封建殘餘，和鎮壓反革命勢力，以鞏固人民政權。

► 1951年3月，杨钟健在《九三社讯》发表《五四——新中国的序幕》一文。

会理事长。1955年，他被选聘为中国科学院生物地学部委员（院士）。1956年4月，他光荣地加入中国共产党，决心“要在祖国社会主义建设中当一名名符其实的尖兵，要担负起科学大进军的任务”。1956年，他参加了国家《1956—1967年科学技术发展远景规划》的编制工作。

1954年1月，杨钟健作为中国古生物学会理事长出席中国古生物学会第六届年会，并作了《古生物学工作者如何在总路线的灯塔照耀下为祖国建设服务》的报告。杨钟健说：“（我们国家）自1953年起，进入了第一个五年计划建设。在过渡时期总路线的指导下，我们古生物学工作者如何贡献其力量，为祖国服务，是一个很重要的问题。”

1954年5月，杨钟健参加政协全国委员会组织的宪法草案（初稿）座谈会。这是中华人民共和国的第一部宪法草案，曾由毛泽东担任宪法

▲ 50年代杨钟健工作照。

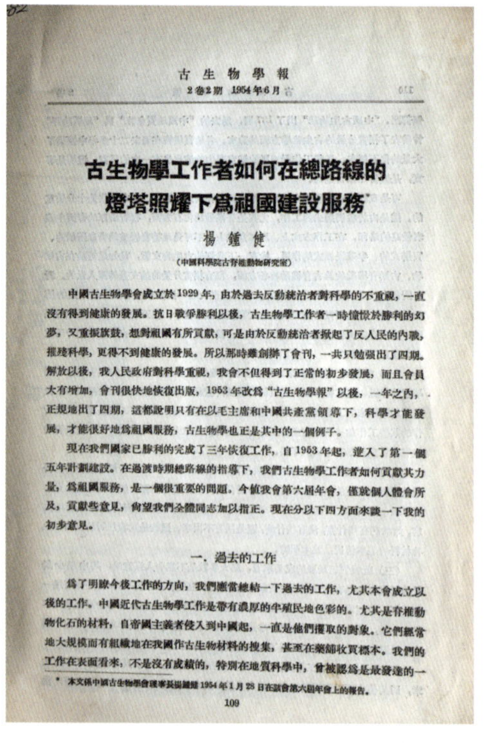

古生物學報

2卷2期 1954年6月

古生物學工作者如何在總路線的燈塔照耀下為祖國建設服務*

楊鍾健

（中國科學院古脊椎動物研究室）

中國古生物學會成立於1929年，由於過去反動統治者對科學的不重視，一直沒有得到健康的發展。抗日戰爭勝利以後，古生物學工作者一時憧憬於勝利的幻夢，又重振旗鼓，想對祖國有所貢獻，可是由於反動統治者掀起了反人民的內戰，摧殘科學，更得不到健康的發展。所以那時雖創辦了會刊，一共只勉强出了四期。解放以後，我人民政府對科學重視，我會不但得到了正常的初步發展，而且會員大有增加，會刊很快地恢復出版，1953年改為“古生物學報”以後，一年之內，正規地出了四期，這都說明只有在以毛主席和中國共產黨領導下，科學才能發展，才能很好地為祖國服務，古生物學也正是其中的一個例子。

現在我們國家已勝利的完成了三年恢復工作，自1953年起，進入了第一個五年計劃建設。在過渡時期總路線的指導下，我們古生物學工作者如何貢獻其力量，為祖國服務，是一個很重要的問題。今值我會第六屆年會，僅就個人體會所及，貢獻些意見，尚望我們全體同志加以指正。現在分以下四方面來談一下我的初步意見。

一、過去的工作

為了明瞭今後工作的方向，我們應當總結一下過去的工作，尤其本會成立以後的工作。中國近代古生物學工作是帶有濃厚的半殖民地色彩的。尤其是脊椎動物化石的材料，自帝國主義者侵入到中國起，一直是他們攫取的對象。它們經常地大規模而有組織地在我國作古生物材料的搜集，甚至在藥舖收買標本。我們的工作在表面看來，不是沒有成績的，特別在地質科學中，曾被認為是最發達的一

* 本文係中國古生物學會理事長楊鍾健1954年1月28日在該會第六屆年會上的報告。

109

▲《古生物学报》刊载杨钟健作为中国古生物学会理事长所作的报告。

起草委员会主席。宪法草案（初稿）先交给全国政协、各民主党派和各级领导机关讨论，然后向社会公布。1954 年 9 月的全国人民代表大会第一次会议全票通过了第一部《中华人民共和国宪法》。

▲ 1954 年 5 月，杨钟健（后排左四）参加政协全国委员会组织的宪法草案（初稿）座谈会。

1954 年 9 月，杨钟健当选为全国人民代表大会第一届河南省代表，出席了第一届全国人民代表大会。

1955 年 6 月，杨钟健被选聘为中国科学院生物地学部委员（从 1994 年起改称院士）。学部委员的入选资格有三条：学术成就、在推动中国科学事业方面有贡献、忠于人民的事业。学部委员（院士）是国家在科学技术方面的最高学术称号，为终身荣誉。当时，生物地学部共有学部委员（院士）84 人，包括地质和古生物学家尹赞勋、田琦瑀、乐森璕、许杰、孙云铸、李四光、俞建章、黄汲清、斯行健、程裕祺、谢家荣、裴文中等。1957 年 5 月，生物地学部一分为二，成立生物学部和地学部。

中華人民共和國第一屆全國人民代表大會

代表當選證書

姓名 楊鍾健

年齡 五十七歲

性別 男

代表單位 河南省

中央選舉委員會

一九五四年九月一日

中央選舉委員會印

▲ 1954 年 9 月，杨钟健当选第一届全国人民代表大会代表的证书。

1955 年 9 月和 11 月，郭沫若院长聘任杨钟健为中国科学院编译出版委员会委员、中国科学院科学奖金委员会委员。

1956 年 4 月 20 日，杨钟健由中国科学院党组成员、副秘书长郁文介绍，加入中国共产党。杨钟健在得知入党申请书得到批准后，赋诗《入党书怀卅韵》一首。他写道：“社会主义路，前途多巨艰。尤其科学业，尚很落后焉。达到国际准，努力应争先。余年为科学，不负党所盼。”杨钟健在这首诗的序中说：“……我近几年来，在党的教

THE CHINESE ACADEMY OF SCIENCES

杨锺健

一九五五年当选为

中国科学院院士（学部委员）

院长 郭沫若

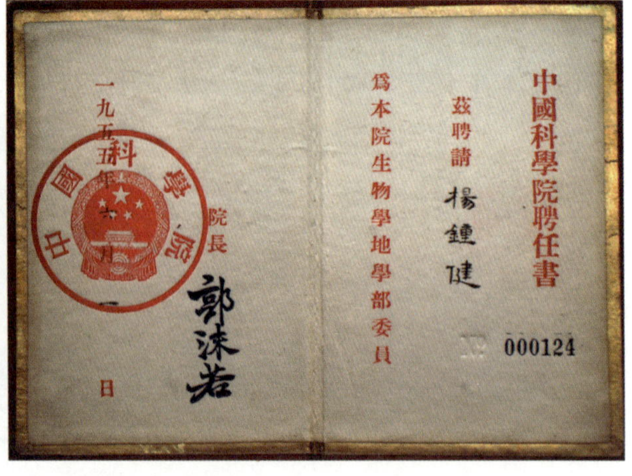
中國科學院聘任書

茲聘請

楊鍾健

爲本院生物學地學部委員

№ 000124

院長 郭沫若

一九五五年 月 一 日

▲ 1955 年 6 月，杨钟健被选聘为中国科学院生物学地学部委员（院士）的证书及聘任书。

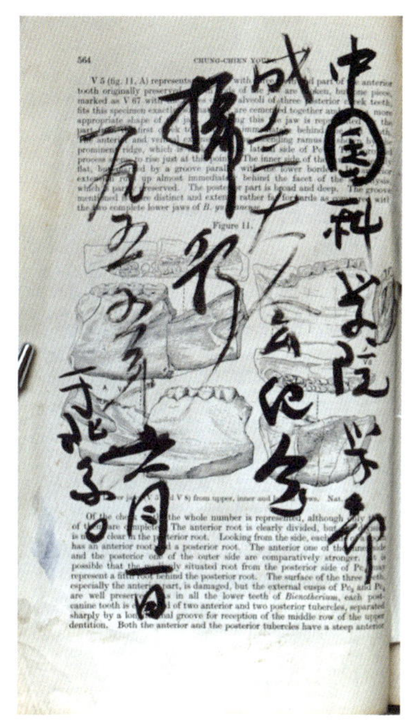

▲ 1955 年 6 月 1 日，中国科学院在北京饭店中餐厅召开学部成立大会。杨钟健（第三排右二）参加了中国科学院学部成立大会的合影。照片为整幅合影之局部。左侧为杨钟健为照片题写的亲笔说明。

育与培养下，居然有了一些进步，加入了共产党，这真是莫大光荣的事。可是我也认识到我不当因此而骄傲自满。我还不是一个无愧于这一称号和它的实质的中国共产党党员。要达到这个要求，还要克服很多的缺点，做更多的工作。”5 月，杨钟健在《人民日报》发表文章《我要无愧于共产党员这一称号》。他在文章中说：“由于党和国家对于科学事业的重视，由于社会主义建设对于科学研究工作的需要，就更加使我了解到自己责任的重大，也使我更加有信心来响应这一伟大的号召。我曾经这样问自己：‘为什么甘于长远的做一个进步的知识分子，而不争取做一个红色的专家呢？’经过反复考虑，最后我决定了要在祖国社会主义建设中当一名名符其实的尖兵，要担负起科学大进军的任务。”

1956年4月30日至5月10日，杨钟健参加全国先进生产者代表会议。

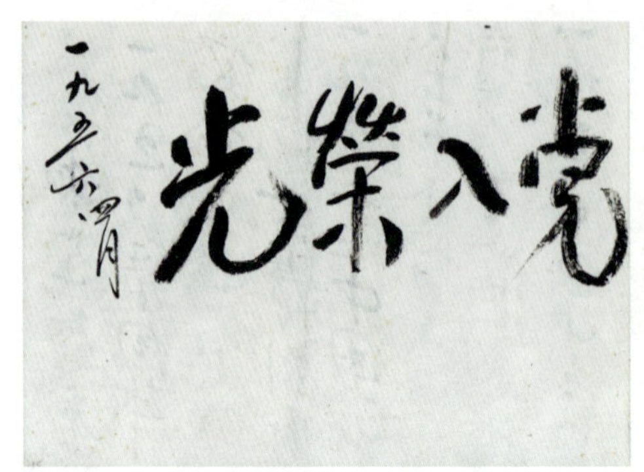

▲ 杨钟健在晚年抄录的大事记。“一九五六四月　光荣入党”。

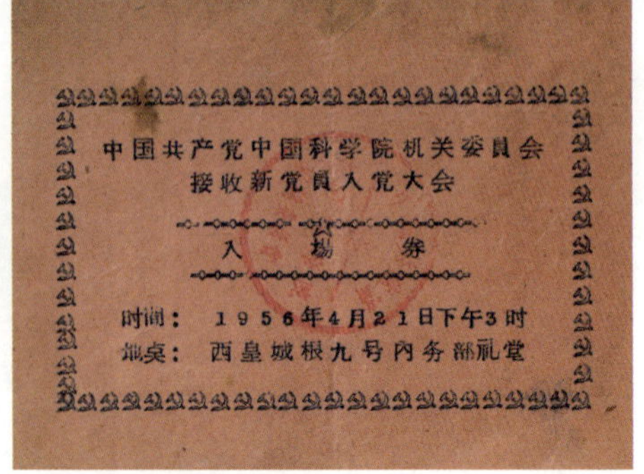

▲ 杨钟健珍藏的中国科学院机关党委新党员入党大会入场券（1956年4月21日）。

当时，中共中央、国务院授予全国“先进集体”称号853个，全国“先进生产者”称号4703人。

1956年，为了系统地引导科学研究为国家建设服务，中央政府着手制定中长期科技规划。杨钟健和很多科学家应邀参加了《1956—1967年科学技术发展远景规划》的编制工作。1956年6月14日，中央领导与参加拟制全国长期科学规划工作的科学家合影。

▲ 1956年5月12日，杨钟健（前排右二）和参加全国先进生产者代表会议的教育代表全体合影。本图为大幅整版照片的局部。左图为杨钟健为照片题写的亲笔说明。

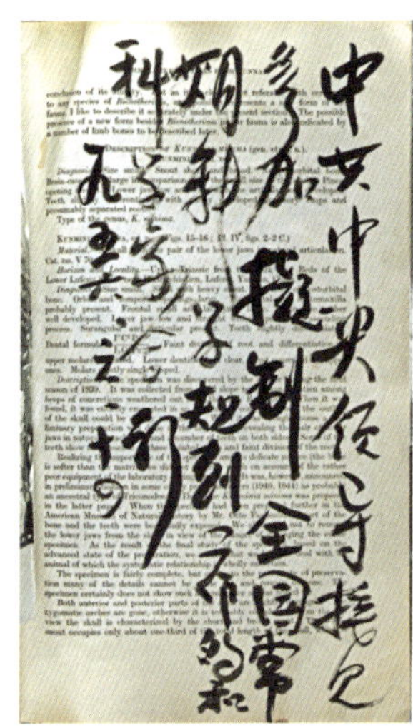

▲ 1956年6月14日，中央领导与参加拟制全国长期科学规划工作的科学家合影。本图为大幅整版照片的局部。杨钟健在本图的前排左一。左图为杨钟健为照片题写的亲笔说明。

1956年6月16日，杨钟健参加了中国古生物学会第一届全国会员代表大会。大会通过了新会章，选举了新理事会，推选杨钟健为理事长，王鸿祯为秘书长。

▲ 1956年6月16日，杨钟健参加中国古生物学会第一届全国会员代表大会时的合影。前排从左向右为乐森璕、尹赞勋、周晓和、杨钟健、孙云铸、斯行健、赵金科、杨遵仪。后排从左向右为王鸿祯、顾知微、区元任、霍世诚、徐仁、周明镇、王钰、穆恩之、常隆庆。

4. 学科重振领头人

在50年代初期，杨钟健身处巨大的社会变革和机构重组时期，但他始终不忘作为一位古生物学家的本分，坚持进行古脊椎动物化石的研究工作。杨钟健担任着领导和发展古脊椎动物研究室的重任，对发展古脊椎动物学整个学科有宏大的规划。他形象地把古脊椎动物研究室这样的专门研究机构比喻成一个火车头，带动几节车厢（各省市博物馆和有关工作站），进而将全国各地的火车站连成一片，为采集化石、研究化石奠定广泛、扎实的基础。

1949年9月，北京市政府决定恢复周口店的工作，使停工12年之久的发掘得以恢复。当时，周口店化石的发掘工作是在“地指会”和中国科学院的双重领导下进行的。1951年，杨钟健在《科学通报》发表《周口店发掘工作的过去现在和未来》一文，强调“在为人民服务的观念立场上，更好地做好周口店猿人及其有关的工作”。他说：“为了把工作做到更好，我与裴文中、贾兰坡、刘宪亭诸同志，到周口店，实际对周口店猿人地点加以了解，以便决定今年的发掘计划。”

1951年的发掘工作，在周口店第1地点发现了“北京人”的牙齿和肱骨与胫骨等材料，在第20地点发现了丰富的中更新世动物群，并在第14地点的洞穴堆积中发现了鱼化石。

周口店發掘工作的過去現在和未來

楊鍾健

中國猿人產生地點周口店，由於豐富的猿人化石，及文化，加上數以千萬計的共生的動物植物化石，實在是世界上到今天爲止，唯一的地點。在爪哇猿人地點，雖然近年來也有新發現，可是比起北京人來，還是相差遠甚。至於所謂曙人，實在是一個謎。連頭骨與下顎的關係如何，即有問題；其材料更不能與北京人相比了。

這個偉大的地點，自我人民政府成立後，在中國地質工作計劃指導委員會及中國科學院領導下，重新開始發掘。規模雖尚趕不上戰前，可是已接近於戰前的標準。在目前，政府百端待舉，尤其着重經濟建設，文化高潮還在未來之前，已能做這樣大規模的工作，是一件令人興奮的事。

爲了紀念周口店重新開工，和使發掘的意義更爲廣泛地傳播起見，我願意就周口店發掘工作的過去現在和未來談一談。

關於周口店猿人地點發掘的過去情況，發表的文字很多，我這裏不擬詳談。此工作大規模的發掘，開始於1927年，中止於1937年盧溝橋日本帝國主義發動攻勢的時候，實在是全世界最大的發掘工作。不過我所要指出的，就是過去工作，像其他在帝國主義侵略下和半殖民的狀態下學術工作一樣，脫不了買辦和文化侵略的毒素。

首先要說的就是這個發掘的經濟權，完完全全操之於外人之手，從發掘到出版。因之雖然名義上的領導權，操之於我國方面，而實際上却或多或少的是“洋人的天下”。尤其是當時的地質工作最高領導者，又是新生代研究室的名譽主任，有些崇拜外人心理。洋人的話都是對的，中國人的話，就要打折扣。所以弄得苦力式的工作，由中國人做，累得喘不出氣來，名譽上的工作，則由外國人享受，中國人敢怒而不敢言。雖然這個工作比起其他當時外人所辦的什麼考查團之類，略勝一籌，可是也不過五十步笑百步罷了。

其次就是關於研究方面。凡關於中國猿人的研究，都是外人包辦，其他材料，外人研究，也有很大的便利。中國人不過在很多的材料中，分得一杯羹罷了。因此才在國際上造成了一個普遍的錯誤現象，就是連周口店北京人的頭骨，也是外國人發現的，中國人更正也無效。所以不但中國人對於周口店工作的大部勞力被剝削，就連中國人做科學研究的能力，也受到歪曲的報導。

最荒謬是第三點，就是凡是遇有在國際上表示我國科學進步，向世界報到周口店工作情況的機會，總是由外國人出席，代表中國。最顯著的事，就是步達生出席太平洋學會，魏敦瑞出席在哥本哈根開的萬國人類學會，和德日進出席在華盛頓開的萬國地質學會。這些人，這等場合，他們絕不會毫無私心的把中國人的貢獻認真報導，又不會把自己的努力不大肆宣揚。這在國際上所留的印象太壞了。以外國人代表中國科學工作，恐怕連殖民地的國家，都不會如此。

總而言之，不管周口店過去工作，有若干成績，不管發掘規模如何偉大，總是未脫離帝國主義侵略的魔掌，而且中國人的勞力與科學的貢獻，一切一切勝利的果實，一大半爲外人剽竊去了。

現在完全兩樣了，現在中國科學家也隨着中國工農大衆的翻身站起來，也翻身，也站起來了。由於政府的正確領導，周口店猿人化石產地及其一切工作，也像其他外國人染指的東西一樣，成爲人民的財產，人民的工作了。我們對於過去，不再留戀，對於過去的成績，只能批判的接受。從今以後，在爲人民服務的觀念立場上，一定要更好的做好周口店猿人及其有關的工作。

讓我談一下周口店工作的現在。周口店的工作，雖然不是與經建工作有直接連繫的工作，但其

第七期　科學通報　·693·

▲ 1951年，杨钟健在《科学通报》发表《周口店发掘工作的过去现在和未来》一文的首页。

1951 年夏秋时节，杨钟健和刘东生、王存义组成普查队，到山东莱阳等地勘查、发掘恐龙化石。早在 1950 年春，周明镇博士指导山东大学地矿系学生在莱阳附近进行野外训练时，意外发掘到恐龙化石与蛋化石的碎片。杨钟健、刘东生和王存义到莱阳，和周明镇及山东大学地质系合作，发掘出 1949 年后的第一具完整恐龙骨架化石。在三个多月的发掘过程中，杨钟健经常奔波在青岛与莱阳之间，他将恐龙化石命名为“棘鼻青岛龙”（*Tsintaosaurus spinorhinus*）。青岛龙生活在中生代的白垩纪晚期，属于植食性恐龙，体长约 7 米。种名“棘鼻”指的是化石头骨上有一个骨质棘突。此外，发掘人员还找到 6 个完整的恐龙蛋化石。

重返野外并进行科研工作，给杨钟健带来极大的乐趣。欣喜之余，杨钟健赋诗道：“月余掘成一深坑，快事无过猎恐龙。今日满载回家去，寻骨明年西耶东。”杨钟健在 1957 年所作《六十述往并感怀百句》中回顾这段经历时写道：“北上主编译，困鸟离旧笼。业务勤学习，思改锻热情。亦有机研究，莱阳猎恐龙。”

50 年代初期，杨钟健还坚持发表和古生物有关的文章和著作。1950 年 8 月，他在《地质论评》发表《地质名词的来源及统一》。1950 年 9 月，杨钟健在《科学大众》发表《漫谈恐龙》。1952 年，商务印书馆出版杨钟健《演化的实证与过程》。1951 年，杨钟健编著的《古生物学研究法》由中华书局出版。同年，杨钟健的专著《禄丰蜥龙动物群》，由科学出版社出版。这是杨钟健 1938 年到 1950 年所从事的重要学术工作之一。

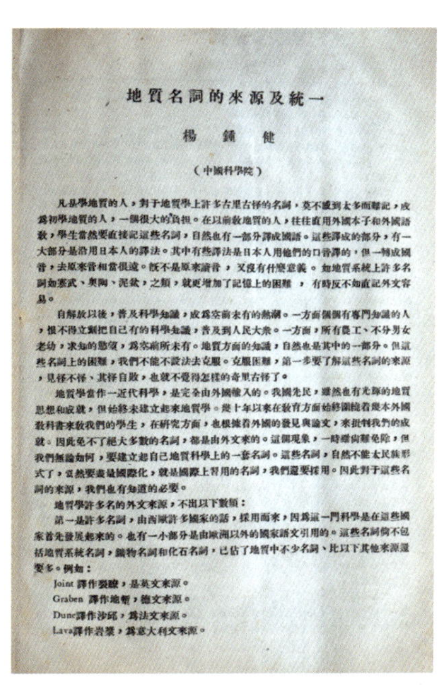

地質名詞的來源及統一

楊 鍾 健

（中國科學院）

凡是學地質的人，對于地質學上許多古里古怪的名詞，莫不感到太多而難記，成為初學地質的人，一個很大的負担。在以前教地質的人，往往直用外國本子和外國語教，學生當然要直接記這些名詞，自然也有一部分譯成國語。這些譯成的部分，有一大部分是沿用日本人的譯法。其中有些譯法是日本人用他們的口音譯的，但一轉成國音，去原來音相當很遠。既不是原來讀音，又沒有什麼意義。如地質系統上許多名詞如寒武、奥陶、泥盆，之類，就更增加了記憶上的困難，有時反不如直記外文容易。

自解放以後，普及科學知識，成為空前未有的熱潮。一方面個個有專門知識的人，恨不得立刻把自己有的科學知識，普及到人民大衆。一方面，所有農工、不分男女老幼，求知的慾望，為空前所未有。地質方面的知識，自然也是其中的一部分。但這些名詞上的困難，我們不能不設法去克服。克服困難，第一步要了解這些名詞的來源，見怪不怪、其怪自敗，也就不覺得怎樣的奇里古怪了。

地質學當作一近代科學，是完全由外國輸入的。我國先民，雖然也有光輝的地質思想和成就，但始終未建立起來地質學。幾十年以來在教育方面始終圍繞着幾本外國教科書來教我們的學生，在研究方面，也根據着外國的發見與論文，來批判我們的成就。因此免不了絕大多數的名詞，都是由外文來的。這個現象，一時雖尙難免除，但我們無論如何，要建立起自己地質科學上的一套名詞。這些名詞，自然不能太民族形式了，當然要盡量國際化，就是國際上習用的名詞，我們還要採用。因此對于這些名詞的來源，我們也有知道的必要。

地質學許多名的外文來源，不出以下數種：

第一是許多名詞，由西歐許多國家的話，採用而來，因為這一門科學是在這些國家首先發展起來的。也有一小部分是由歐洲以外的國家語文引用的。這些名詞倘不包括地質系統名詞，鑛物名詞和化石名詞，已佔了地質中不少名詞、比以下其他來源還要多。例如：

Joint 譯作裂縫，是英文來源。

Graben 譯作地塹，德文來源。

Dune譯作沙邱，為法文來源。

Lava譯作岩漿，為意大利文來源。

▲ 1950 年 8 月，杨钟健在《地质论评》发表《地质名词的来源及统一》。

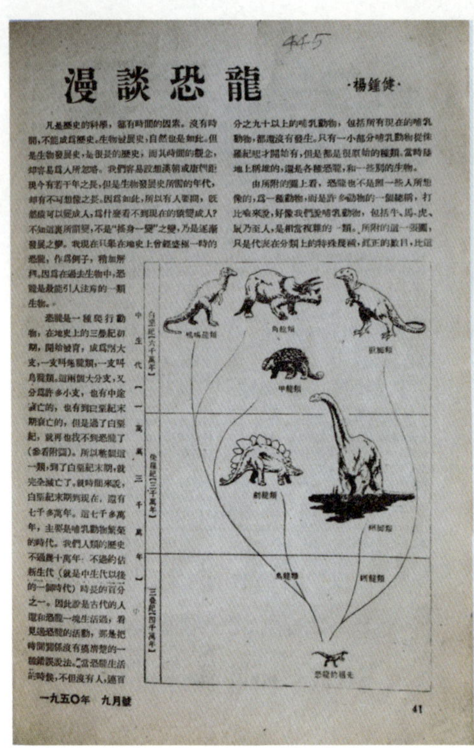

漫談恐龍

·楊鍾健·

凡是歷史的科學，都有時間的因素。沒有時間，不能成為歷史。生物發展史，自然也是如此。但是生物發展史，是很長的歷史，而其時間的觀念，却容易為人所忽略。我們容易設想漢朝或唐代距現今有若干年之長，但是生物發展史所需的年代，却有不可想像之長。因為如此，所以有人要問，既然猿可以變成人，為什麼看不到現在的猿變成人？不知道裏所謂變，不是"搖身一變"之變，乃是逐漸發展之變。我現在只舉在地史上曾經盛極一時的恐龍，作為例子，稍加解釋。因為在過去生物中，恐龍是最能引人注意的一類生物。

恐龍是一種爬行動物，在地史上的三疊紀初期，開始發育，成為兩大支，一支叫蜥龍類，一支叫鳥龍類。這兩個大分支，又分為許多小支，也有中途滅亡的，也有到白堊紀末期衰亡的，但是過了白堊紀，就再也找不到恐龍了（參看附圖）。所以整個這一類，到了白堊紀末期，就完全滅亡了。就時間來說，白堊紀末期到現在，還有七千多萬年。這七千多萬年，主要是哺乳動物繁榮的時代。我們人類的歷史不過幾十萬年，不過約佔新生代（就是中生代以後的一個時代）時長的百分之一。因此說是古代的人還和恐龍一塊生活過，看見過恐龍的活動，那是把時間關係沒有搞清楚的一種錯誤說法。當恐龍生活的時候，不但沒有人，連百分之九十以上的哺乳動物，包括所有現在的哺乳動物，都還沒有發生。只有一小部分哺乳動物從侏羅紀起才開始有，但是都是很原始的種類。當時在地上稱雄的，還是各種恐龍，和一些別的生物。

由所附的圖上看，恐龍也不是單一些人所想像的，為一種動物，而是許多動物的一個總稱，打比喻來說，好像我們說哺乳動物，包括牛、馬、虎、鼠乃至人，是相當複雜的一類。所附的這一張圖，只是代表在分類上的特殊種類，真正的數目，比這

一九五〇年 九月號

41

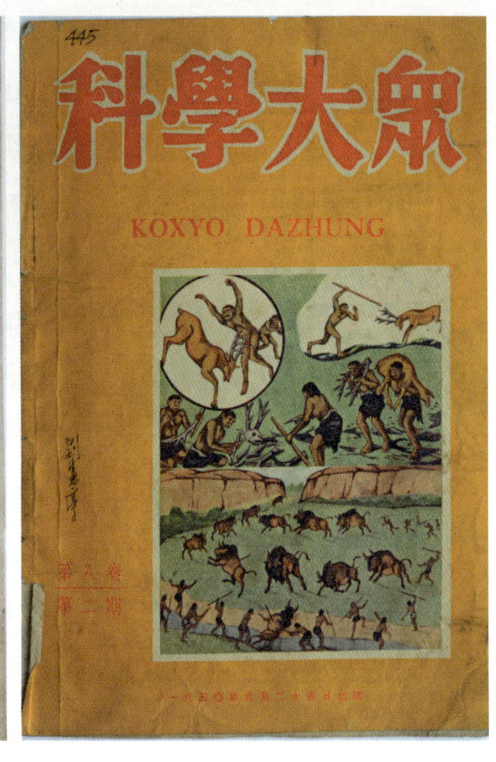

▲ 1950 年 9 月，杨钟健在《科学大众》发表《漫谈恐龙》。右图为《科学大众》封面。

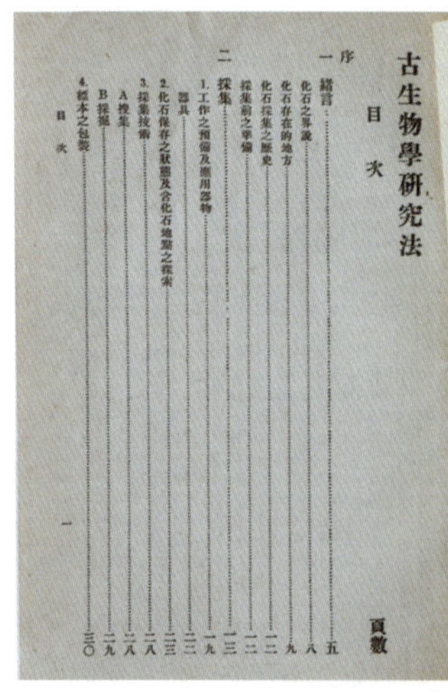

古生物學研究法

目次

頁數

目次 一

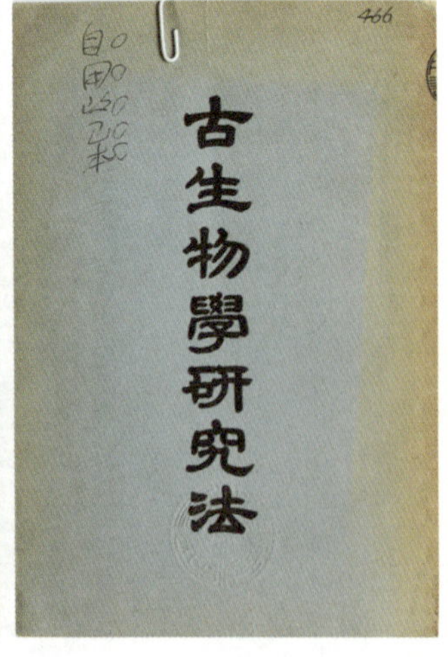

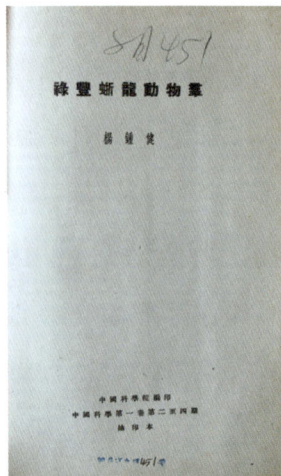

祿豐蜥龍動物羣

楊鍾健

中國科學院編印
中國科學第一卷第二三四期
抽印本

▲ 1951 年，杨钟健编著的《古生物学研究法》由中华书局出版。

▲ 1951 年，科学出版社出版杨钟健的专著《禄丰蜥龙动物群》。

杨钟健曾回忆道：

> 我自学成以来，可说以北京大学毕业后算起，不甘以一单纯研究学问的人为限，而极力想把自然科学的知识向大众传播，所以时常于正式研究工作之外，作些通俗的科学文字。这里包括有四个方面：第一为通俗科学知识的介绍……。第二为介绍科学新发现……。第三为对科学界的谬误论断予以更正之文字……。第四为关于陈列馆……。

50年代初期，中美科学家之间的交往受到严重影响。但是杨钟健作为编译局局长始终保持了和纽约自然历史博物馆好友尼科尔斯夫人的通信往来。杨钟健在信中告诉尼科尔斯夫人挖到莱阳恐龙等野外工作的收获。1952年2月，哈佛大学比较动物学博物馆的罗美尔教授给杨钟健来信，说是从尼科尔斯夫人那里得知杨钟健的野外收获。罗美尔表示对山东恐龙化石和恐龙蛋化石的发现极感兴趣，还说最令他感到兴奋的是在新疆发现的兽头类头骨。此外，通过尼科尔斯夫人，德日进也和杨钟健恢复了通信联系。

1953年，古脊椎动物研究室成立不久，杨钟健因陋就简，在二道桥的四合院里举办了青岛龙化石展览。

1954年，杨钟健与刘宪亭、周明镇、贾兰坡合著的《中国标准化石（脊椎动物）》由地质出版社出版。同年12月，杨钟健在《古生物学报》发表《山东莱阳蛋化石》一文。

1953年9月，古脊椎动物研究室在周口店建成300平方米的“中国猿人陈列馆”，使周口店成为研究室的一个工作组，由贾兰坡任组长。1954年12月，中国科学院举办“中国猿人”第一个头盖骨发现25周年纪念会。杨钟健在会上作了专题报告:《中国化石人类研究的过去现在与未来》。报告被收录到杨钟健与郭沫若、裴文中、周明镇、吴汝康、贾兰

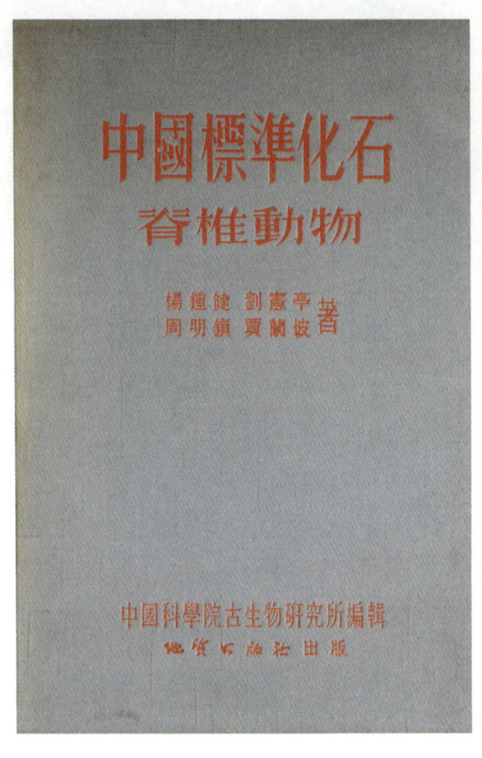

▲ 1954年，杨钟健与刘宪亭、周明镇、贾兰坡合著的《中国标准化石（脊椎动物）》。

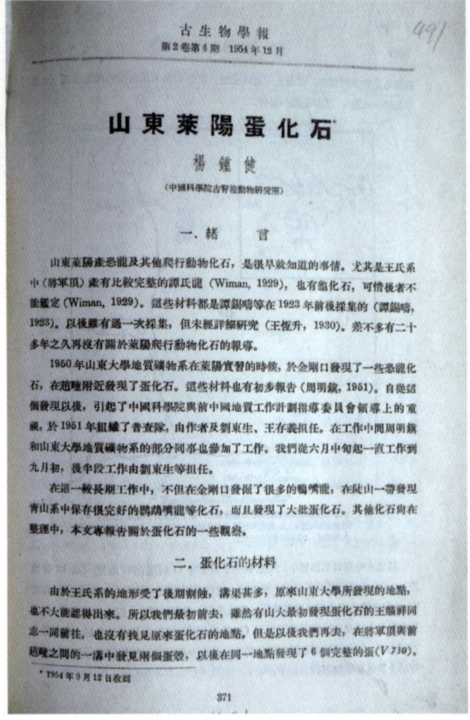

古生物學報
第2卷第4期 1954年12月

山東萊陽蛋化石*

楊鍾健
（中國科學院古脊椎動物研究室）

一. 緒　言

山東萊陽產恐龍及其他爬行動物化石，是很早就知道的事情。尤其是王氏系中（將軍頂）產有比較完整的譚氏龍（Wiman, 1929），也有龜化石，可惜後者不能鑑定（Wiman, 1929）。這些材料都是譚錫疇等在1923年前後採集的（譚錫疇，1923）。以後雖有過一次採集，但未經詳細研究（王恆升，1930）。差不多有二十多年之久再沒有關於萊陽爬行動物化石的報導。

1950年山東大學地質礦物系在萊陽實習的時候，於金剛口發現了一些恐龍化石，在趙疃附近發現了蛋化石。這些材料也有初步報告（周明鎮，1951）。自從這個發現以後，引起了中國科學院與前中國地質工作計劃指導委員會領導上的重視，於1951年組織了普查隊，由作者及劉東生、王存義担任。在工作中間周明鎮和山東大學地質礦物系的部分同事也參加了工作。我們從六月中旬起一直工作到九月初，後半段工作由劉東生等担任。

在這一較長期工作中，不但在金剛口發掘了很多的鴨嘴龍，在陡山一帶發現青山系中保存很完好的鸚鵡嘴龍等化石，而且發現了大批蛋化石。其他化石尚在整理中，本文專報告關於蛋化石的一些觀察。

二. 蛋化石的材料

由於王氏系的地形受了後期剝蝕，溝渠甚多，原來山東大學所發現的地點，也不大能認得出來。所以我們最初前去，雖然有山大最初發現蛋化石的王鵬祥同志一同前往，也沒有找見原來蛋化石的地點。但是以後我們再去，在將軍頂與前趙疃之間的一溝中發見兩個蛋殼，以後在同一地點發現了6個完整的蛋（*V 730*）。

* 1954年9月12日收到

371

▲ 杨钟健在《古生物学报》发表《山东莱阳蛋化石》一文。

坡合著的《中国人类化石的发现与研究》一书。

1954年，由裴文中领导对襄汾丁村旧石器考古遗址进行了发掘。1954年夏，杨钟健、周明镇、贾兰坡、胡长康等人去江苏省泗洪县（当时属于安徽省）调查。杨钟健和周明镇于1955年在《古生物学报》发表了相关的研究文章。从1955年起，裴文中等人恢复了在广西石灰岩洞穴的考察并进行巨猿洞的发掘。同时，杨钟健、刘宪亭组织研究人员在山西武乡、榆社、宁武地区的二、三叠纪及新生代地层进行综合考察和发掘。

1955年5月，杨钟健所著《脊椎动物演化》一书由科学出版社出版。1955年6月，翁文灏先生在收到杨钟健的赠书后，回信给杨钟健说：“（此书）立意精新，措辞通达，不但得脊椎动物演化的纲领，而且为汉文中讲生物进化史的最好著作。”

▲ 杨钟健（左）和刘宪亭（右）一道观察鱼化石标本。

▲ 1955年，杨钟健等人合著的《中国人类化石的发现与研究》。

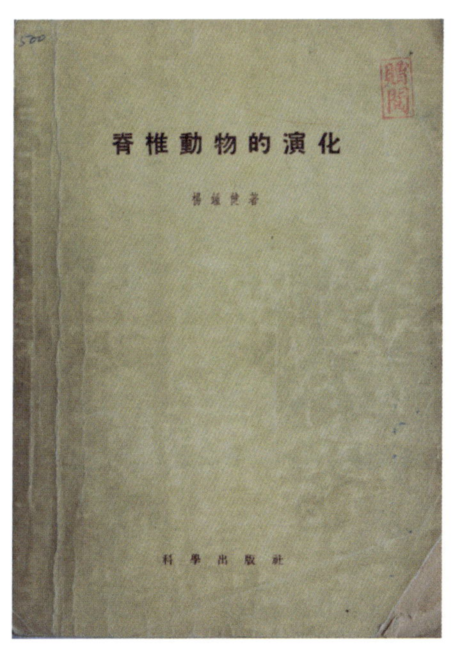

▲ 1955年5月，杨钟健所著《脊椎动物的演化》。

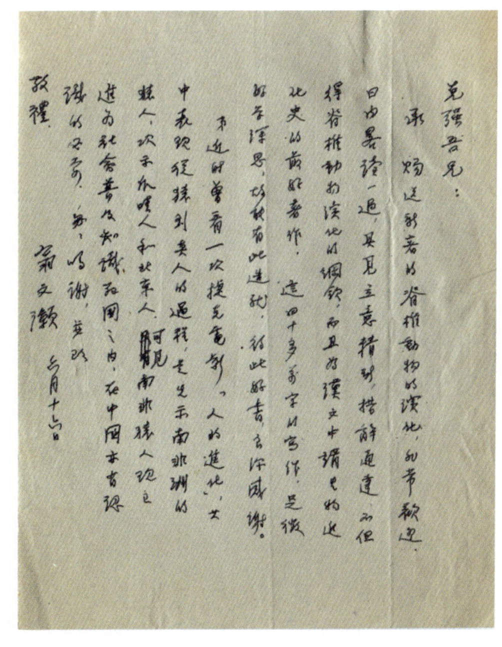

克强吾兄：

承赐送新著的脊椎动物的演化，如常欢迎。日内略读一过，具见立意精新，措辞通达，不但得脊椎动物的演化的纲领，而且为读者中增长了的进化史的最好著作。近四十多年来的写作，是很好的译界，够够有此造就，特此敬表感谢。

本近时曾看一次提克氏新“人的进化”，大中表现从猿到人的过程，也先示南非洲的猿人，次了爪哇人和北京人，时可见南非猿人现已进而社会普及知识范围之内，在中国本书很识的不寡。再为谢，并致

敬礼

翁文灏 六月十六日

▲ 翁文灏先生在收到杨钟健的赠书后，给杨钟健的回信。

从1955年起，科学院各研究单位开始建立学术委员会。1955年10月，郭沫若院长聘任杨钟健为古脊椎动物研究室学术委员会委员。1955年12月，研究室的第一届学术委员会成立，由杨钟健、孙云铸、袁复礼、侯德封、张鋆、裴文中、崔芝兰、夏鼐、吴汝康、周明镇、贾兰坡等11人组成。学术委员会负责对研究单位的长远规划、年度计划、科学成果鉴定等事宜提出建议和意见。在研究室的第一届学术委员会会议上，杨钟健提出研究室的工作方向为“两种堆积、四个来源”。“两种堆积”是指我国北方广泛分布的“土状堆积”和南方分布极广的大量中生代和新生代盆地中的陆相盆地堆积，特别是南方的“红层”。“四个起源”是指鱼类、陆生脊椎动物、哺乳动物及人类的起源。这充分显示了杨钟健作为一个科学工作组织者和领导者的韬略与远见。

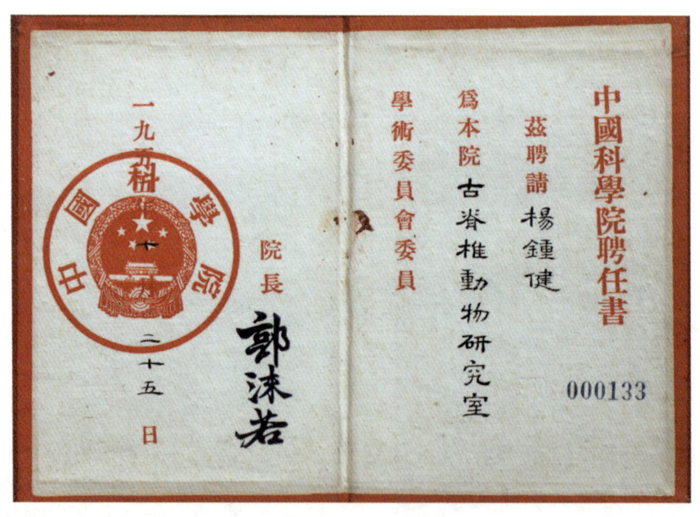

▲ 1955年10月，郭沫若院长聘任杨钟健为古脊椎动物研究室学术委员会委员。

1956年3月，按中国科学院文件指示，古脊椎动物研究室成立了3个研究组，即低等脊椎动物组（鱼类、两栖类、爬行类），杨钟健兼任组长；高等脊椎动物组（哺乳类、鸟类），周明镇任组长；人类化石及文化组，裴文中任组长，吴汝康为副组长。周口店改建为工作站，贾兰坡任站长。

▲ 1956年7月，古脊椎动物研究室第一届学术委员会第二次会议集体合影，成员包括杨钟健、袁复礼、崔芝兰、秉志、尹赞勋、夏鼐、裴文中、贾兰坡、吴汝康、周明镇、胡长康等。

从1956年9月开始，为了加强各地基层工作人员的专业技术水平，古脊椎动物研究室在周口店先后创办过三期脊椎动物化石发掘修理技术训练班。学员来自全国各省市和自治区的文化馆或博物馆，除伙食费自负外，其他一切费用全免（包括住宿费）。每期训练班3个月，课程内容包括古脊椎动物学、古人类及旧石器学、地质学等，此外还有发掘、修理模型、照相等技术课。很多训练班学员后来都成为各地文化馆和博物馆的骨干领导力量。

▲ 第一期脊椎动物化石发掘修理技术训练班的胸徽。

5. 中苏交往开新篇

杨钟健还积极参加中苏古生物学家之间的交流活动，包括接待苏联古生物代表团的访问，并作为中国古生物访问团首席成员到苏联和几个加盟共和国进行访问。当时，中国在国际学术活动方面，着重发展和苏联以及东欧国家的关系。1954 年，苏联科学院通讯院士、土壤学家柯夫达抵达北京，成为中国科学院的院长顾问。1955 年，苏联科学院古生物研究所派副所长基尔皮契尼柯夫、博物馆馆长弗辽洛夫和研究员鲍尔霍维金娜候补博士来中国访问，并赠送给中国一批古生物学的文献、标本和模型。其中有一件稀世之珍的礼物，就是上二叠纪的卡氏头甲龙（*Scutosaurus karpinskii*）的化石标本。卡氏头甲龙的种名是为了纪念苏联科学院第一任院长、地质学家卡尔宾斯基。1955 年 11 月，曾经接待苏联古生物代表团的杨钟健在《光明日报》发表文章《珍贵的礼物》，讲述卡氏头甲龙化石标本的来龙去脉。杨钟健在文章中说："中国的古生物学家应该认真地学习苏联古生物学家的先进经验，并密切合作，为古生物学更进一步的推进而努力。"

▲ 杨钟健、裴文中等人和苏联科学代表团在一起讨论第四纪地层问题。

珍貴的礼物

中國科学院古脊椎動物研究室主任 楊鍾健

最近，苏联科学院古生物研究所接受了中國科学院的邀請，派研究所副所長基尔皮契尼柯夫教授，研究所博物館館長弗遼罗夫教授和研究員鮑尔霍維金娜候補博士來我國訪問。他們此來並代表苏联古生物研究所贈送我國一大批古生物学的文献、标本和模型。这些珍貴的礼物，代表着苏联古生物学家对中國古生物学家無比的友誼。这些礼物实在是我國古生物学家最需要的学習資料。其中有一具最完整的骨骼化石，代表一种原始的爬行類動物，可以說是稀世之珍，值得特别介紹一下。

这个稀世之珍的礼物，就是卡氏头甲龍(Scu tosaurus. karpinskii Amalitzky)化石标本。这标本產於苏联北部德維納河附近，地質年代屬於上二疊紀。像这样完整的骨架，全世界只有三个。它的珍異程度，就可想而知了。

这个标本，曾在未送來以前，由苏联科学院古生物研究所配备鉄架和木座。此次全部安全地运來，到北京重新裝架起來。苏联科学家們对於这标本的裝架，顯出無比的技巧和科学性，所表現的姿势，栩栩如生，更增加了这标本的优美性。

这个化石骨架除了極少部分加以整補外，可以說从头至尾，都是眞正的骨骼，估全骨骼百分之九十以上。像这样完整的标本，在地質記錄上後期的動物，也並不多見，何況他代表着兩万万年以前的一个原始爬行類動物

我們知道爬行類動物開始於古生代的石炭紀末期，至二疊紀和中生代末期的白堊紀時期，繁殖很盛。在二疊紀、三疊紀時期，有一類爬行類動物，名叫杯龍類(Cotylosauria)，是各种爬行類動物中最原始、也最普遍的一類；其他种類，或多或少都与这一類有密切的關係。因此，一般古生物家称杯龍類为"主幹的爬行類動物"。意思就是說在代表爬行類動物演化樹上，它是最基本的主幹。就現代的動物來講，龜類最与之相近。在演化史上講，头甲龍又是杯龍類的主要一屬，因此，头甲龍的标本是最有價值的。

卡氏头甲龍生活復原圖

像杯龍類这一類化石，曾在南非哈魯系地層下部發現很多。在北半球一向很少發現。在歐洲，只有苏联和苏格蘭發現过。龍類化石在非洲南部与歐洲北部的發現，曾引起生物学家、地質学家对於古代大陸分佈問題有过不少的討論，到目前，这还是吸引人的一个討論題目。所以这个头甲龍化石标本在古地理学上的意义，也是非常重大的。

这个化石标本的命名也是十分有意义的。他名曰"卡尔賓斯基氏头甲龍"，卡氏就是苏联最負盛名的古生物学家卡尔賓斯基(А.П.Карпинский)。十月革命後，卡尔賓斯基是苏联科学院第一任院長。卡尔賓斯基在古生物学上的造就非常之深，他的許多門類研究的成果，至今还为人們所引用。他有名的關於下二疊紀一种鮫魚(Helicoprion)的螺旋鋸齒的研究，特为出名。在这次所贈送的其他标本中，就有他研究过的这一种鮫魚的螺旋鋸齒的模型。他对培养苏联古生物学後進的功績非常之大。現在許多知名的古生物学家多是他的学生。此外，他对於苏联整个科学發展的組織与推動，起过很大的作用，可以說，他这方面的功績不在他的学術的造詣之下。以他的名字來命名这一珍貴的化石，並以之贈送給中國科学院，意义是非常深長的。

苏联科学院古生物研究所还贈送了許多古生物參考必需的圖書和許多古生物标本。这些标本中，一部分是眞的标本。一部分是苏联主要古生物正型标本的模型(像上面所說的鮫魚模型便是)。

像这样珍貴礼物的贈与，当然不是一件簡單的事，所以苏联科学院古生物研究所特派副所長基尔皮契尼柯夫教授和古生物博物館館長弗遼罗夫教授親自代表苏联科学院贈送。我相信，这些珍貴礼物，將永远为中國科学院珍貴地陈列起來。这些礼物將永远是苏联与中國永恆的友誼的象徵。它將永远为中國古生物学家所使用，从而丰富他們对於古生物学的知識。也將永远供中國人民參观，而增進对於苏联科学的仰慕。

作为一个古生物学工作者，尤其是作为一个以研究古脊椎動物化石的我，对这珍貴的礼物，眞有說不出的感激与兴奋。回憶自1870年，古生物学的歷史上，開始有關於研究中國古脊椎動物标本的文章發表，到今年已八十五年。在这八十五年間，除開解放後六年外，解放前的很長年代，一直是帝國主义在中國掠夺古脊椎動物化石材料的年代。凡是熟識我國地質学及古生物学發展歷史与古生物文献的人，都知道不知有多少多少化石标本(包括許多典型标本)，已落在外國的博物館中。这个情況和目前苏联科学家把他們珍奇的标本贈送給我們，那是多麼強烈的对照。苏联科学界对我國的崇高的友誼，我們將永誌不忘。

正因为如此，我深深地感到中國的古生物学家更应当好好地努力工作，認眞地学習苏联古生物学家的先進經驗，並密切合作，为古生物学更進一步的推進而努力。

▲ 1955年11月，杨钟健在《光明日报》发表文章《珍贵的礼物》，讲述卡氏头甲龙化石的来龙去脉。

1955年5月，杨钟健陪同苏联专家前往西安等地参观访问。

1956年8月下旬至11月初，杨钟健作为中国古生物访问团的首席成员，与斯行健、赵金科、周明镇等访问苏联。代表团在苏联和当时的几个加盟共和国访问了两个月零二天，一共走了四万多千米的路程。访问期间，中国古生物学家参观了苏联科学院古生物研究所、地质研究所、古生物博物馆和著名大学等机构，借以了解苏联古生物教学、研究及发展状况。代表团在莫斯科和列宁格勒进行了参观访问，并到当时隶属苏联的爱沙尼亚塔林、乌克兰基辅、格鲁吉亚第比利斯、拉脱维亚的里加、摩尔达维亚的基希涅夫（现名基希讷乌）等地考察地层、观察野外工作。中国代表团还向苏联科学院赠送了中国古生物标本，并在莫斯科自然科学家协会和苏联科学院作报告，介绍中国古生物学成就。访问期间，杨钟健等人被选为莫斯科自然科学家协会的国外会员。

▲ 杨钟健（右一）一行在苏联科学院地质研究所门前。

▲ 杨钟健（左五）一行在爱沙尼亚科学院门前。右二是盖格尔。

▲ 杨钟健（左三）、斯行健、赵金科、周明镇等和苏联同行合影。

▲ 杨钟健（左一）、周明镇和斯行健在报告会上。

▲ 杨钟健（左三）和奥尔洛夫（右三）、别丽耶娃（左二）等在告别宴会上。

▲ 杨钟健把广西巨猿牙齿化石等赠送给苏联科学院古生物研究所，由所长奥尔洛夫和哺乳动物学家别丽耶娃等人接受。

1957年2月，杨钟健访苏归来后，把当时的经历和感想汇集成册，出版了游记《访苏两月记》，他在序言中提道：“这次访苏的印象在脑中还是很深刻，时时呈现于心目中。古生物陈列馆的珍奇标本、和一些科学家接触的情况，乃至黑海船影、西伯利亚森林的秋色都还是印象很深。……近几个月，因健康欠佳，不到三个月，中间两次入医院治疗。……这本小册子的四分之三的内容都是在医院写出来的，只有一小部分在家中晚间若断若续地加以补充才完成。”

▲ 1957年2月，杨钟健访苏归来后出版的《访苏两月记》。

▲ 杨钟健在访苏归国后介绍苏联的古生物研究情况。

1957年2月，杨钟健所著《生物演化的概念》一书由科学普及出版社出版。

1957年3月，《古脊椎动物学报》季刊出版。杨钟健任编委会主任。委员为裴文中、吴汝康、刘东生和周明镇（兼秘书）。这是当时世界上唯一的专门刊载古脊椎动物与古人类论文的专业期刊。《古脊椎动物学报》的第一篇文章是杨钟健《中国亚洲新前稜蜥》一文。

1957年6月1日，杨钟健迎来了自己的60岁生辰。作为纪念，他将

1947年以来新发表的文字连同1918年以来的文字共526则编入《重编记骨室文目》。除序言外，杨钟健还作诗《六十述往百句》："六十逢盛世，泥爪志归鸿。应知十年后，另登以高峰。"和1947年杨钟健50岁生辰时所作的《五十述往百句》相比，10年过后的杨钟健，对取得的成就充满了自豪，对未来的前途充满了信心。

▲ 1957年2月，杨钟健所著《生物演化的概念》一书由科学普及出版社出版。

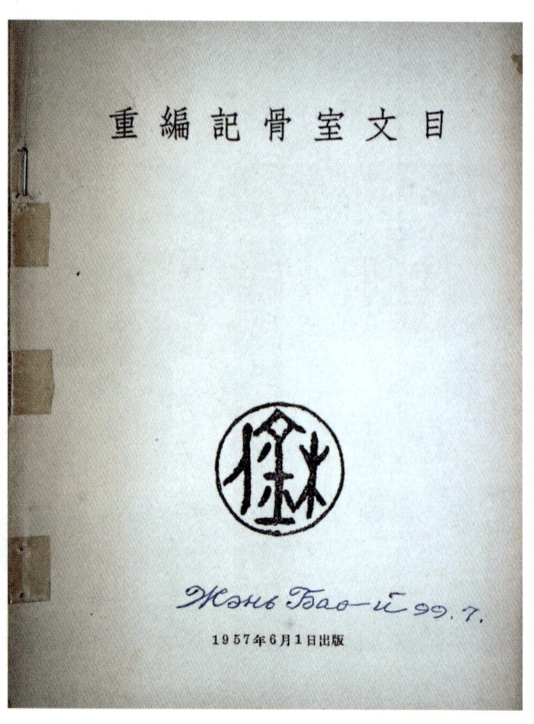

▲ 杨钟健为纪念60岁生辰，把1918—1956年的526篇文章编入《重编记骨室文目》。

第七章　深耕厚植　壮大发展

（1957—1966年）

杨钟健从60岁到69岁的10年间，是中国整个地层古生物学迅速发展的时期。地层古生物学取得一系列重大进展，包括全国范围的区域地质调查和矿产普查、第一届全国地层会议、西藏地区地层和古生物初步勘查等。在这段时间，古脊椎动物与古人类研究所的研究力量不断壮大，工作条件逐年改善，技术设施趋于完备。杨钟健领导着古脊椎所，沿着“两种堆积、四个来源”的方向（即华南新、老红层堆积及北方土状堆积；鱼类、陆生脊椎动物、哺乳动物及人类的起源）推进研究工作。1958年，杨钟健又补充提出“填三白”的任务方向和“还三愿”的服务方向，即努力填补生物系统上的空白、地层上的空白和地区上的空白，让古脊椎动物学和古人类学“为地质、为生物、为人民”服务。

在这10年中，杨钟健精心组织了一些大型科学考察和研究项目，例如广西巨猿和华南洞穴考察、中苏古生物考察、新疆古脊椎动物综合考察、陕西蓝田新生界及哺乳动物群考察等。杨钟健本人和其他人员在肯氏兽动物群、二齿兽类和水龙兽动物群、三叠纪海相爬行类、各类恐龙和水生爬行动物、新疆中新生代动物群、华北中新生代地层及动物群、华南红层及古新世动物群、陕西蓝田新生界及蓝田猿人动物群、其他人类化石和旧石器文化等方面，都取得显著的研究进展。同时，研究所还主办了一些大型会议，例如1959年的山西地层现场会、1964年的陕西蓝田新生界现场会议和1965年的合川马门溪龙介绍展览会。

杨钟健从60岁到69岁的10年历程，伴随着中国社会接连不断的各种运动，古脊椎动物与古人类研究所进行的各项工作，承载着时代大环境中的风雨痕迹。作为一个科学工作组织者和领导者，作为古脊椎动物学科的领头人，杨钟健在各种场合，都把朴素的政治热情和发展古脊椎动物学的执着精神融为一体。他多次表示要让科学为国家建设服务，为社会主义服务。

1. 风雨前行

1957年7月1日，杨钟健主持古脊椎动物研究室“七一”献礼学术报告会。8月29日，在研究室改所的会上，杨钟健谈到中国研究古脊椎动物的特殊性和面临的几个问题。他说，和研究室相比，研究所的规模要大一些，研究工作的量和质，都应该更充实一些，面临的任务应当更重要一些。他又说，第二个五年计划就要开始，在科学研究方面，应当尽量配合国家建设的需要，要赶上科学的国际水平。1957年9月1日，古脊椎动物研究室由中国科学院批准正式改为古脊椎动物研究所。1957年11月，在中国古脊椎动物化石保护会议上，杨钟健又作了题为《中国古脊椎动物化石研究的回顾和成就》的报告。

▲ 1957年7月1日，杨钟健主持古脊椎动物研究室“七一”献礼学术报告会。

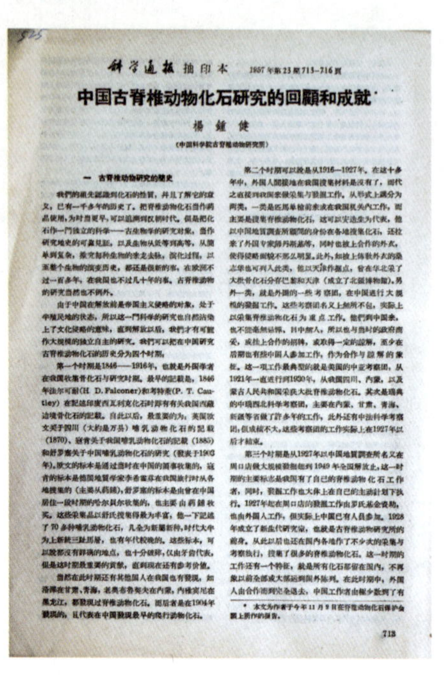

科学通报 抽印本 1957年第23期713—716页

中国古脊椎动物化石研究的回顾和成就*

杨鍾健

(中国科学院古脊椎动物研究所)

Vol. II, No. 1 VERTEBRATA PALASIATICA March, 1958

在中國研究古脊椎動物的特殊性和面臨的幾個問題

1957年8月29日在古脊椎動物研究室改所會上的發言

楊鍾健

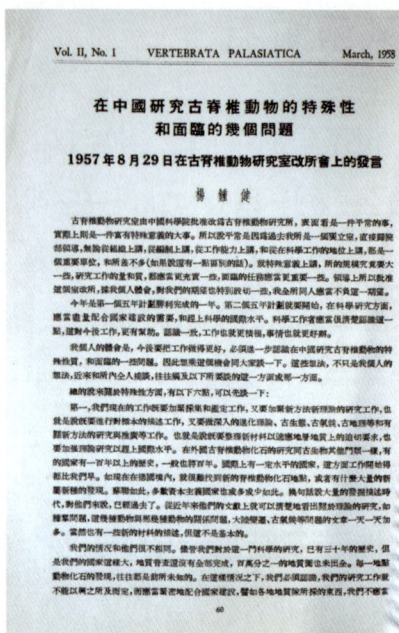

▲ 1957年11月，杨钟健在中国古脊椎动物化石保护会议上所作的报告:《中国古脊椎动物化石研究的回顾和成就》。

▲ 杨钟健在古脊椎动物研究室改所会上的发言。

为了持续地培养各地的化石采集和修理人才，1957年8月至11月，古脊椎动物研究室在周口店举办第二期脊椎动物化石发掘修理技术训练班。

1957年，杨钟健在二道桥院内为裴文中在广西洞穴勘查取得的成果举行了广西巨猿化石报告会。早在1935年，德日进、杨钟健、裴文中曾经到广西调查巨猿和古人类化石。当时，荷兰古生物学家孔尼华（G. H. R. von Koeningswald，1902—1982）根据在中药行购买的几颗牙齿化石建立了“步氏巨猿”这个新属种。但是，牙齿化石的产地、层位及步氏巨猿的进化位置，是孔尼华无法解决的三大难题。从1955年冬开始，裴文中带领研究人员前往广西，继续20年前未完成的探察工作。1957年，调查队发现了三个完整的巨猿下颌骨和众多牙齿，并找到柳城巨猿洞等化石产地。裴文中的发现为解决孔尼华的“三大难题”提供了关键的新证据。

▲ 广西巨猿化石报告会会场。

1958 年 2 月，迎来了古脊椎研究所的第一个春节。杨钟健（前排右五）、裴文中（前排右七）、贾兰坡（前排右四）等和研究所的同事们在贴满大字报的二道桥会议室门前合影。

▲ 1958 年 2 月，杨钟健和研究所的同事们庆祝春节。

▲ 10月初，中国科学院举行了有一万人参加的“国庆献礼祝捷大会”。图为杨钟健从主席台上拍摄的献礼祝捷大会的情景。

从1958年6月起，在全国“大跃进”的高潮中，中国科学院各研究所纷纷举行“跃进誓师会”，开展一次又一次的科研成果“献礼汇报”活动。10月中下旬，中国科学院在新建的实验大楼举行“自然科学跃进成果展览会”。展览共分5个馆，其中第5馆是综合考察及地学。参观展览会的有院内外445个单位的3万多人次。展览会受到党和国家领导人的关怀和重视。10月27日，毛泽东到中关村参观“自然科学跃进成果展览会”，由郭沫若、竺可桢等陪同参观了地学展，还观看了古脊椎所展示的棘鼻青岛龙等展品。

1958年8月，在“大跃进”的高潮中，周口店再次恢复发掘工作。参加发掘的主要人力是北京大学考古专业的一、二年级学生。

在各种运动的风雨中，杨钟健坚持推进自己的研究工作。1958年7月，他在《中国古生物志》发表专著《山东莱阳恐龙化石》。

▲ 1958年，发掘人员在周口店第一地点坚硬的堆积物上打眼放炮。

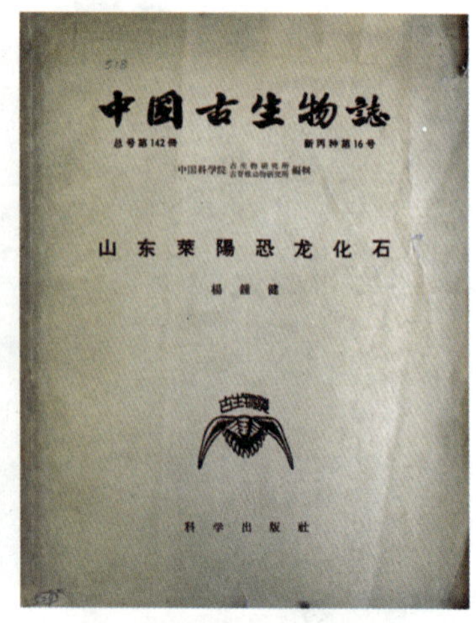

▲ 1958年7月，杨钟健发表专著《山东莱阳恐龙化石》。

2. 中苏合作又一幕

1959—1960年，中苏双方组建了中－苏古生物联合考察队，到内蒙古等地考察并挖掘古生物化石。

早在1956年，杨钟健率领中国古生物代表团访问苏联时，双方谈到今后中苏科学家要开展具体的合作，不但要有室内的合作，还要进行野外合作。1957—1958年，苏联科学院派古生物研究所古生态研究室主任盖格尔教授访华。除了和中国古生物学家进行学术交流外，盖格尔还在北京讲授古生态学课程。杨钟健曾经和盖格尔教授在1956年在苏联相见，此时两人又在北京重逢，杨钟健填词《浪淘沙》表达心中的欣喜。他写道："相见忆苏联，今已两年。言欢聚首事频繁。生态讲授开数次，共证前缘。"

1958年10月，苏联科学院古生物研究所所长奥尔洛夫等人来到北京，就中苏双方组建中－苏中亚古生物联合考察队事宜和中方进行磋商、谈判。

▲ 杨钟健（右二）、裴文中（左一）和奥尔洛夫（左三）在二道桥庭院中留影。右一为颜天明，左二为翻译丁慧。

▲ 前排由左至右依次为杨式溥（翻译）、杨遵仪、盖格尔、杨钟健。后排由左至右依次为古植物学家徐仁、裴文中、周明镇、腕足类学家田奇瑰、珊瑚专家乐森璕。

▲ 杨钟健和夫人王国桢在家里会见盖格尔。

1958年，杨钟健曾陪同奥尔洛夫等苏联同行在北京、济南、南京、上海、杭州等地参观访问，并去山东、内蒙古、兰州、银川等地视察。

▲ 1958年11月，杨钟健陪同奥尔洛夫等游览颐和园。前排从左到右为孙云铸、奥尔洛夫、杨钟健。后排左二为马列耶夫，左三为埃弗雷莫夫。

▲ 1958年11月，杨钟健（左五）陪同奥尔洛夫（左四）、马列耶夫（右二）和埃弗雷莫夫（右四）等参观周口店。左一为周明镇、左二为贾兰坡、右一为盖培。

▲ 1958 年 11 月，杨钟健（中间）和马列耶夫（左二）、埃弗雷莫夫（左一）等在长城脚下。右一为盖培、右二为周明镇。

1959 年，根据中苏两国科学院的协议，古脊椎动物研究所和苏联古生物研究所联合组建了中－苏中亚古生物考察队。双方原计划野外合作为期 5 年，考察范围从中国内蒙古到苏联的哈萨克斯坦。联合考察队的中方队长为周明镇，苏方队长为罗日捷斯特文斯基。苏方为联合考察提供的物资包括大小汽车 14 辆、推土机两台、发电设备、大量汽油和柴油、电影队设备、百余顶帐篷、大批发掘工具和考察队员的各类服装。中方主要负责食物供应、城市住宿、铁路运输等。在 1959—1960 年的两次考察中，考察队在内蒙古、宁夏、甘肃等地发掘到大量的白垩纪恐龙和新生代哺乳动物化石，其中包括甲龙骨架、小巨犀骨架和古鼷鹿骨架。

1959 年 5 月底，考察队的苏方人员到达北京。6—10 月，中－苏中亚古生物考察队在内蒙古野外考察、发掘。1960 年 5—7 月，考察队又到内蒙古、甘肃等地考察、发掘，并准备前往新疆。但此时因中苏关系破裂，考察工作突然中断，苏方人员于 1960 年 8 月返国。

▲ 1959年6月，中－苏中亚古生物考察队部分成员在古脊椎动物研究所入口处合影。中方成员包括周明镇、胡长康、盖培等。苏方人员包括罗日捷斯特文斯基、布拉根、卢基杨诺娃、布尔恰克·阿布拉莫维奇、埃格龙、史识金等。

▲ 1959年6月，中－苏中亚古生物考察队部分成员在二道桥会议室进行学术交流。

▲ 1959 年 7 月，杨钟健（左六）和夫人王国桢（左八）、吴汝康（左二）、周明镇（左七）等在寓所会见中 – 苏中亚古生物考察队部分成员。

▲ 1959 年 9 月中，杨钟健到内蒙古中 – 苏中亚古生物考察队的基地视察野外工作。

▲ 1959 年 9 月，杨钟健和罗日捷斯特文斯基、史识金等在野外。

1959 年 10 月，中 – 苏中亚古生物考察队结束了 4 个月的野外工作回到北京，并在北京举办了 1959 年 6 — 8 月中苏野外发掘工作展览。郭沫若、杨钟健、周明镇等参观了展览并接见了考察团主要成员。为了庆祝考察队胜利归来，杨钟健赋诗：“野外四月辛勤，全胜成功惊人。相聚笑语狂欢夜，争取上游再临。”

▲ 1959年10月，郭沫若、杨钟健、周明镇和奥尔洛夫、罗日捷斯特文斯基等一道参观1959年6—8月中苏野外发掘工作展览。

◀ 郭沫若、杨钟健、周明镇等与考察团主要成员合影。前排左起：杨钟健、奥尔洛夫、郭沫若、马列耶夫、罗日捷斯特文斯基、周明镇。照片中其他成员有史识金、卢基杨诺娃、杜勃罗沃、丁慧、布拉根、特洛菲莫夫、胡长康、里哈切夫、刘玉海、布尔恰克·阿布拉莫维奇、埃各龙、徐余瑄等。

▲ 1959年，杨钟健等考察队的中方人员在机场欢送苏方队长罗日杰斯特文斯基等人回国。参加欢送的人还有徐余瑄、周明镇、陈士航、胡长康、胡寿永、丁慧、计宏祥、郑家坚等。

▲ 1960年8月，杨钟健（左二）和夫人王国桢（左一）在北京站欢送苏联古生物学家卢基杨诺娃（中）等回国。

1960年4月，奥尔洛夫再次来到中国，安排当年的联合考察事宜，并由杨钟健陪同赴西安、兰州等地视察。5月中，奥尔洛夫离开北京返国。5—7月，中苏考察队奔赴内蒙古、甘肃等地考察、发掘。考察团于7月到兰州，准备去新疆考察。但是，当时中苏国家关系破裂。苏方撤回专家和设备，考察工作中断。就此，中苏古生物学家的野外合作成为历史长河中的一段珍贵回忆。

▲ 1960年8月，杨钟健（右二）和夫人王国桢（右六）、刘东生（右一）等在北京车站送别苏联古生物同行。苏方人员包括罗日杰斯特文斯基、卢基杨诺娃、埃格龙等。

3. 深耕厚植

杨钟健是中国自然博物馆事业的倡导者和组织者。1959年1月，中央自然博物馆在天桥的新馆对外开放，由杨钟健兼任馆长。文化部所属的中央自然博物馆是北京自然博物馆的前身。1962年，中央自然博物馆归属北京市，正名为北京自然博物馆，仍由杨钟健兼任馆长。北京自然博物馆是新中国的第一座大型自然科学博物馆，主要从事古生物、现生生物和人类学的标本收藏、研究和科普工作。杨钟健馆长上任伊始便宣称，“不务虚名，不做挂名馆长，而要在博物馆身体力行、真抓实干”。他不仅成为博物馆事业的带头人和榜样，并且颇有远见地指出，博物馆不但要有光鲜亮丽的前台陈列，更要有雄厚的、治学严谨的后台工作。在他精心的调度规划下，博物馆做到了采集、科研、陈列兼顾，着力开展标本库房建设，组建了各生物专业的研究队伍，使博物馆的发展逐渐步入正轨。杨钟健把古脊椎动物研究所与自然博物馆视为自己的一双“儿女”，悉心呵护。

▲ 杨钟健在自然博物馆的欢迎大会上。

▲ 杨钟健（右一）陪同郭沫若院长（右二）参观山西地层现场会议展览。

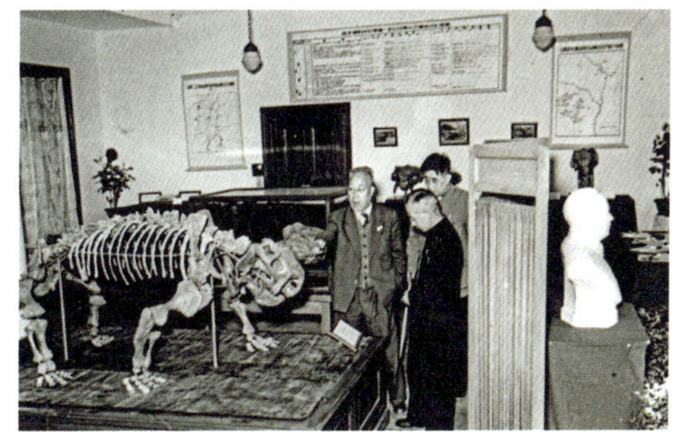

▲ 杨钟健（左一）在山西地层现场会议期间陪同竺可桢副院长（左三）参观二齿兽类的肯氏兽标本。左二为颜天明。

1959 年，中国科学院、地质部和中国地质学会倡议在 11 月举行全国第一届地层会议。这对中国地层学、古生物学的发展将起非常大的推动作用。当年 7 月 1 日至 12 日，为配合全国第一届地层会议的召开，解决山西的二叠纪和三叠纪地层问题，由古脊椎动物研究所和地质所在太原召开山西地层现场会议。会议有各地代表 100 多位参加，提出的报告有 30 篇。会议还组织代表到宁武等地作现场参观。会议期间，杨钟健向郭沫若院长、竺可桢副院长等介绍古脊椎动物学成就，并陪同他们参观二齿兽标本等材料。同年，杨钟健发表《山西武乡中国肯氏兽动物群的新分布和它在地层上意义的前景》等文章。

随着各种考察活动，特别是中苏古生物大规模合作考察的进行，1959 年研究所的职工人数激增至 155 人，其中研究人员达 32 人（包括研究生和新分配的毕业生 20 余人）。1959 年 9 月，杨钟健主持古脊椎动物研究所举行国庆 10 周年研究工作报告会。

1959 年，杨钟健应邀参加在人民大会堂举行的国庆招待会，并参加国庆观礼。

1949——1959

为庆祝中华人民共和国成立十周年定于一九五九年九月三十日（星期三）下午七时至九时在人民大会堂宴会厅举行招待会敬请

光临

毛泽东　刘少奇　宋庆龄
董必武　朱　德　周恩来

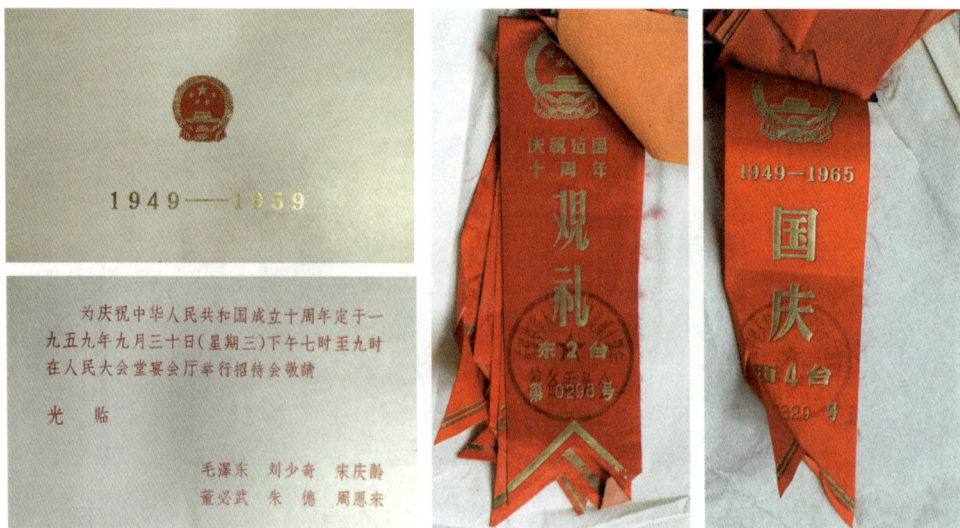

▲ 杨钟健保存的国家领导人署名的国庆招待会邀请函。

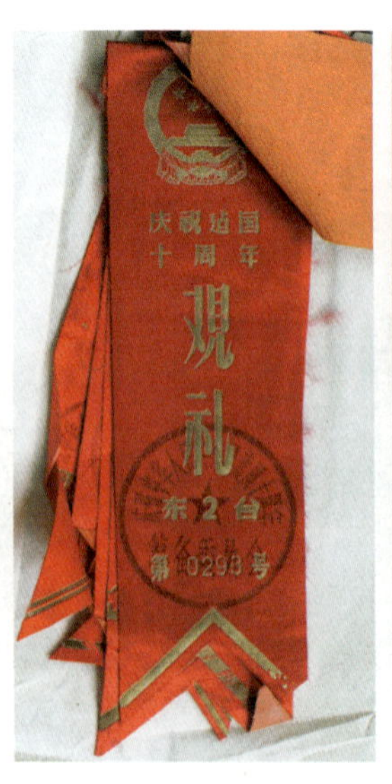

▲ 杨钟健保存的 1959 年国庆观礼佩戴的胸标。

▲ 杨钟健保存的 1965 年国庆观礼佩戴的胸标。

1959年12月，中国科学院和古脊椎动物研究所在西颐宾馆举行为期4天的中国猿人第一个头盖骨发现30周年纪念会。出席纪念会的有来自全国16个省市的141人。会上提交的报告共25篇，包括古人类、旧石器文化、巨猿、地质古生物等方面。纪念会还在周口店召开了现场会，代表们参观了周口店的陈列馆。纪念会由竺可桢副院长致开幕词，杨钟健所长作总结发言。

1960年是杨钟健领导古脊椎动物研究所（室）走过的第7个年头。4月初，杨钟健主持古脊椎动物研究所成立7周年纪念会。

1960年4月11日，古脊椎动物研究所改名为古脊椎动物与古人类研究所，下设低等脊椎动物室、高等脊椎动物室、古人类室和新增设的新生代地层室。此外，研究所还建立了周口店和太原的两个工作站。研究所还设有化石修理室、模型装架室、绘图室、照相室、图书室、编辑室和标本馆等辅助科室。

研究所的研究力量也不断增强。1960年，研究所举行了副博士研究生的论文答辩会。

古脊椎动物与古人类

第2卷 第1期 PALEOVERTEBRATA ET PALEOANTHROPOLOGIA 1960年3月

为争取古人类研究工作的更大跃进而奋斗

杨钟健

中国猿人第一个头盖骨发现30周年纪念大会开了四天，今天结束。由于这个会从筹备到结束，一直在中国科学院各级党的领导与关怀下进行，再加上全体与会同志們的努力，开得很好，現在我代表大会主席团作总结，包括今后我們这一門科学如何跃进的初步計划。現在分成以下四个部分来談。

（一） 大会进行的情况

四天的会議开得很好。如果和25周年纪念大会对比，它是一个大跃进。上次会議的代表大多限于北京，而这次是来自全国各地，南达广西，西南到四川，北到内蒙，东北到黑龙江，东到上海，西到甘肃。出席的代表共有141人，代表了全国16个省市的有关单位。这些单位有科学研究机构、大专学校、文教部門和产业部門。代表中有人类学、考古学、古生物学、地質学以及其他有关科学的老科学家和很多青年科学工作者。所以这次大会的代表性很強，面也很广泛。它是一个名符其实的代表大会。

在开幕式上，竺副院长說：这次大会是检閱几年来、特别是1958年跃进以来，在古人类学上包括旧石器文化所取得的成果；交流經驗；为今后的跃进打下基礎，是一个跃进的大会。

苏联科学院通訊院士、考古学家吉謝列夫参加了大会，在会上作了恳切的报告，介紹了苏联工作的先进經驗，丰富了会議的内容，为我們指出今后努力的途徑。

无論从那方面来看，这次大会都不能与25周年纪念会同日而語。在論文报告方面，25周年纪念会上只有5篇，連郭院长的开幕詞共6篇，而这次会上有25篇，并且内容也丰富多采，包括了古人类、旧石器文化、巨猿、地質古生物等各个方面，最后还报告了雪人問題。另外在周口店开了一天的现場会議，参观了陈列館，就地进行了討論。

在开会期間，进行了热烈的討論，各报告的本身，也都具有一定的水平，其中有些提高到理論的高度。全体与会同人初步地貫徹了党的百家爭鳴的方針。

总的說来，我們的会开得很好。这些成績都是在党的領导下，經过同志們的努力取得的。

（二） 大会的主要收获

这次会議的收获很多，它为古人类、旧石器考古、地質古生物等各个方面更大的跃进鋪平了道路，也創造了很好的条件。主要收获有以下五个方面：

▲ 杨钟健在中国猿人第一个头盖骨发现30周年纪念大会上作报告《为争取古人类研究工作的更大跃进而奋斗》。

▲ 1959 年，杨钟健、吴汝康陪同科学院副院长竺可桢观看“北京人”复原像。

▲ 1959 年 12 月，杨钟健（前排右五）与参加中国猿人第一个头盖骨发现 30 周年纪念会人员在西颐宾馆门前合影。

▲ 杨钟健在庆祝研究所成立7周年纪念会上。黑板两侧的墙上贴着研究所7年来机构发展情况和人员增长情况的图表。右侧的图表显示研究所（室）历年总人数的增长：1953年19人，1955年53人，1957年107人，1959年150人，1960年223人。

▲ 杨钟健（右一）参加叶祥奎的论文答辩会。叶祥奎是1956年9月招考入所的三位副博士研究生之一。同时招考入所的副博士研究生还有孙艾玲和吴新智。

1960年，张弥曼、邱占祥、赵喜进三位留苏大学生进所。1960年10月，研究所由地安门二道桥迁至德胜门外祁家豁子的地质研究所大楼内办公。杨钟健在二道桥工作将近8年，临别不胜依依，赋诗《辞别二道桥》："岂知粥太少，分羹一杯难。等是千二米，存放挤不堪。提高只半步，远景仍渺然。在此七八载，回首如云烟。"

杨钟健每年都被邀请参加国庆观礼。1960年，他参加国庆观礼归来，兴奋地赋诗："喜见满天通红，万点火花齐明。载歌载舞狂欢情，欢乐八方相同。车马来去如龙，万人空巷全城。齐歌毛主席万岁，明年更登高峰。"

1959年到1961年的3年"困难时期"，国民经济严重失调，外加自然灾害，使粮油、蔬菜、副食品等极度缺乏。杨钟健经常关心野外工作人员吃得怎样，粮食定量是否够吃，让他们注意身体，不要过累。1961

▲ 1961年3月，杨钟健和低等脊椎动物室的同事们在研究所新址门前合影。前排从左到右为胡寿永、王剡、杨钟健、黄为龙、王淑珍、王俊卿、张国瑞。后排从左到右为孙艾玲、张弥曼、赵喜进、叶祥奎、苏德造。

年 1 月，党中央决定对国民经济实行“调整、巩固、充实、提高”的八字方针。1962 年 2 月，周恩来总理、陈毅副总理在广州主持召开了全国科学技术工作会议。会议的议题之一是为知识分子“脱帽加冕”，即脱掉“资产阶级知识分子”的帽子，肯定知识分子是劳动人民的一部分。周恩来总理作了《论知识分子问题》的报告。陈毅副总理也就知识分子定位问题作了讲话。他们还强调要继续贯彻“百花齐放、百家争鸣”的“双百”方针，使广大知识分子受到鼓舞。1962 年，杨钟健在参加广州会议后，乘小型飞机到海南岛，凭吊海瑞墓。下飞机时因耳膜受损失聪。以后，他开会、听报告、同别人谈话，时常要靠别人在纸上笔写才能沟通。1962 年 8 月，杨钟健参加中国古生物学会第二届代表大会。

1962 年，研究所首次通过答辩晋升孙艾玲、吴新智、叶祥奎等 12 位为助理研究员。在 1962 年到 1965 年，又有 38 位大学生和研究生进所。

1962 年 11 月，杨钟健被选为美国古脊椎动物学会的名誉会员。

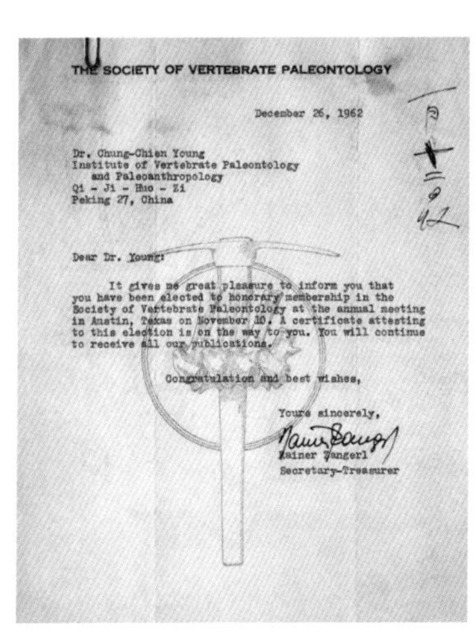

THE SOCIETY OF VERTEBRATE PALEONTOLOGY

December 26, 1962

Dr. Chung-Chien Young
Institute of Vertebrate Paleontology
and Paleoanthropology
Qi - Ji - Huo - Zi
Peking 27, China

Dear Dr. Young:

It gives me great pleasure to inform you that you have been elected to honorary membership in the Society of Vertebrate Paleontology at the annual meeting in Austin, Texas on November 10. A certificate attesting to this election is on the way to you. You will continue to receive all our publications.

Congratulation and best wishes,

Yours sincerely,

Rainer Zangerl
Secretary-Treasurer

▲ 美国古脊椎动物学会秘书长的来信。

▲ 杨钟健和孙艾玲一起研究化石标本。

20 世纪 60 年代初期，杨钟健在当年景山东街（后改为沙滩后街）的北京大学第二院（理学院）大门前留影。昔日曾是京师大学堂的古老建筑，变成了人民教育出版社。门前的两根大圆柱子依然如故，墙上写的是毛主席语录。当年“国立北京大学第二院”和“北大学生会平民夜校”的两块牌子已无迹可寻。五四运动时期年轻学子激情探索的场景成了似曾遥远的历史记忆。杨钟健自己也从北大时期的热血青年，成为带领整个古脊椎动物学科向前发展的领路人。

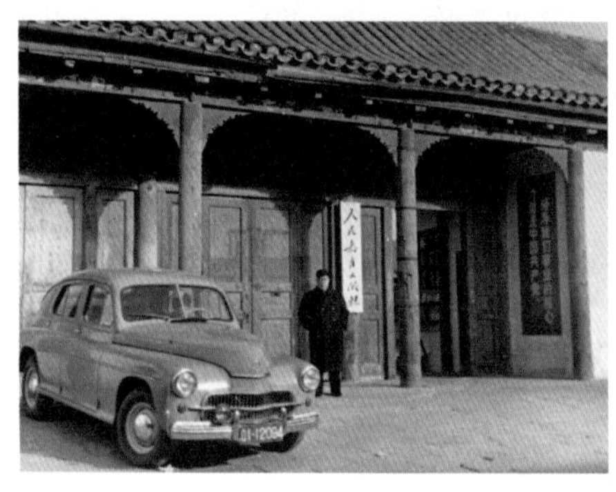

▲ 20 世纪 60 年代初期，杨钟健在当年景山东街（后改为沙滩后街）的北京大学第二院（理学院）大门前留影。

▲ 1962 年秋，杨钟健在颐和园留影。

20 世纪 50 年代后期到 60 年代中期，是杨钟健在家庭生活和工作方面都比较稳定的时期。杨钟健和夫人在中科院第一宿舍常和家人、亲友聚会，古脊椎所的同事们逢年过节也常到杨钟健家中拜访。

▲ 1957 年，杨钟健和夫人王国桢在家中。

▲ 1957 年，杨钟健和夫人与次子新孝（右二）、三子慈孝（左一）在家中。

▲ 低等脊椎动物研究室的部分同事在春节期间到杨老家中拜年。从左到右依次为苏德造、孙艾玲、叶祥奎、杨钟健、刘宪亭、黄为龙、张国瑞、胡寿永。

1961年，杨钟健的母亲在家乡去世。杨钟健当时赶回家乡，为母亲操办了隆重的葬礼。后来，他又为母亲续写家谱。

1963年3月29日，为纪念母亲90冥寿及辞世2周年，杨钟健在母亲遗像前献上杏花一束，并作《杏花歌》："一束杏花献母前，回念往事一泫然。八十八年与杏共，已离人间将两年。……社会主义日日好，杏

▲ 1956年，杨钟健和母亲王太夫人合影。

▲ 1963年，杨钟健在母亲去世两年后，和胞弟、胞妹在陕西家乡合影。从左到右依次为胞弟杨钟华、杨钟健、大妹杨芝英、二妹杨芝芬。

魂永伴母坟园。思母杏花歌一曲，忍泪工作慰酒泉。”杨钟健在《杏花歌》的注释中回忆 1946 年回家乡，正值收麦摘杏时节，他和母亲在村南大杏树下吃杏说杏。如今此景已成隔世，他不胜感慨。

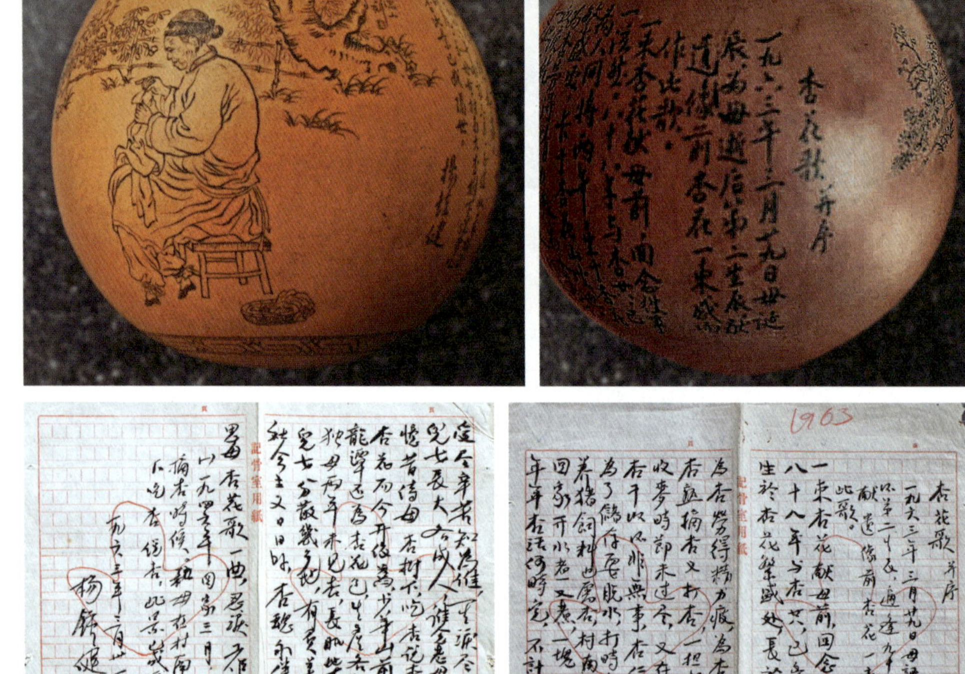

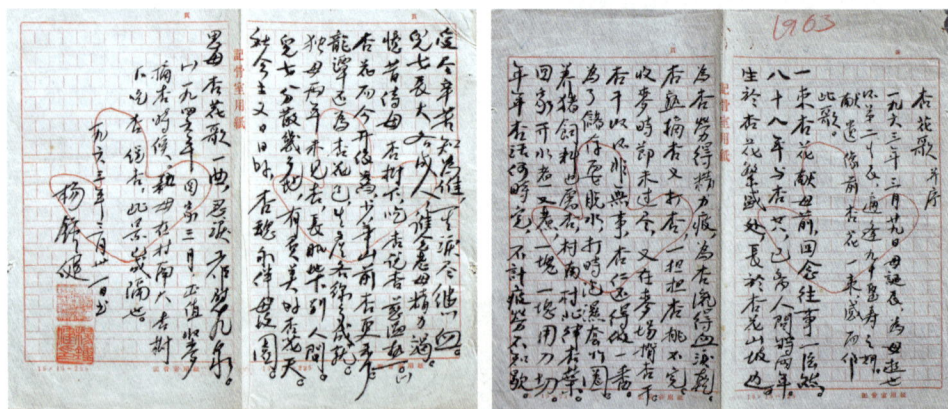

▲ 杨钟健为纪念母亲 90 冥寿及辞世 2 周年所作《杏花歌》手迹。他还请人把《杏花歌》和母亲遗像刻在葫芦上。

在 20 世纪 60 年代，杨钟健的次子新孝和三子慈孝也都各自成家立业。同时，杨钟健也时常对长子感孝留下的孙子杨大卫、孙女杨亚莛予以关照。杨大卫和杨亚莛在母亲改嫁后和母亲、继父一起生活。

▲ 1973年，杨钟健夫妇和次子新孝、二儿媳任葆薏一家人的合影。站在前排的是新孝的长子杨大同，任葆薏抱着的是次子杨大千。

▲ 1963年，杨钟健夫妇与三子慈孝（后排右一）、三儿媳董楚翘（前排右一）、长子感孝的后代在公园合影。后排左一为感孝女儿杨亚莊，左二为感孝儿子杨大卫。

4. 全面发展

1963年，古脊椎动物与古人类研究所走进了第10个年头。4月初，杨钟健主持召开了庆祝建所10周年的学术报告会。墙上贴着4月1日和4月2日的报告题目，并挂着刘宪亭和张弥曼报告中有关旋齿鲨在中国首次发现的图表。

▲ 1963年4月初，杨钟健主持召开了庆祝建所10周年的学术报告会。

▲ 1963 年，杨钟健（右四）在河南新乡。右三为张玉萍、左二为黄万波、左四为计宏祥。

1963 年至 1964 年，杨钟健组织成立新疆古生物考察队，去新疆进行了比较详细的采集。考察队有大约 40 人参加，由周明镇任队长（病假）、刘宪亭代理队长、孙艾玲任副队长。

1963 年深秋，新疆考察队在三叠纪地层野外考察，发现了短吻西域肯氏兽的九具骨架，被称为“九龙壁”。第 2 年，队员们把用石膏保护好的巨大岩块套箱，齐心合力地抬着“九龙壁”珍宝下山，然后装车运到北京。

▲ 1963 年，杨钟健主持召开新疆古生物考察队会议，研究工作地区和路线调查等事宜。

▲ 新疆考察队员们齐心合力地抬着“九龙壁”珍宝下山。

1963 年，杨钟健与贾兰坡、刘东生等在北京西郊斋堂考察。杨钟健在野外讲述马兰黄土的由来。马兰黄土是中国第四纪黄土分期名称之一，其标准剖面地点在北京市门头沟区斋堂川北山坡上。1962 年，刘东生、张宗祜等在对第四系黄土的研究中，以附近清水河右岸有马兰阶地而命名此类黄土为马兰黄土。

▲ 1963 年，杨钟健与贾兰坡、刘东生等在北京西郊斋堂考察。其中左上图为杨钟健（右）和刘东生（左）合影。

1963 年 11 月，杨钟健前往河南省济源县王屋山一带考察。1964 年 6 月，杨钟健在中国科学院参与接见希夏邦马登山队科学考察队。当时，科学考察队探讨了希夏邦马峰的冰川，研究第四纪沉积和古地理，并有很多地质、古生物、地层、岩石和现代生物方面的新发现。

▲ 1963 年，杨钟健在野外讲述马兰黄土的由来。

▲ 1963 年 11 月，杨钟健前往河南省济源县王屋山一带考察。图为杨钟健（前排中）和与古脊椎动物与古人类研究所山西工作站及当地负责干部合影。前排左三为刘宪亭。后排左二为张宏、左五为周家建、右三为郑家坚。

▲ 1964年6月，杨钟健（第二排右一）在中国科学院参加接见希夏邦马登山队科学考察队。第二排就座的还有李四光（右七）、刘东生（左六）、竺可桢（左五）、尹赞勋（左二）。

1964年，新疆古生物考察队先后在新疆克拉玛依的乌尔禾地区采集到数量众多的白垩纪翼龙和其他门类化石。魏氏准噶尔翼龙的材料是1963年在新疆克拉玛依的乌尔禾地区发现的。1964年，化石标本经杨钟健拼接、鉴定后，被命名为魏氏准噶尔翼龙（*Dsungaripterus weii*）。这是中国发现的第一具比较完整的翼龙化石骨架，体长0.9米，两翼展开达2.5米。

▲ 1964—1965年，杨钟健陪同外国学者观察魏氏准噶尔翼龙标本。

1964年8月21日至31日，世界科协和中国科协在北京召开了“北京科学讨论会”，这是中华人民共和国成立以来举行的第一次国际学术会议，专门在友谊宾馆建造了北京科学会堂。北京科学讨论会具有很强

▲ 1964—1965 年，杨钟健（右四）在研究所大楼门口和到访的外国学者合影。左一为刘时藩、左二为刘玉海、左三为刘东生，右一为张国瑞、右二为张文佑、右三为周明镇。

的国际政治色彩，旗帜是反对帝国主义和新老殖民主义，有亚洲、非洲、拉丁美洲、大洋洲 44 个国家和地区的 367 人参加。中国科学家作了有关胰岛素人工合成以及希夏邦马峰地区科学考察的初步报告。

1963 年 7 月，古脊椎动物与古人类研究所的蓝田考察队在蓝田县陈家窝发现一个猿人下颌骨化石，证明蓝田地区在古人类研究方面占有重要地位。1964 年，研究所又组织较大的力量，进行有计划的挖掘。5 月 22 日，在蓝田县公王岭首先发现了一颗猿人的牙齿化石。科研人员估计在这里还可能埋藏着猿人其他部位的化石。于是，他们把大堆的化石整块装箱运回北京。经过细致的室内修理，10 月间先后修整出一颗完整

▲ 1964 年 8 月，杨钟健、周明镇等在古脊椎动物与古人类研究所大楼前欢迎参加北京科学讨论会的科学家。

▲ 杨钟健等会见参加北京科学讨论会的外国科学家。

的猿人牙齿、一个猿人头盖骨和一块上颌骨。虽然化石修理出来的日期先后不同，但化石来自同一地方，应属于同一个体。吴汝康先将在陈家窝的下颌骨化石命名为“蓝田中国猿人”（*Homo erectus lantianensis*），随后又将公王岭的头骨化石归到同一属种，简称“蓝田人”或“蓝田猿人”（现在归入“直立人蓝田亚种”）。“蓝田人”的时代早于周口店的“中国猿人”或“北京人”，形态上也显得较为原始。这一发现，为研究人类的起源和进化史提供了重要依据，并表明中国是研究人类起源和发展的重要地区。陕西蓝田地区新生代地层发育较好，从始新统到全新统均有出露，并且富含脊椎动物化石。1964 年 7 月，为了纪念“北京人”发现 35 周年和蓝田人下颌骨发现 1 周年，杨钟健在《科学通报》发表《古人类研究的展望》。

1964 年 11 月，全国第四纪第二届学术会议及陕西蓝田新生界现场会议在西安召开。杨钟健与袁复礼、尹赞勋、张席禔、裴文中、周明镇、

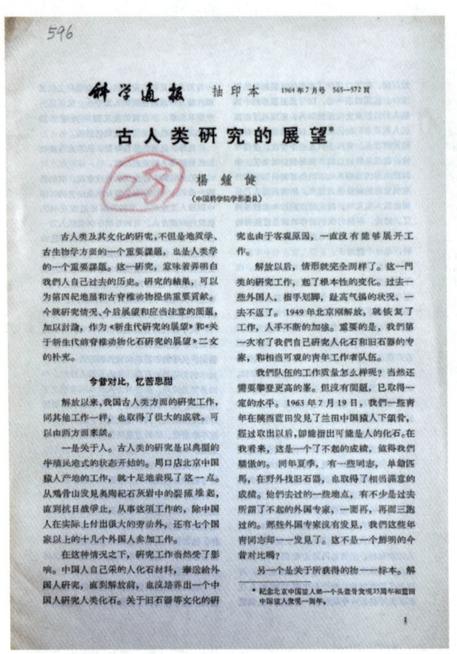

596

科学通报 抽印本 1964年7月号 565—572页

古人类研究的展望*

楊鍾健

(中国科学院学部委員)

28

古人类及其文化的研究，不但是地質学、古生物学方面的一个重要課題，也是人类学的一个重要課題。这一研究，意味着弄明白我們人自己过去的历史。研究的結果，可以为第四紀地層和古脊椎动物提供重要貢献。今就研究情况、今后展望和应当注意的問題，加以討論，作为《新生代研究的展望》和《关于新生代前脊椎动物化石研究的展望》二文的补充。

今昔对比，忆苦思甜

解放以来，我国古人类方面的研究工作，同其他工作一样，也取得了很大的成就。可以由两方面来談。

一是关于人。古人类的研究是以典型的半殖民地式的状态开始的。周口店北京中国猿人产地的工作，就十足地表现了这一点。从鸡骨山发見奥陶紀石灰岩中的裂隙堆起，直到抗日战爭止，从事这項工作的，除中国人在实际上付出很大的劳动外，还有七个国家以上的十几个外国人参加工作。

在这种情况之下，研究工作当然受了影响。中国人自己采的人化石材料，奉送給外国人研究，直到解放前，也沒培养出一个中国人研究人类化石。关于旧石器等文化的研究也由于客观原因，一直沒有能够展开工作。

解放以后，情形就完全两样了。这一門类的研究工作，起了根本性的变化。过去一些外国人，指手划脚，趾高气揚的状况，一去不返了。1949年北京刚解放，就恢复了工作，人手不断的加強。重要的是，我們第一次有了我們自己研究人化石和旧石器的专家，和相当可观的青年工作者队伍。

我們队伍的工作質量怎么样呢？当然还需要攀登更高的峯。但沒有問題，已取得一定的水平。1963年7月19日，我們一些青年在陝西藍田发見了兰田中国猿人下頜骨，經过取出以后，即能指出可能是人的化石。在我看来，这是一个了不起的成績，值得我們驕傲的。同年夏季，有一些同志，单鎗匹馬，在野外找旧石器，也取得了相当满意的成績。他們去过的一些地点，有不少是过去所謂了不起的外国专家，一而再，再而三跑过的。那些外国专家沒有发見，我們这些年青同志却一一发見了。这不是一个鮮明的今昔对比嗎？

另一个是关于所获得的物——标本。解

* 紀念北京中国猿人第一个头盖骨发现35周年和藍田中国猿人发现一周年。

1

▲ 1964年7月，杨钟健在《科学通报》发表《古人类研究的展望》。

▲ 1964年，杨钟健在《中国古生物志》发表《中国的假鳄类》。

徐仁等地质古生物学家登上秦岭北坡，考察“蓝田人”的发现地点。杨钟健在会议上致开幕词并作总结发言。

1964年，杨钟健在《中国古生物志》发表《中国的假鳄类》专著。假鳄类是生活在中生代的槽齿类爬行动物，发现于山西和新疆等地的地层中。杨钟健详细描述了假鳄类的3个新属、4个新种，同时对中国假鳄类的研究历史，假鳄类的起源、分类与辐射，假鳄类与恐龙的系统关系，以及假鳄类病态与生态等理论问题作了深入的探讨，提出一些新的见解。《中国的假鳄类》等著作是杨钟健在担任多种领导职务、工作十分繁忙的50—60年代的科研成果。杨钟健将所得4000多元稿酬作为党费全部上交。

1965年5月19日，古脊椎动物与古人类研究所在装架现场举办了合川马门溪龙介绍展览会。合川马门溪龙发现于1957年，颈部达9.5米，是生活在1.4亿年前侏罗纪晚期的一种蜥脚类恐龙，是亚洲发现的保存最完

▲ 20 世纪 60 年代，杨钟健和所内外专家讨论学术问题。坐在杨钟健（左一）一侧的依次是贾兰坡、吴汝康、张玉萍、徐余瑄、黄万波。坐在杨钟健对面的是裴文中、安志敏、周明镇等。

整、最长的蜥脚类恐龙。中国科学院院长郭沫若、副院长李四光、竺可桢、吴有训和其他科学家先后参观了展览会。展览会的墙上分别挂着“高举毛泽东思想红旗，树雄心，立壮志”“坚持四个第一”等大字横幅标语。

▲ 杨钟健向参加合川马门溪龙介绍展览会的郭沫若院长和竺可桢副院长介绍古脊椎动物与古人类研究所的研究成果。

1965 年 5 月 31 日，中国科学院地学部在北京科学会堂举行了蓝田猿人学术报告会。首都各科学研究机构及高等院校的科学家和教授等 200 多人出席了报告会。会场内还展出了蓝田人和国内外可供对比的头骨、下颌骨化石标本及部分共生的动物材料。郭沫若、李四光、竺可桢、乐森璕、尹赞勋、裴文中、袁复礼、周明镇、吴汝康、刘东生等出席并作重要发言。

1965 年 6 月 1 日，杨钟健迎来自己的 68 岁生日。当时，他身患高血压和糖尿病等疾病，但他不惧困扰，写下《六八初度感书》：“余生去死

▲ 杨钟健在北京科学会堂主持“蓝田猿人学术报告会”。

还差多，百计千方抗病魔。……光阴有限争分秒，来日虽暂不蹉跎。暮景一年十年用，生平经验树新谟。”

杨钟健始终关心着中国自然博物馆的发展工作。早在1963年，天津、上海等五省市博物馆人员出席了在大连召开的博物馆工作座谈会。与会者对自然博物馆的认识模糊，有的认为是科研单位，有的说是搞展览的。1964年，胡乔木参观了上海自然博物馆，强调博物馆科研工作的重要性，明确指出自然博物馆是一个科学机关，他说：“杨老在国外考察过自然博物馆，你们可以向他请教，也可以请他来参观，提提意见。”

1965年暑假，杨钟健由北京自然博物馆甄朔南陪同去大连休养。秋天，在回程的路上，杨钟健特意到沈阳、长春和哈尔滨参观这三个城市的科学单位和博物馆。他除了观看标本和博物馆陈列外，还特别留意青年科技人员的培养工作。杨钟健还到天津自然博物馆，宣讲自然博物馆科研工作的重要性。

1965年秋，杨钟健陪同艺术家许世骐教授到郭沫若家商议周口店“北京人”塑像等有关事宜。许世骐早年留学法国，擅长花鸟和山水画，曾积极参加陶行知（1891—1946）先生的生活教育普及工作，他的著作包括《人体解剖和造型美术之研究》《古生物造像》等。

▲ 杨钟健陪同艺术家许世骐教授到郭沫若家商议周口店“北京人”塑像等有关事宜。

1965年10月1日，杨钟健参加了国庆观礼。他还从观礼台上拍下天安门广场国庆游行的场面。游行队伍扛着“文艺为工农兵服务，文艺为社会主义服务”的大标语。

▲ 1965年10月1日，杨钟健从观礼台上拍下天安门广场国庆游行的场面。

1965年12月，杨钟健、孙艾玲等随中国科协代表团访问叙利亚。次年初回国。途经莫斯科时，受到中国驻苏联大使潘自力的热情招待。这次访问，基本是礼节性的，在科学上没有很高的期待。代表团参观了大马士革等处的不少古迹，还到死海等地游览。这是杨钟健一生中最后一次出国。

▲ 杨钟健在叙利亚参观游览。

1966年5—6月，“文化大革命”的风暴席卷中国大地的每个角落。古脊椎动物与古人类研究所和全国一样，陷入多年动乱。科研工作被迫中断，和国外的业务交流完全停止，《古脊椎动物与古人类》学报停刊。

最为严重的是，整个科研队伍遭到破坏，党政领导、老科学家和业务骨干首当其冲，遭到不同形式的批斗和迫害。

杨钟健被打成“资产阶级反动学术权威”，受到冲击。他回忆道：“我们被叫到牛棚里开会，只能坐小板凳，有时还得站着，弯腰。……有时，我们这些批判对象被派到食堂打扫卫生或在烈日下砸煤块，或在卡车上挑煤。我此时已是 70 岁的人，劳动很感吃力，只有勉为其难而已。我们出入均有人跟随，以作监视。……此时工资已停发，只给少数生活费（每人 32 元），当然不够用。大多数时间，我还住在家中，只是每天去所里接受批判。……到 11 月初，要我搬到所里去，睡在地上，左右都有人，十分糟糕。……领导我们牛棚的人，对我还算有些照顾。但在开大会时就不同了。开会时，我们被斗的人每人胸前挂着大牌子，有的很重。有时在地质研究所大厅开大会，情况紧张，有人对我批判很激烈，也只有逆来顺受，别无办法。”

1967 年 6 月 1 日，杨钟健迎来 70 岁寿辰。在困惑中，杨钟健像以往一样，写下《七十述往百句》。他在最后写道：“光阴如闪电，七旬已初登。对镜伤白发，万感集于胸……唯物与辩证，吾不如工农。含此心内疚，飘忽感技穷。只有再努力，一贯乐自融。文化大革命，起死回生灵。敢云七十老，心与赤子同。”

杨钟健后来在回忆录中说：“《七十述往百句》并没有多少内容超过 50 岁和 60 岁的记述，只是略表了当时的心情。鉴于当时的社会环境，还未能尽抒其意。”

第八章　动荡中的执着

（1967—1979年）

在杨钟健70岁到80岁的10年间，古脊椎动物与古人类研究所随着全国形势的变换，走过了“文化大革命”的各个阶段。在“文化大革命”的前期，科研工作全部停止，研究队伍遭到破坏，研究所的领导系统彻底瘫痪。他回忆说：“‘文化大革命’对我确实是一个锻炼……虽然过了一段从来未过过的生活，也吃了许多苦头，但我未曾灰心，也没有过自绝于人民的念头。相反的，我在‘文化大革命’期间，利用受批判的喘息时间，写了不少文稿。……我的这一行动，被某些人指为放毒，又遭批斗，甚至把我家中十几个书架的书，都乱放在另外一间小屋内，不许我动用。”

在1967年至1970年，杨钟健没有留下一张生活或工作的照片。他一度失去了自己在研究所的办公室。大多数时间，他住在家里，但每天要去所里接受批判。在家中，他失去了原来宽敞的起居空间，也失去了原有的书房。

1969年，时年72岁的杨钟健已经有3年无法正常工作了。他看着陪

▲ 在“文化大革命”之前的日子里，杨钟健始终把陪伴自己野外考察数十年的三把铁锥，挂在家中墙上最明显的地方。在这张1958年的照片中，杨钟健坐在三把铁锥的下方。铁锥两侧是整整齐齐的书架和一幅齐白石的竖轴画。

伴自己野外考察数十年的三把铁锥，赋诗一首，抒发内心的感受。他写道："相伴不离四十年，登山涉水任爬攀。锥尖到处斗天地，标本采集聊自宽。川陕客魂不忍议，亚欧叹饭记犹鲜。而今年老迫人甚，剩有三锥伴衰颜。"

1. 斗室抒怀

无奈之中，杨钟健把家中狭窄的过道作为"书斋"，在那里读书、著述，也在那里回顾往事、思考现实。

北京自然博物馆的甄朔南回忆，在"文化大革命"的岁月中，"我有时去看他，经常见到他一个人孤独地坐在他家过道的陈旧沙发上看书，或对着窗外在想些什么……"。地图学家曾世英说："我每次去看他，总见他独坐以走廊当书斋的斗室内坚持学习。"地质古生物学家许杰说："小小的书斋，三面靠墙围着书橱，他坐在中间一只躺椅上……披卷读书。"

1969 年至 1972 年，杨钟健所作的《独坐》《独坐有怀》《标本》等诗文，表达了对当时无法开展科学研究、无法出版学术著作的焦虑心情。

▲ 1971 年 3 月，杨钟健独自坐在自己家里狭窄过道的"书斋"中。过道中除了一把藤椅和一个书架，几乎没有落脚之地。破旧窗台上放着枯萎的盆栽，还放着一个老式的苍蝇拍。

▲ 1972 年 5 月，杨钟健独自坐在狭窄"书斋"的藤椅上。和 1971 年的照片相比，此时的"书斋"墙壁和旁边的窗台已经刷上一层白灰。藤椅后面换了一个半截高的书架，旁边还放着一盆菊花。

在《独坐》一诗中，他说：

独坐窗前日影斜，五层楼内悲年华。
祁家豁子日来去，子孙东西成几家？
西望长安何处是？空留骨石对沉沙。
纵然残稿慰心境，出版无期愿望差。

在《独坐有怀》一诗中，他写道：

坐对枯鱼感念深，茫然歧路徘徊频。
岂能骨石桃园外，还是邯郸梦里人。
老马识途寻故道，暮年心境增苦辛。
一家骨肉七八处，衰老迫人断客魂。

在20世纪60年代后期和70年代初期，杨钟健开完批斗会，就抓紧剩余的时间作研究、写文章。他对夫人王国桢说："只要我有一口气，有几分钟的时间，我就要写，我不能跟着他们白混。"在"文化大革命"的艰苦日子里，杨钟健排除干扰，完成了十多篇著作。

1972年春，全国的政治形势略微好转，古脊椎动物与古人类研究所也恢复了部分研究工作。1971年4月，李四光去世。1972年11月，杨钟健完成了《李四光老师回忆录》的手稿。他在文章中说："我以十分崇敬的心情把这一不成熟的作品献给我的老师李四光先生！！！"这篇回忆文章后来被收入1981年出版的《李四光纪念文集》。

杨钟健是鸡年出生的，常以鸡自况。1972年，他写下了《鸡鸣好》，表达自己为学科发展鞠躬尽瘁、死而后已的情怀。他在诗中说："鸡鸣好，好鸡鸣，风雨如晦仍不停……好鸡鸣，鸡鸣好，活近八旬未算老，困难不计功能小，还将骨石当成宝，鸣到死时方算了。"在当时纷乱杂陈

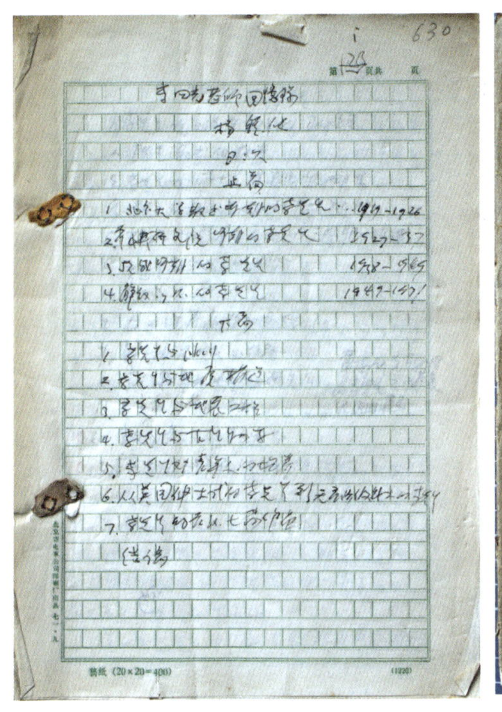

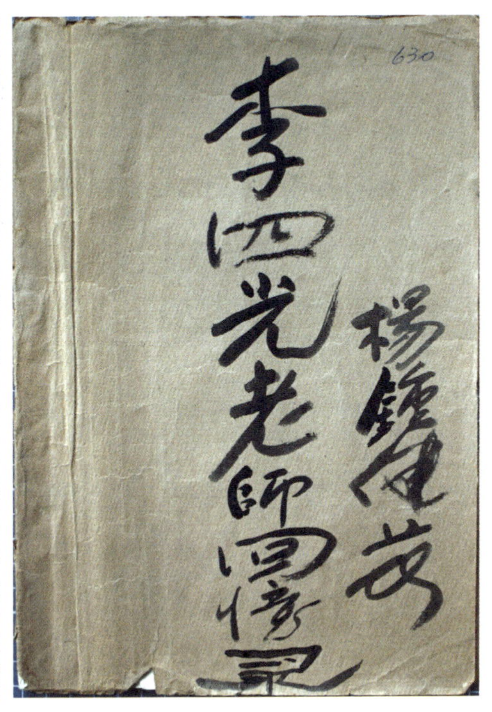

▲ 1972 年，杨钟健完成的《李四光老师回忆录》手稿。

的环境中，杨钟健还时常靠抄录旧诗、整理故纸，让自己的思绪保持安宁。

杨钟健的弟子叶祥奎回忆道：“随着政治形势好转，杨老出了牛棚，先在走廊尽头有一张两屉桌，进一步，进入办公室了，先朝北，后朝南；先一间，后两间，最后完全恢复原样。对此，我曾戏撰一联赠他，联曰：朝北朝南皆吉利，搬来搬去总平安。第二天，杨老把此

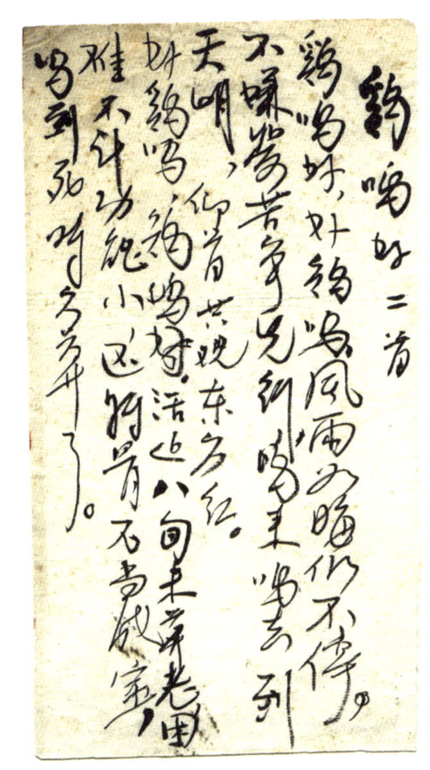

▶ 杨钟健《鸡鸣好》手稿。

▲ 1972 年，杨钟健在办公室研究新疆吐鲁番盆地的化石。

联补成一首绝句示我，但见：朝北朝南皆吉利，搬来搬去总平安。倘若还能活几年，未知搬到哪一边。”

杨钟健办公室的墙上挂着南漳湖北鳄化石的拓片。南漳湖北鳄是当地农民在 1965 年发现的，由杨钟健于 1972 年研究并命名。南漳湖北鳄不是真正的鳄类，身长 1 米左右，呈侧扁的纺锤状，吻部细长无牙，四肢呈鳍状。

1972 年，杨钟健在被批斗之余写成的《古脊椎的研究成就和问题》与《鑱石集》，被印成油印本内部出版。此外，他与赵喜进合著的《合川马门溪龙》以及与董枝明合著的《中国三迭纪水生爬行动物》也终于得以出版。

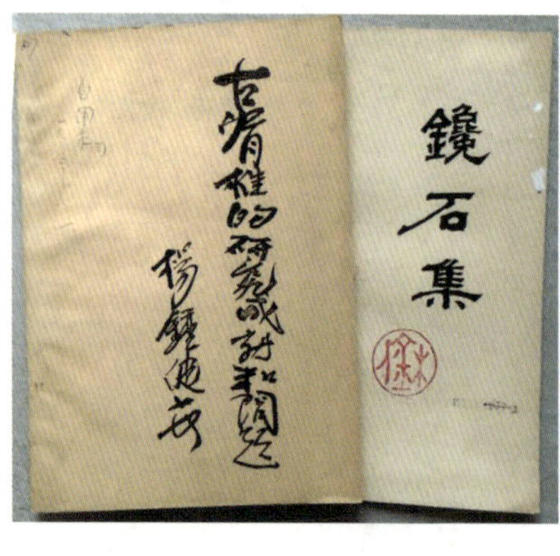

▲ 杨钟健在《古脊椎的研究成就和问题》与《鑱石集》中总结了自己从事古生物工作的经验。

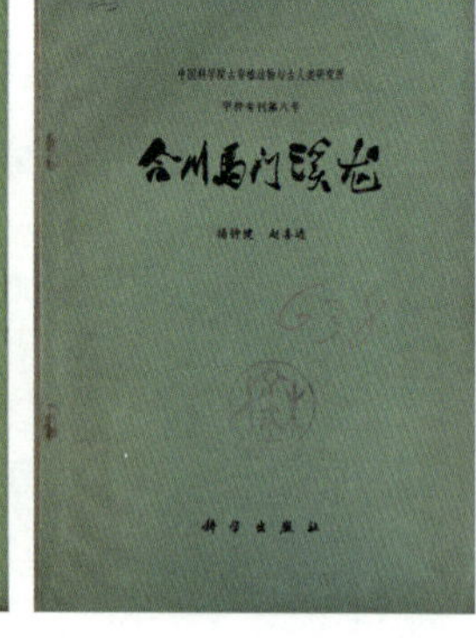

▲ 杨钟健与赵喜进合著的《合川马门溪龙》和与董枝明合著的《中国三迭纪水生爬行动物》两部专辑。

1972年夏，北京自然博物馆也重整旗鼓，开始恢复了部分陈列。杨钟健和北京自然博物馆的工作人员赴上海、南京、杭州、天津等地，走访了南方几个省市的博物馆和有关科研单位，借以推动古生物与自然历史材料的陈列工作。杨钟健在各地力主把生物系统进化的基本陈列搞起来，把古生物和现代生物结合起来。在南京时，杨钟健还专程去雨花台，凭吊邓中夏烈士。

▲ 1972年7月初，杨钟健在南京长江上留影。

2. 缓步复苏

1973年春，《古脊椎动物与古人类》学报复刊，这是“文化大革命”后期最先复刊的4种自然科学学报之一。研究人员在开始野外调查和挖掘的同时，对近10年来积累的大量脊椎动物化石，也加快了描述和研究的进展。杨钟健发表了和刘宪亭、孙艾玲等合著的《吐鲁番二、三迭纪脊椎动物化石》及《乌尔禾翼龙动物群》等专著。

20世纪70年代初期，周口店的陈列工作得以继续。周口店拆除了1953年建的“中国猿人陈列馆”旧展厅，在西北的山坡上建起了1200平方米的新展厅，并改名“北京猿人展览馆”。1973年，杨钟健陪同郭沫若院长、吴有训和竺可桢副院长等视察了新建成的周口店北京猿人展览馆。

从1973年起，对外科技交流的窗口也开始打开了小小的缝隙。1973年4月，杨钟健的老朋友、荷兰古生物和古人类学家孔尼华在访问香港

▲ 1973 年，杨钟健在狭窄过道的“书斋”中。

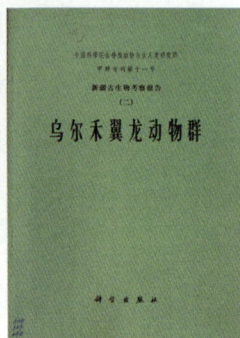

▲ 1973 年，杨钟健发表的两部古生物学专著。

▲ 杨钟健（左二）和孙艾玲（右一）、赵喜进（右二）和侯连海（左一）在研究化石。

▲ 杨钟健（左一）和郭沫若（右二）、吴有训（左二）、竺可桢（右一）在北京猿人展览馆。

▲ 1974 年，杨钟健在北京猿人展览馆的门前。

▲ 杨钟健在周口店。

后来北京参观访问。孔尼华夫妇在他们的香港同事利索斯基陪同下访问了延安、西安、上海和广州。孔尼华以发掘和研究爪哇的直立人化石而闻名于世。他还曾到华南等地的中药铺收购“龙齿”，并据此命名了“步氏巨猿”。

▲ 杨钟健（中）和吴新智（右）、刘振杨（左）在周口店。

▲ 杨钟健在研究所门口和孔尼华一行合影留念。前排从左到右依次为：胡长康、孔尼华夫人、裴文中、孔尼华、杨钟健、利索斯基、毕初珍；后排从左到右依次为：吴新智、周明镇、邓文纪、贾兰坡、张立彬、刘宪亭、黄万坡、吴汝康、孙艾玲。

1973—1974 年，杨钟健还组织人员到北京西山和河北阳原等地作实地地质考察。1973 年 5 月下旬，杨钟健和贾兰坡、汤英俊、王哲夫等到周口店以西大约 20 千米的上方山，重新考察、认识北京西山的古冰川遗迹。

▲ 杨钟健在上方山观察冰川遗迹。

▲ 杨钟健在上方山拍摄的云居寺大塔后边的小塔。

1973年6月，杨钟健76岁寿辰时，三子慈孝精心绘制了一幅油画。画面是父亲在野外考察，手执地质锤，栩栩如生。次子新孝在画上题写诗句：“曾投戈壁纵边马，行过天山射黄羊。几处红层定组统，若多灰骨扩科纲。域中独步推初祖，海外名家接远芳。甘为人民涂肝胆，满头白发不辞忙。”

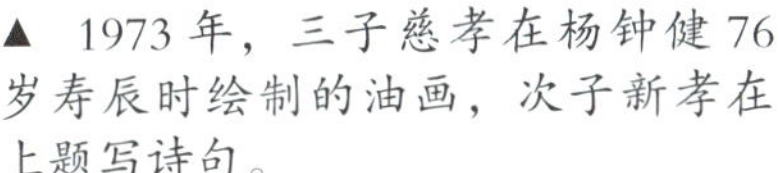

▲ 1973 年，三子慈孝在杨钟健 76 岁寿辰时绘制的油画，次子新孝在上题写诗句。

▲ 1973 年，杨钟健和次子新孝（后左）、三子慈孝（后右）、孙子杨大同（前左）在自己庭院的核桃树前合影。

1973 年夏天，古脊椎动物与古人类研究所开始迁入西直门外大街的原中国科协的五层楼，与北京动物园隔街相望。

1973 年至 1974 年，古脊椎动物与古人类研究所的研究人员对甘肃合水发现的“黄河象”（后来归入“师氏剑齿象”）进行了发掘、研究。黄河象的骨骼化石，是全世界发现的剑齿象骨骼中最完整的一具。当 300

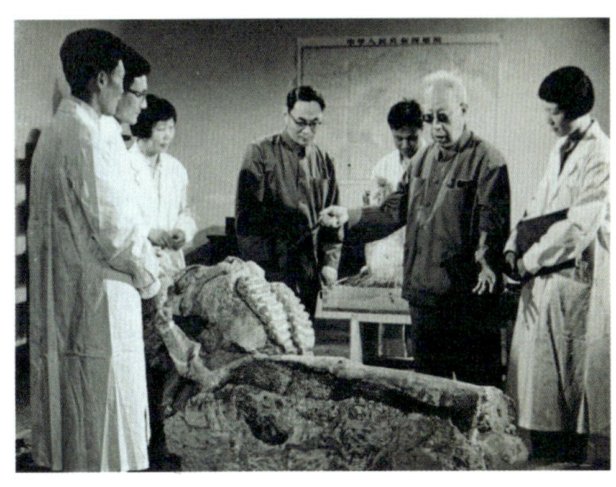

▲ 1973 年，杨钟健与周明镇等一起研究黄河象头骨化石。由左至右依次为：黄学诗、黄万坡、张玉萍、周明镇、宗冠福、杨钟健、丁素茵。

▲ 杨钟健和周明镇研究古象化石。

▲ 古象化石装架。

万年前的黄河象化石运抵北京后，研究所投入30多人进行修复、复原和装架。杨钟健悉心指导修理人员和研究人员进行修理、研究，他还赋诗纪念：“史前古象视力差，狂走失足埋荒沙。石化不计年与月，一朝引动考古家。每块遗骨尽心采，最后移运几多车。不辞辛苦精修理，启取骨骸与齿牙。”黄河象装架后，身高4米，体长8米，门齿长3米，被安放在北京自然博物馆等地进行展览。

1974年1月，“四人帮”在全国发起“批林批孔”运动，批判所谓的“右倾回潮”路线。面对日益变换的复杂时局，杨钟健赋诗《岁暮杂诗》：“行年八十还非老，跟着青中一块跑。栽个跟头再起来，依然前进不衰老。”

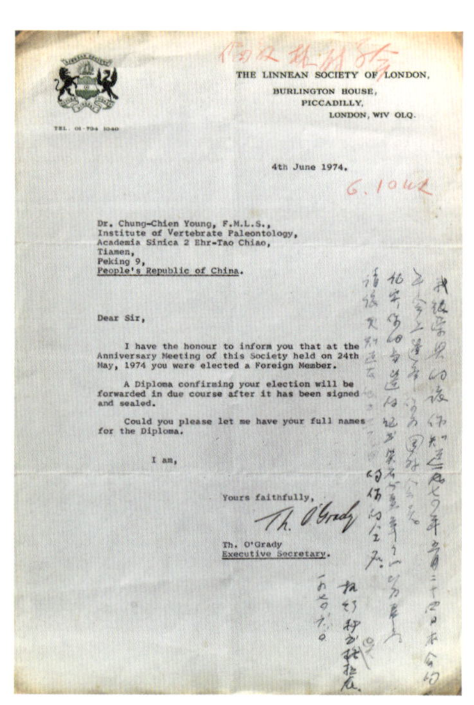

THE LINNEAN SOCIETY OF LONDON,
BURLINGTON HOUSE,
PICCADILLY,
LONDON, WIV OLQ.

TEL. 01-734 1040

4th June 1974.

6.10收

Dr. Chung-Chien Young, F.M.L.S.,
Institute of Vertebrate Paleontology,
Academia Sinica 2 Ehr-Tao Chiao,
Tiamen,
Peking 9,
People's Republic of China.

Dear Sir,

I have the honour to inform you that at the Anniversary Meeting of this Society held on 24th May, 1974 you were elected a Foreign Member.

A Diploma confirming your election will be forwarded in due course after it has been signed and sealed.

Could you please let me have your full names for the Diploma.

I am,

Yours faithfully,

Th. O'Grady

Th. O'Grady
Executive Secretary.

▲ 林耐学会执行秘书给杨钟健的来信。信的边缘有杨钟健的亲笔翻译。

杨钟健在《二月》一诗中，更是表达了对“四人帮”扰乱科研工作的愤懑。他写道：“二月将完尚零下，窗前对景感想大。树枝摇摆好狂风，欲要写诗被打岔。”

1974年5月，杨钟健当选为英国林耐学会的国外会员。6月10日，杨钟健收到林耐学会的来信，告知他当选的消息。杨钟健在信的边缘写下这封信的中文译文："我很荣幸地让你知道，一九七四年五月二十四日本会的年会上选举你为国外会员。证实你的当选的证书签名与盖章之后即为奉上。请让我知道在证书上要用的你的全名。执行秘书格拉底一九七四年六月四日"

为表纪念，杨钟健在维曼教授多年前送他的林耐水杉木块两面写道："一九二七年夏，余赴瑞典伍捕煞拉（乌普萨拉），适值六月一日余生日。伍捕煞拉大学古生物系主任维曼教授特此木以为贺。此木乃林耐生前所植两树之一，而死者甚可纪念。一九七四年五月英国林耐学会选余为国外会员，于是更值得纪念。（接另一面）先是一九六三年，余任北京自然博物馆馆长时，以此木送该馆。后因上述原因，特当原因以资纪念云。木上纸条为维氏所书，已不可认识矣，为此怀然。一九七四年再记。"

1974 年 6 月初，杨钟健率领由中科院古脊椎动物与古人类研究所、地质科学院地质力学研究所、北京水文地质大队和中科院考古研究所组成的考察队，前往河北省阳原县泥河湾观察地层。他们先后考察了北京

▲ 1974 年 6 月初地质考察期间，杨钟健（后排中）和孙殿卿（后排右三）、安志敏（后排左三）等在长城合影。

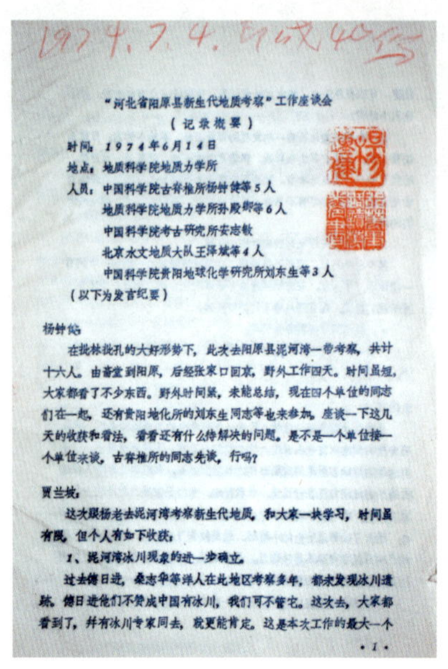

1974.7.4.印成40份

"河北省阳原县新生代地质考察"工作座谈会

（记录概要）

时间：1974年6月14日

地点：地质科学院地质力学所

人员：中国科学院古脊椎所杨钟健等5人

地质科学院地质力学所孙殿卿等6人

中国科学院考古研究所安志敏

北京水文地质大队王泽斌等4人

中国科学院贵阳地球化学研究所刘东生等3人

（以下为发言纪要）

杨钟健：

在批林批孔的大好形势下，此次去阳原县泥河湾一带考察，共计十六人。由斋堂到阳原，后经张家口回京，野外工作四天。时间虽短，大家都看了不少东西。野外时间紧，未能总结，现在四个单位的同志们在一起，还有贵阳地化所的刘东生同志等也来参加。座谈一下这几天的收获和看法，看看还有什么待解决的问题。是不是一个单位接一个单位来谈，古脊椎所的同志先谈，行吗？

贾兰坡：

这次跟杨老去泥河湾考察新生代地质，和大家一块学习，时间虽有限，但个人有如下收获：

1、泥河湾冰川现象的进一步确立。

过去德日进，桑志华等洋人在此地区考察多年，都未发现冰川遗迹。德日进他们不赞成中国有冰川，我们可不管它。这次去，大家都看到了，并有冰川专家同去，就更能肯定。这是本次工作的最大一个

·1·

▲ 杨钟健保存的"河北省阳原县新生代地质考察"工作座谈会记录概要。

西山斋堂附近的马兰台，然后到阳原县城。第二天，杨钟健就带领大家乘车行驶50多千米，到上沙嘴村和泥河湾村。最后，考察人员经张家口返回北京，在野外一共工作了4天。经过西山斋堂时，杨钟健带领大家考察了有名的马兰台砾石沉积。这些大砾石块夹砂砾的沉积，像是流水作业形成的，也可能属于冰水和冰川的沉积物。

野外考察结束后，杨钟健于6月中在地质科学院力学研究所召开"河北省阳原县新生代地质考察"工作座谈会，总结考察的观察结果和尚待解决的问题。杨钟健还主持召开了"泥河湾盆地新生代地质考察"座谈会。

1974年，杨钟健还发表了《云南禄丰兽孔类新材料》《河南济源一新粗弯齿兽》等文章。

3. 八旬不老

1975年1月，杨钟健当选为全国人民代表大会代表，出席了第四届全国人民代表大会。在四届人大第一次会议上，邓小平被任命为国务院副总理。由于周恩来总理病重，实际上由邓小平主持党中央和国务院的日常工作。邓小平开始在各条战线进行整顿，在一定程度上使科技、教育重新受到重视，得到广大干部和群众的拥护。杨钟健利用这个机会，一方面到重庆指导博物馆的展览工作，另一方面到野外仔细研究各种地层关系、解决地质上的难题。

1975年的秋天，应重庆市文化局和重庆博物馆的邀请，古脊椎所派

出以杨钟健为团长、张力彬为副团长的四人代表团（包括业务人员赵喜进和侯连海）参加重庆博物馆第一架恐龙开幕展，并进行展前评议工作。同时，杨钟健到万县的卡氏兽产地和自贡的恐龙产地进行考察，以期弄清产化石地层的细节。

▲ 1975年6月1日，杨钟健78岁寿辰时在狭窄过道的“书斋”中留影。

1975年10月，当时主管中国科学院工作的胡耀邦到科学院在京的研究所召开座谈会，提出要把科研工作搞上去，并提出要由科学家当所长，支持业务干部大胆工作。

▲ 杨钟健（前排左四）率领代表团参加重庆博物馆第一架恐龙开幕展。左二为赵喜进、左三为张立彬、右二为侯连海。

▲ 1975 年，杨钟健在重庆自然博物馆。

▲ 1975 年，杨钟健在北碚。

1975 年冬，杨钟健和贾兰坡、黄万坡、李有恒、郑海航等到北京西山和灰峪等处观察地质现象。

1976 年 3 月下旬到 4 月初，在周恩来总理逝世以后，天安门广场上出现了“悼念周恩来、声讨‘四人帮’”的花山诗海。杨钟健虽然年近八旬，眼花耳聋，但还是赶到天安门广场，目睹了这个珍贵的历史时刻。

▲ 1976 年 3 月，杨钟健拍摄的人们在天安门广场悼念周恩来总理的场面。

1976年5月10日，杨钟健以诗句表达自己的心境。他写道：“年近八旬心尚丹，欲和同辈努登攀。应知世上无难事，记骨而今仍依然。”

1976年7月28日凌晨3点多，河北省唐山市突然发生了7.8级强地震。突如其来的强地震，将唐山这个百万人口级别的工业城市夷为平地，一夜之间夺走了24万多人的生命。在地震后的盛夏酷暑时节，北京的很多民众也纷纷到屋子外边躲避余震，又架起各式各样的抗震棚，以防不测。

▲ 1976年3月，杨钟健在办公室。

▲ 1976年夏，杨钟健在狭窄的走廊“书斋”中。

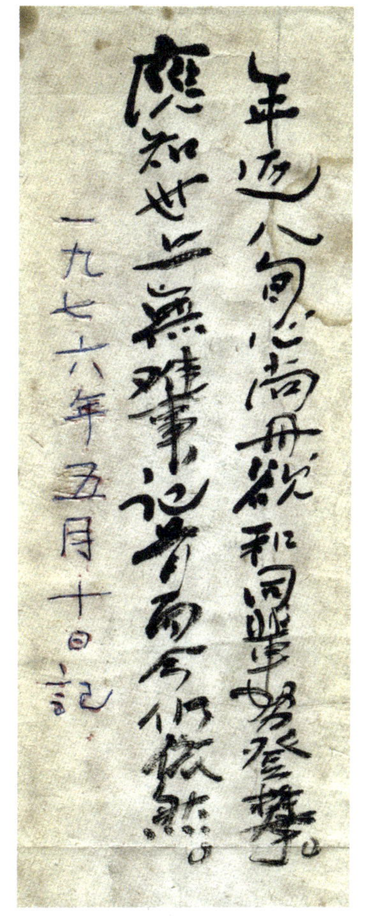

年近八旬心尚丹欲和同輩努登攀
應知世上無難事記骨而今仍依然
一九七六年五月十日記

▲ 1976年5月，杨钟健以诗句表达自己的心境。

▲ 唐山大地震后，杨钟健和他的孙子们在简易的抗震棚里。左为杨大同，右为杨大千。

1976 年 9 月 9 日，毛泽东逝世。10 月 6 日，“四人帮”成员被隔离审查，长达十年之久的“文化大革命”得以告终。杨钟健挥笔写下《志喜·浪淘沙》来表达欣喜之情：“全国喜连天，欣气无边，齐喝痛斥四妖顽。魑魅魍魉都扫尽，去鬼门关。”

1977 年，随着全国形势的好转，中国科学院开始了恢复发展和改革探索的新阶段。全院展开肃清“四人帮”余毒的活动，为进一步的思想整顿和组织整顿奠定基础。5 月，邓小平谈到科技和教育的整顿时提出，要实现现代化，关键是科学技术要上去，为此，要尊重知识，尊重人才。

▲ 1977 年 4 月 16 日，杨钟健在办公室。

▲ 1977 年 5 月下旬，杨钟健（中）在首都体育馆主席台上最后一排。

1977 年 6 月 1 日，杨钟健在 80 寿辰时在庭院中留影。为了纪念 80 寿诞，杨钟健亲手把一块珍藏多年的鹅孵状花石拦腰锯断，送到荣宝斋，请人镌刻“八十不老”四个大字。

杨钟健还写下《八十述往　一百三十句（1957—1976）》的诗句。诗的最后说：

沧桑多多变，龙骨掘不穷。
老中青结合，自然成绩隆。
古脊赶先进，不惧山路蹬。
我眼还算好，不怕耳朵聋。
努力再努力，能叫鬼神惊。
不断还不断，高峰树新声。
力求不停步，何怕天地倾。
用心做好事，心如东日升。
百三句述往，以志我平生。

4. 最后的旅程

1976 年至 1977 年，古脊椎动物与古人类研究所在大同城东北的阳高县古城镇许家窑村附近进行发掘，发现了人类化石和大量石制品、古角器及丰富的哺乳动物化石。许家窑人遗址距今约 10 万年，属旧石器时代的中期，其中的人类化石包括顶骨、枕骨残片及牙齿、颌骨等。1977 年 10 月底，杨钟健到许家窑村，对 10 万年前的古人类化石及其文化遗址进行考察。

1977 年 11 月 2 日，中国科学院转发国务院文件，任命杨钟健为中国科学院古脊椎动物与古人类研究所所长，吴侬（兼）、吴汝康、孙艾玲任副所长。这是“文化大革命”后正式恢复所领导职务的标志。

▲ 1977 年 10 月底，杨钟健（右二）与贾兰坡（右一）、吴茂林（右三）、卫奇（左三）、李超荣（左二）、林圣龙（左一）等人在许家窑考察古人类遗址。

▲ 1977 年 10 月底，杨钟健在许家窑考察野外工作。

1977 年冬，杨钟健到南方疗养。1978 年初，81 岁高龄的杨钟健从南方返京途中，特意到湖南韶山参观毛泽东主席故居。他还到江西省自然博物馆、南京紫金山天文台、无锡梅园等地游览参观。

1978 年，杨钟健当选为第五届全国人民代表大会陕西代表，出席了 2 月底至 3 月初召开的第五届全国人民代表大会。

▲ 1978年初，杨钟健（中）等在南京紫金山天文台。右三为徐钦琦，右五为毕初珍。

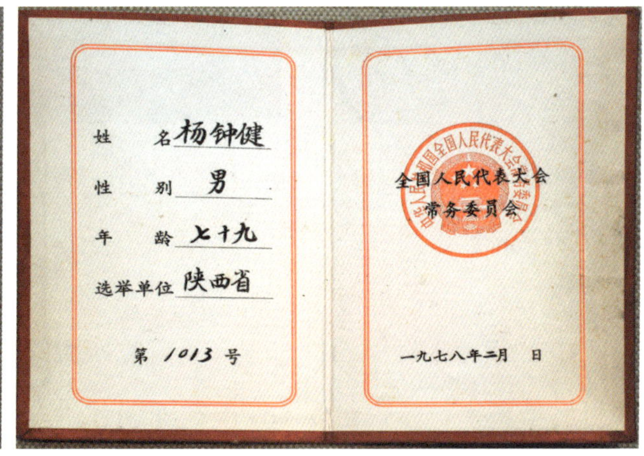
姓　名 杨钟健
性　别 男
年　龄 七十九
选举单位 陕西省
第 1013 号

全国人民代表大会常务委员会
一九七八年二月　日

▲ 杨钟健珍藏的第五届全国人民代表大会的代表证。

1978年3月18日，全国科学大会在北京召开。在开幕式上，邓小平发表讲话，阐述了两个重要观点，即科学技术是生产力，科技工作者是工人阶级的一部分。3月31日，郭沫若院长在闭幕式上发表了题为“科学的春天”的讲话。杨钟健参加了全国科学大会，并写下“努力攀登科学高峰”的字句。杨钟健还赋诗《科学大会召开志喜》，他写道：“人人共攀高峰顶，国家兴旺喜开颜。纵有困难要克服，定能取得凯歌还。”

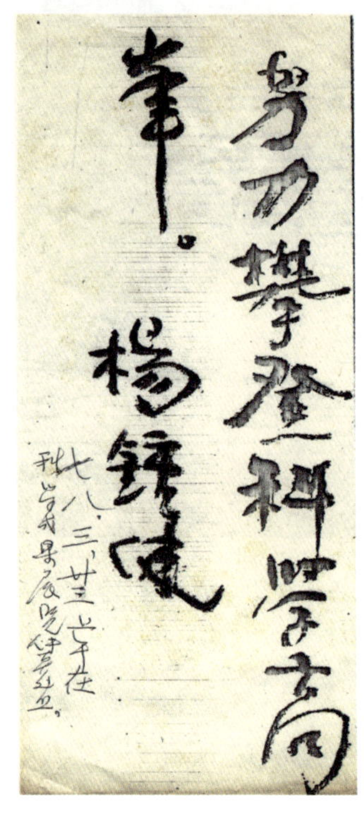

▲ 1978 年 3 月 23 日，杨钟健在全国科学大会上写下“努力攀登科学高峰”。

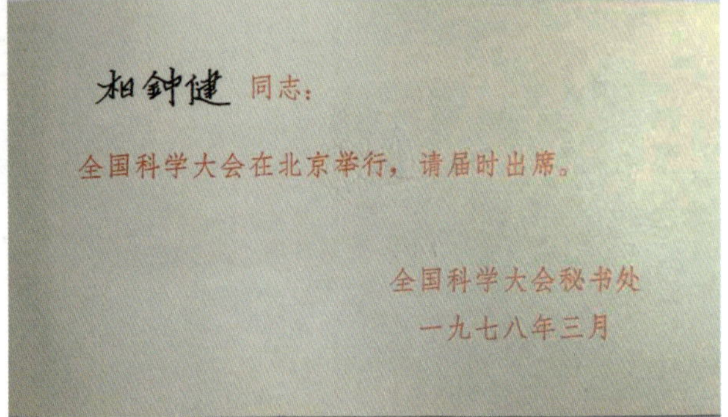

▲ 1978 年 3 月，杨钟健珍藏的全国科学大会请柬和代表证。

1978 年，古脊椎动物与古人类研究所协同其他院校和科研单位开展周口店的多学科综合研究工作。参加综合研究的人员共一百多人，所涉及的研究项目共 13 个，包括地质、洞穴、古人类、古气候、植物、土壤、年代分析等不同领域。1978 年 5 月初，杨钟健在周口店第一地点考察，并主持了周口店综合研究会议。裴文中、贾兰坡、吴汝康、孙殿卿、周明镇等参加了会议。杨钟健在晚年，虽然年迈体衰，每年总要专门去一两次周口店，看看那里的一草一木，鼓励大家把工作做好。

1978 年 6 月 10 日，第四纪研究委员会举行了在“文化大革命”后的第一次会议。第四纪研究委员会成立于1957年，综合研究地球在第四纪的演化历史。杨钟健一直任第四纪研究委员会的副主任（当时李四光为主任，侯德封同为副主任）。

1978年9月，杨钟健抱病出席了中国地质学会在庐山召开的第四纪冰川现场会议。他在会上作了《大力开展第四纪冰川调查和深入研究》的报告，并到野外考察冰川地质现象。这是杨钟健最后一次参加野外考察活动。

▲ 1978年5月7日，杨钟健在周口店第一地点猿人洞底部。

1978年秋，著名美国古生物学家辛普森和夫人乘坐“普林盛丹号”

▲ 杨钟健和孙殿卿、裴文中、吴汝康、贾兰坡、周明镇在周口店综合研究会议上。

▲ 杨钟健（前排中）参加第四纪研究委员会会议时和徐仁（左二）、黄汲清（左三）、尹赞勋（左四）、袁复礼（右四）、裴文中（右三）、孙殿卿（右二）、周明镇（第二排右五）、刘东生（第二排右四）、胡长康（第二排右六）等人合影。

▲ 杨钟健在庐山野外考察冰川地质现象。

▲ 1978 年 9 月 10 日，杨钟健在第四纪冰川研究会议领导小组预备会上。

▲ 1978 年 9 月，杨钟健和贾兰坡、周明镇、徐仁、孙殿卿、许杰等在庐山含鄱亭合影。

▲ 杨钟健在庐山游览。

邮轮作环太平洋旅行，于10月6—7日在上海停留。杨钟健专程从北京到上海，和阔别50年的老友辛普森在上海自然博物馆会晤。这是杨钟健最后一次会晤外宾。

▲ 杨钟健和辛普森在上海自然博物馆观看标本。

▲ 1978年11月，杨钟健在狭窄过道的书斋中留影。这是杨钟健生前留下的最后一张照片。

1978年12月16日，中美两国发表《中美建交公报》，约定两国自1979年1月1日起相互承认并建立外交关系。12月18日，杨钟健写信给他的多年好友尼科尔斯夫人。他在信中表达了对中美两国关系正常化的喜悦之情，并表示希望从此科学家们可以互访。

1978年12月18—22日，中国共产党召开第十一届三中全会，决定把工作重点转移到社会主义现代化建设上，实现四个现代化。12月27日，北京自然博物馆举行送旧迎新大会。这时，杨钟健已重病在身，但他还是照常在古脊椎动物与古人类研究所上班，照常到博物馆参加会议。当杨钟健走到博物馆三楼会场时，他已经感到十分困难，气喘胸痛，中间休息了两次。大家看到这种情形都劝他不要参加会议了，但他说：“别人都参加，我怎么不参加？”他坚持走进会场，并向大家作了感人的讲话。他说：“今年是羊年，羊象征着和平与团结，是国家工作重点转向‘四化’

▲ 杨钟健和辛普森夫妇等在上海自然博物馆的古动物史厅合影。

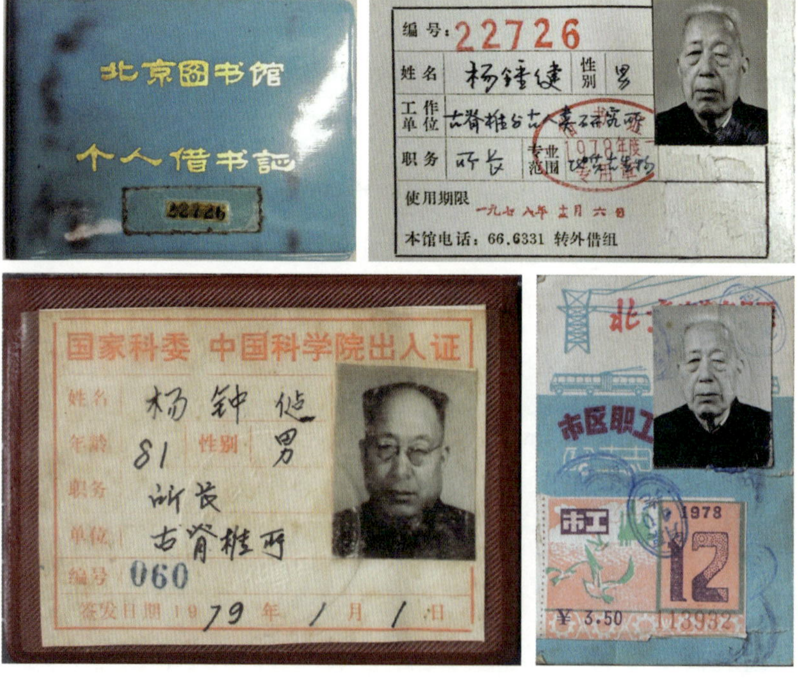

北京图书馆
个人借书証
22726

编号:22726
姓名 杨锺健 性别 男
工作单位 古脊椎所
职务 所长
使用期限
本馆电话:66.6331 转外借组

国家科委 中国科学院出入证
姓名 杨钟健
年龄 81 性别 男
职务 所长
单位 古脊椎所
编号 060
签发日期 1979 年 1 月 1 日

市区职工
市工
1978
12
¥3.50
13932

▲ 杨钟健坚持工作到生命的最后一刻。这些是他逝世前不久还在使用的借书证、中国科学院的出入证和汽车月票。

的吉祥之兆。”杨钟健身旁的人，看到他说话很吃力，病痛正在折磨着他，心里都很难过。这是杨钟健生前最后一次公开讲话。

1978 年 12 月 31 日，杨钟健按照惯例，把一年中经手的事和收到的信件，都进行整理，并一一捆好，作了标记。没有料到，1979 年 1 月 1 日下午，他的病情骤发，住进了医院。在病床上，杨钟健对来看望他的博物馆人员说：“我和你们定的计划，我不能完成啦，希望大家好好干，等我病好了再同你们一起工作。”他对研究所前来看望他的人员说：“我现在病啦，希望大家共同努力，把工作做好。”

1 月 14 日，杨钟健在北京医院的病床上忍着病痛，拉着夫人王国桢的手问：“你的血压高不高？头还晕不晕？”和他一起生活将近 50 年的夫人强忍着泪水答道：“血压不高，头也不晕，你安心养病吧！”第二天，1 月 15 日，杨钟健因胃出血，在北京医院与世长辞，享年 82 岁。

杨老先生离开了世间的亲人，离开了他为之奋斗终生的中国地质古生物学事业，但他的一生为后人留下了厚重的精神遗产和宝贵的学术造诣，更在人们心中留下永不泯灭的美好记忆。

▲ 北京周口店的杨钟健之墓。

第九章　丰碑永存

1979年1月25日，杨钟健先生的追悼会在八宝山革命公墓礼堂举行。参加追悼会的杨钟健先生的家人和亲属、生前好友及弟子、中科院和古脊椎所领导怀着沉痛的心情，悼念国际著名的地质古生物学家、中国古脊椎动物学的奠基人杨钟健院士。

杨钟健院士逝世后，杨老的家人、同事、亲友、弟子纷纷发表纪念文字或挥笔题词，用朴实的语言，怀念与杨老相处的岁月，颂扬杨老的人品和学识，将曾经感动他们的故事和点滴瞬间，留在自己和后人的心中。

1979年1月18日，杨钟健先生的多年挚友尼科尔斯夫人写信给古脊椎所。她说："得悉我们敬重的多年老友杨钟健博士逝世，我丈夫和我感到极为悲痛。我们之间的友谊始于1945年他到纽约美国自然历史博物馆工作的日子。他为人可亲可近，我十分珍视与他在过去34年间的通信联系……我从他那里得到的最后一封信是1978年12月18日写的。在信中

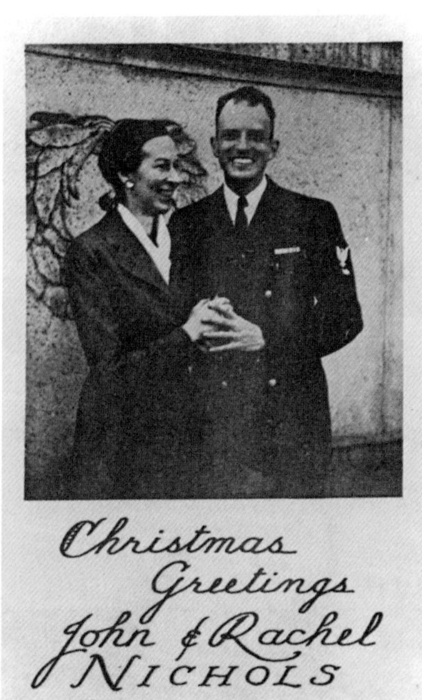
Christmas
Greetings
John & Rachel
NICHOLS
1944

▲ 尼科尔斯夫妇1944年送给杨钟健的圣诞卡。当时尼科尔斯先生正在第二次世界大战中服役。这是杨钟健保存的与尼科尔斯夫妇的最早通信记录。

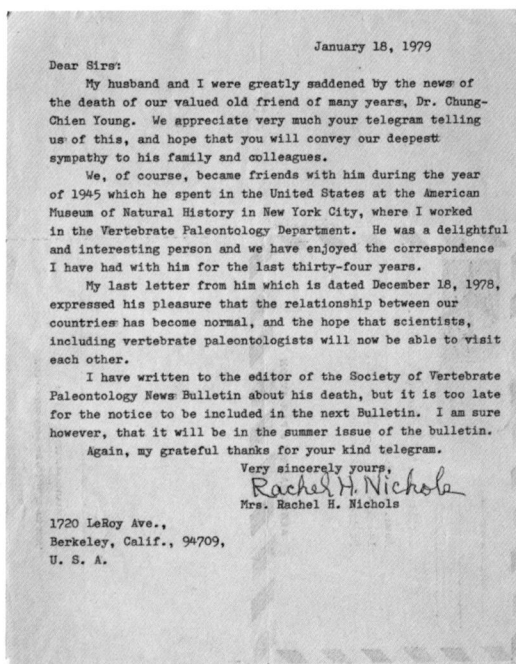

January 18, 1979

Dear Sirs:

My husband and I were greatly saddened by the news of the death of our valued old friend of many years, Dr. Chung-Chien Young. We appreciate very much your telegram telling us of this, and hope that you will convey our deepest sympathy to his family and colleagues.

We, of course, became friends with him during the year of 1945 which he spent in the United States at the American Museum of Natural History in New York City, where I worked in the Vertebrate Paleontology Department. He was a delightful and interesting person and we have enjoyed the correspondence I have had with him for the last thirty-four years.

My last letter from him which is dated December 18, 1978, expressed his pleasure that the relationship between our countries has become normal, and the hope that scientists, including vertebrate paleontologists will now be able to visit each other.

I have written to the editor of the Society of Vertebrate Paleontology News Bulletin about his death, but it is too late for the notice to be included in the next Bulletin. I am sure however, that it will be in the summer issue of the bulletin.

Again, my grateful thanks for your kind telegram.

Very sincerely yours,
Rachel H. Nichols
Mrs. Rachel H. Nichols

1720 LeRoy Ave.,
Berkeley, Calif., 94709,
U. S. A.

▲ 尼科尔斯夫人1979年1月18日的来信，请古脊椎所代向杨钟健的家人和同事转达最深切的同情与慰问。

他表达了对于我们两国关系正常化的喜悦之情，并希望从此科学家们可以相互访问。”尼科尔斯夫人请古脊椎所代向杨钟健的家人和同事转达最深切的同情与慰问。

1979 年 2 月 23 日，美国自然历史博物馆馆长和董事会通过决议案，对于杨钟健教授这样一位备受尊重和厚爱的同事逝世，表达最深切的悲痛之情：“我们向中华人民共和国的科学家们，特别是北京自然历史博物馆的科学家们，对于他们失去一位伟大的领导者、一位杰出的学者和一位精诚敬业的导师，深表遗憾。

“董事会和美国博物馆的员工，向杨钟健的家属和友人，表达对杨钟健一生工作和成就的钦佩之情。我们为自己能参与杨钟健博士的工作和成就感到骄傲，并将永远珍视这份情谊。

“在他长久、辉煌的古生物学事业中，杨钟健博士和美国自然历史博

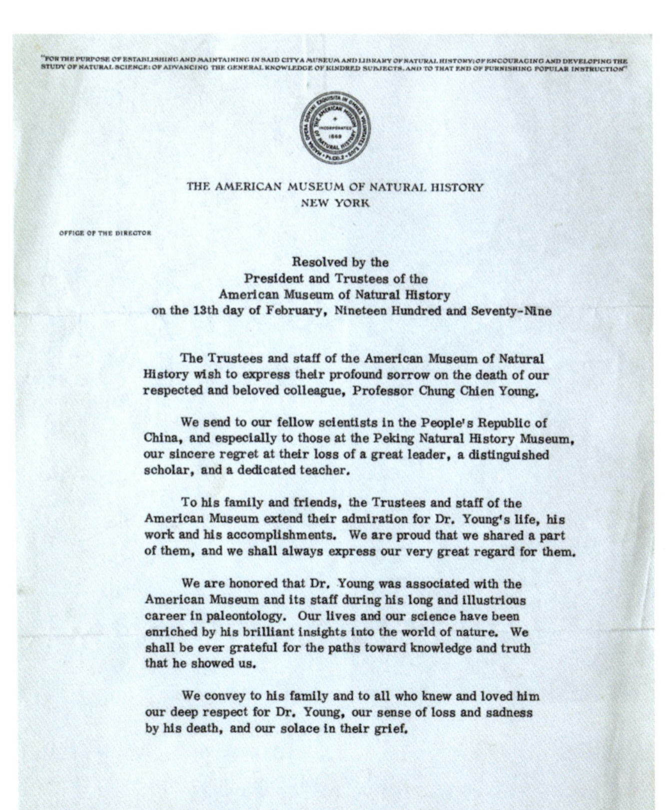

"FOR THE PURPOSE OF ESTABLISHING AND MAINTAINING IN SAID CITY A MUSEUM AND LIBRARY OF NATURAL HISTORY; OF ENCOURAGING AND DEVELOPING THE STUDY OF NATURAL SCIENCE; OF ADVANCING THE GENERAL KNOWLEDGE OF KINDRED SUBJECTS, AND TO THAT END OF FURNISHING POPULAR INSTRUCTION"

THE AMERICAN MUSEUM OF NATURAL HISTORY
NEW YORK

OFFICE OF THE DIRECTOR

Resolved by the
President and Trustees of the
American Museum of Natural History
on the 13th day of February, Nineteen Hundred and Seventy-Nine

The Trustees and staff of the American Museum of Natural History wish to express their profound sorrow on the death of our respected and beloved colleague, Professor Chung Chien Young.

We send to our fellow scientists in the People's Republic of China, and especially to those at the Peking Natural History Museum, our sincere regret at their loss of a great leader, a distinguished scholar, and a dedicated teacher.

To his family and friends, the Trustees and staff of the American Museum extend their admiration for Dr. Young's life, his work and his accomplishments. We are proud that we shared a part of them, and we shall always express our very great regard for them.

We are honored that Dr. Young was associated with the American Museum and its staff during his long and illustrious career in paleontology. Our lives and our science have been enriched by his brilliant insights into the world of nature. We shall be ever grateful for the paths toward knowledge and truth that he showed us.

We convey to his family and to all who knew and loved him our deep respect for Dr. Young, our sense of loss and sadness by his death, and our solace in their grief.

◀ 美国自然历史博物馆董事会通过决议案，对杨钟健逝世表达最深切的悲痛之情。

物馆息息相关，我们为此感到荣幸。他对自然世界的杰出感悟，丰富我们的生活和科学事业。他向我们展示了通往知识与真理的道路，我们将永远铭记在心。我们向他的家人和所有知道他、热爱他的人们，表达我们对杨钟健博士的深切敬意，对他的逝世表示悲哀和慰问。”

1979 年 9 月，和杨钟健在五四运动时期并肩奋斗过的老友、九三学社名誉主席许德珩赋词《调寄浪淘沙　回忆杨钟健同志》，他写道：“五四风雷年，六十年前，共驱国贼救时艰；同学少年君与我，战友情牵。悼念泪涟涟，人亡一载，学渊造诣在人间；耄令仍旧勤钻研，四化当先。”

1981 年 9 月 8 日，杨钟健先生逝世两年多后，中科院古脊椎动物与

▲ 杨钟健院士的塑像（赵忠义制作）。

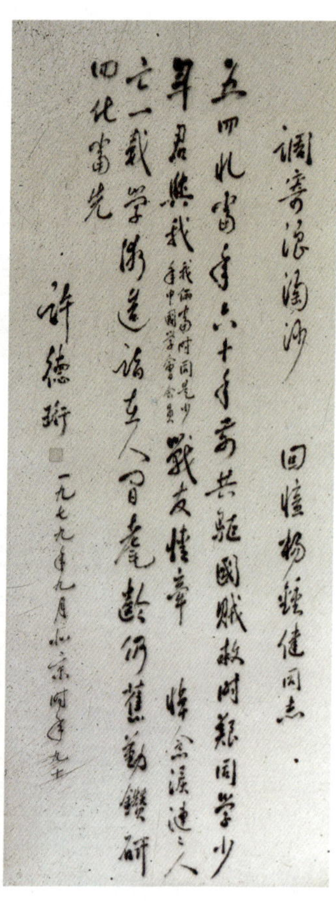

调寄浪淘沙　回忆杨钟健同志

五四风雷年，六十年前，共驱国贼救时艰；同学少年君与我（我俩当时同是少年中国学会会员），战友情牵。悼念泪涟涟，人亡一载，学术造诣在人间；耄龄仍旧勤钻研，四化当先。

许德珩

一九七九年九月北京时年九十

▲ 1979 年 9 月，许德珩赋词《调寄浪淘沙　回忆杨钟健同志》手迹。

古人类研究所、北京自然博物馆和九三学社在周口店龙骨山举行了杨老的骨灰安葬仪式。杨钟健院士的墓碑前放着九三学社、中科院古脊椎动物与古人类研究所和北京自然博物馆敬献的花篮。杨钟健家属和古脊椎所、自然博物馆、九三学社共 30 多人参加了骨灰安葬仪式。

在古老的“北京人”遗址近旁，一座简朴、庄严的墓地落成了。在白色大理石的墓碑上，刻着两行字：杨钟健之墓 1897.6.1—1979.1.15。

▲ 杨钟健之墓（1897.6.1—1979.1.15）。

1981 年，陕西人民出版社出版了《“大丈夫只能向前”——回忆古生物学家杨钟健》一书，该书收集了杨老的家人和生前好友的 45 篇回忆文章。许德珩为这本书写了《怀钟健》一文，作为代序。他说：“每当想起这位老同学，他那魁梧身姿、爽朗笑语，立即出现在我的脑海里，久久不能忘怀。”

1982 年，科学出版社出版《杨钟健文集》，该书由周明镇先生作序。书中选编了杨钟健在地质古生物学方面的论文遗著 10 篇和生前发表的论文和著作摘要 29 篇。书中还收集了《杨钟健教授的生平与学术成就》《年谱》以及他所记述的古生物“新属新种目录”和“科学论文目录”等。

1983 年，地质出版社出版了《杨钟健回忆录》一书。本书由许德珩题写书名，古脊椎动物与古人类研究所第二任所长周明镇先生作序。周明镇在序言中说：“《杨钟健回忆录》既是杨老的自传，又是一份珍贵的科技史料散记。……读之可以了解杨老指点江山、探赜索隐、抨击时弊、追求进步与民主的爱国热情和他坚持不懈、百折不挠的科学探索精神，以及他那嫉恶如仇、刚直不阿、‘只求事之当否，不计人之为谁’的坦荡胸怀。”

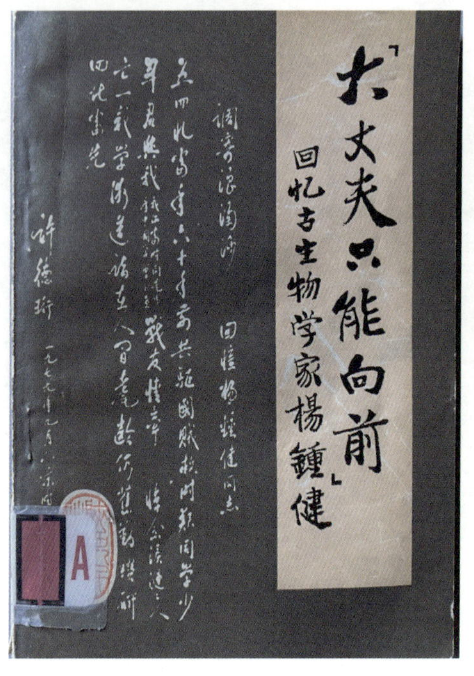

▲ 陕西人民出版社出版的《“大丈夫只能向前”——回忆古生物学家杨钟健》。

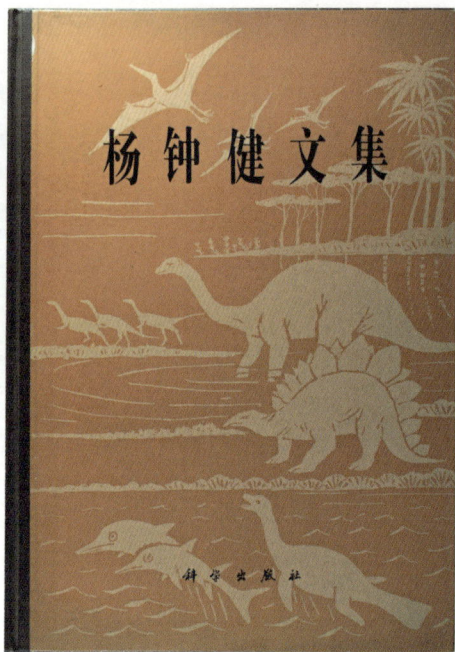

▲ 科学出版社出版的《杨钟健文集》。

▲ 董枝明教授在纪念会上发言。讲台前放置着杨钟健先生的塑像。

1997年6月1日，古脊椎动物与古人类研究所举行了“杨钟健先生百年诞辰纪念会暨中国古脊椎动物学会学术年会”。郁文、廖冰、陈宜瑜、贾兰坡、杨遵仪、孙殿卿、程裕祺、王鸿祯、刘东生、郝怡纯、韩德馨等院所领导、地质古生物学界专家及杨钟健先生的亲属和生前好友100多人出席了纪念会。古脊椎所所长邱铸鼎介绍了杨钟健教授的生平业绩。会上举办了“杨钟健教授百年诞辰生平图片展”，还分发了杨钟健先生次子杨新孝撰写的《杨钟健教授与美国科学家学术交流简史》小册子。

▲ 1997年6月1日，参加纪念会的杨钟健先生亲属在纪念会场外的中国古动物馆门前合影。从左到右为：张雪梅、杨大同、杨新孝、张焕丽、杨大千、任葆薏、董楚翘。

“杨钟健先生百年诞辰纪念会暨中国古脊椎动物学会学术年会”被《科技日报》等多家科技领域的报纸报道。海洋出版社还将纪念会上宣读的学术论文汇成专辑《演化的实证——纪念杨钟健教授百年诞辰论文集》出版。

1997 年 6 月 4 日，杨钟健先生的家人和同事们在周口店杨老墓前献上花篮，纪念杨老诞辰 100 周年。

▲ 古脊椎所领导叶捷（右一）、邱铸鼎（右二）、董军社（左六）和杨钟健家人在杨老墓前。

▲ 杨老家人和参加纪念杨老诞辰 100 周年活动的古脊椎所等单位的杨老同事与弟子在周口店遗址博物馆门前合影。

陕西华县的杨氏墓园初建于民国时期，墓碑于1966年遭到破坏。1990年5月，陕西省华县县委决定修复杨松轩先生陵园，并在陵园内增立杨钟健先生纪念碑。新修复的杨松轩陵园坐落在华县少华乡龙潭堡村北，整个陵园以杨松轩先生墓为中心，四周对称、整齐地排列着36块石碑。其中众多碑文出自蔡元培、李大钊、张伯苓、于右任等名人之手，被誉为“陕东新碑林”。2001年1月15日，在杨钟健逝世22周年之际，由古脊椎所、北京自然博物馆立石的“杨钟健先生纪念碑”基体终告完成。

杨钟健院士的纪念碑为3米长、2米高的横卧式石碑。碑文由杨钟健院士的弟子、中国黄土研究泰斗刘东生先生撰写。将近1200字的碑文由91岁高龄的任秉钧先生书丹。任秉钧先生出身教育模范世家，是我国著名书画家，也是杨钟健先生的亲家，杨钟健儿媳任葆薏的父亲。任老先生在女儿任葆薏的搀扶下，将全部心血倾注于一字一句之中，终于在2001年初完成了“杨钟健先生纪念碑”碑文的书写。2002年4月18日，陕西华县举行了“陕西华县松轩墓园修复暨杨钟健先生纪念碑揭碑典礼”。

1938—1939年，杨钟健先生和卞美年、王存义等人在云南禄丰大洼山发掘出中国第一具完整的恐龙化石标本——“许氏禄丰龙”。在随后的

▲ 2001年，在杨钟健故乡华县举行了“杨钟健先生纪念碑”基体落成典礼。

▲ 中国科学院副院长丁仲礼院士为“杨松轩杨钟健纪念园”题字。

杨钟健先生字克强著名地质学家古生物学家教育家博物馆学家和社会活动家一八九七年六月一日诞生于陕西省华县一九一六年毕业于省立第三中学一九二三年毕业于北京大学地质系同年赴德国慕尼黑大学攻读古脊椎动物学一九二七年毕业获博士学位一九二八年回国一生献身于科学与教育事业一九七九年一月十五日病逝于北京时任中国科学院古脊椎动物与古人类研究所所长北京自然博物馆馆长先生自幼年走出少华山脚下龙潭堡以来的半个多世纪里开辟了中国地质学与古脊椎动物学许多新领域共出版论文和专著五百余种经他研究鉴定为古生物学科学上新物种如周口店的肿骨鹿新疆的天山龙云南的禄丰龙卞氏兽四川的马门溪龙山东的青岛龙等有二百多种这些新发现促进人类对自然界生物演化的认识激起人们探索与发现自然的热情他的肖像被悬挂于著名的伦敦英国自然博物馆展厅中以表彰他对古生物学的卓越贡献先生研究古生物学与地质学互为印证开辟中国大陆地质史的剖析早期自周口店北京直立人遗址发掘开始对华北新生代地质和古哺乳类的演化进行了探讨三十年代侧重爬行动物分析对西北地区中生代古地理有革命意义的研究四十年代研究禄丰动物群为西南中生代研究奠立基础五十年代研究山东白垩纪恐龙群六十年代致力于山西三叠纪等研究进入七十年代于一九七八年以“八十不老”的精神登庐山与青年共探第四纪冰川之奥秘先生足迹遍及祖国各地兼及欧美诸国学术交游广阔其研究范围涉及地学许多领域亦包括人类学考古学诸相关学科源远流长博大精深实为地质古生物学界一代宗师先生于一九五六年加入中国共产党他认科学事业的发展为自己的天职呕心沥血培育新人使中国古脊椎动物与古人类学的研究在世界上占有重要的地位实现了国家的希望实现了自己青年时期的理想这是他自幼受家庭和松轩公革新思想的教育青年时代得良师益友李大钊刘天章邓中夏恽代英毛泽东许德珩等革命思想的熏陶实际参加爱国社会活动结出的科学之果先生一生致力于教育与科学普及曾在北京大学北京师范大学西南联合大学重庆大学等校授课并出任西北大学校长先生长于组织和及时总结举凡其考察工作所见所闻等多以时论游记诗词展览等形式传达给群众他首创中国第一个地质研究会首建世界上第一个古脊椎动物研究所于中国他是中国自然博物馆事业的积极推动者组织者和领导者参加筹建了北京自然博物馆他是我国第一代近代自然科学家集东方文化与西方科学于一身开辟了中国近代科学史上光辉的一页不愧为是一位真正的大科学家先生于一九四八年被选为中央研究院院士一九五五年被选为中国科学院生物地学部学部委员（院士）他还是莫斯科自然博物工作者协会美国古脊椎动物学会英国林耐学会等国外会员由于他在社会活动中的功绩被连续推举为第一至第五届全国人民代表大会代表和九三学社中央委员会常务委员

弟子 中国科学院院士中国地质与地球物理研究所研究员 刘东生敬撰
姻弟 全国优秀教育世家天津海河中学教师年方九十一岁 任秉钧书丹

▲ 杨钟健先生纪念碑碑文。

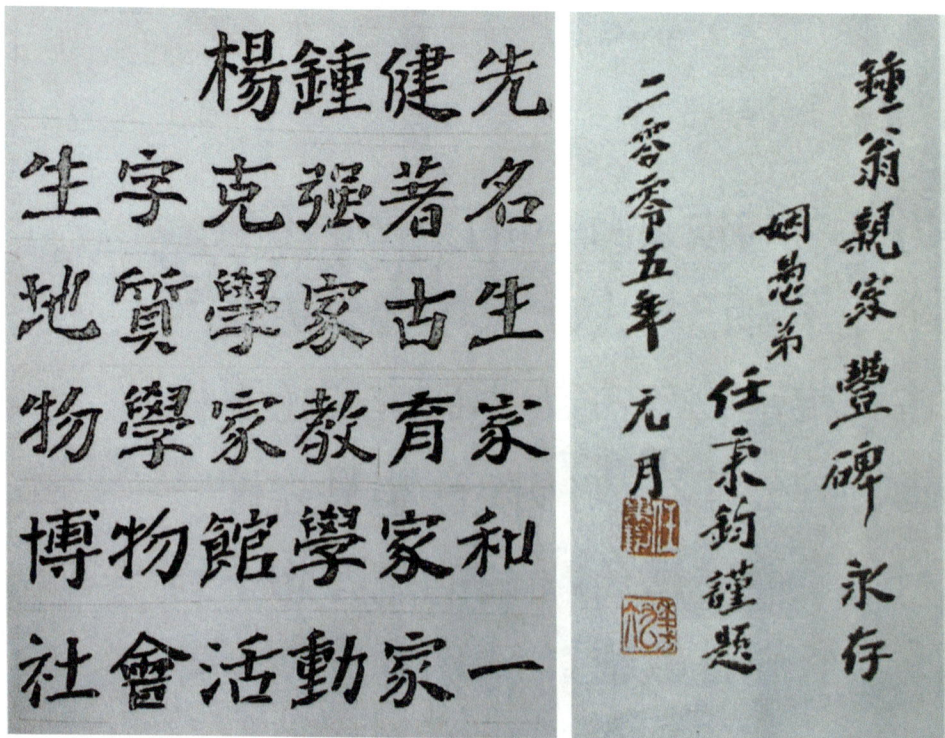

楊鍾健先
生字克强著名
地質學家古生
物學家教育家
博物館學家和
社會活動家一

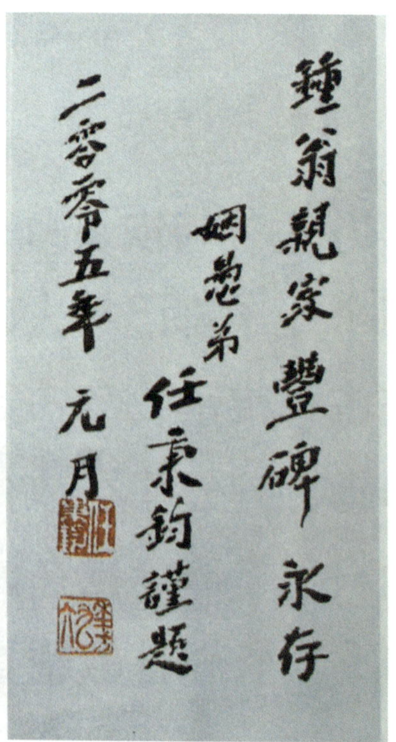

▲ 任秉钧先生是杨钟健先生的亲家，儿媳任葆薏之父。2001 年，任老先生以 91 岁高龄完成碑文的书写。2005 年，任老先生又特意题字留存。

▲ 云南禄丰恐龙出土地点上竖起的杨钟健先生塑像。

60 多年中，中外古生物学家不断到禄丰进行考察、发掘，在下禄丰组层位中发现了超过 38 种的古脊椎动物，建立起更为完整的禄丰蜥龙动物群，使禄丰盆地在国际古生物学上占有一席之地。

1997 年，云南禄丰在禄丰恐龙的出土地点为杨钟健先生竖起塑像。1998 年，杨钟健先生的弟子董枝明教授从自己所获的科研成果奖金中，用数万元在禄丰大洼恐龙山上为恩师立石怀念。刘东生先生于 2001 年清明完成了碑文的撰写。

这里是在抗日烽火中，中国科学院院士、世界著名地质古生物学家杨钟健和卞美年、王存义等发掘过的，举世闻名的禄丰恐龙动物群的化石产地。这是禄丰人民的骄傲，更是中国人民的骄傲。杨钟健先生（1897－1979）陕西华县人，1923年毕业于北京大学地质系，是我国第一代地质古生物学家。他足迹遍全国，禄丰是他最怀念的地方，恐龙是他最热爱的学科。他桃李满天下，人民大众是他最关心的朋友。他从1928年主持周口店猿人发掘起到1979年逝世前赴庐山考察冰川遗迹的五十二年中，研究未断、著述不辍，为中国的科学事业贡献了自己的一生。

受业 刘东生 敬撰

2001年4月清明日

▲ 刘东生先生为恩师杨钟健撰写的碑文。

禄丰是迄今世界上出土恐龙化石最丰富、最完整的地区之一。2008 年，在禄丰恐龙化石埋藏遗址建成了世界恐龙谷主题公园。

2002年10月，西北大学为杨钟健等四名老校长树立雕塑。杨钟健曾于1948年至1949年初任西北大学校长。一起树立塑像的其他三位校长为物理学家岳劼恒、历史学家侯外庐和地质学家张伯声。他们都是享誉全国的学者和教育家，为西北大学的发展立下汗马功劳。杨钟健还曾多次到西北大学视察并指导那里的古生物研究工作。

▲ 西北大学太白校区的杨钟健塑像。

▲ 西北大学为4位老校长塑像的纪念邮票。

1949年10月，在战乱中失落12年的《剖面的剖面》原稿失而复得。1973年，杨钟健在原稿失而复得23年后，写信给古生物界同行求助，希望能通过压缩工本使文稿出版。李传夔教授回忆道：“可能由于杨老工作繁忙，《剖面的剖面》又搁置了23年，直到1973年，杨老已经是76岁的暮年，在当时极度困难、混乱的情况下，老人家想了却这桩心愿，不得已又求助于古生物界同仁。求人信函读来让人心酸：‘1. 用纸可以次一些；2. 印的份数可否压缩到300份或400份，这样可以省些纸和装订等工本；3. 插图和图版如价太昂可以去掉。总之，我希望每本能压到3毛左右到5、6毛，万一不行至多8毛。’当然，在那个好事难成的时代，书是出不了的。”

直到杨老去世30年后，2008年，科学出版社出版了《剖面的剖面》

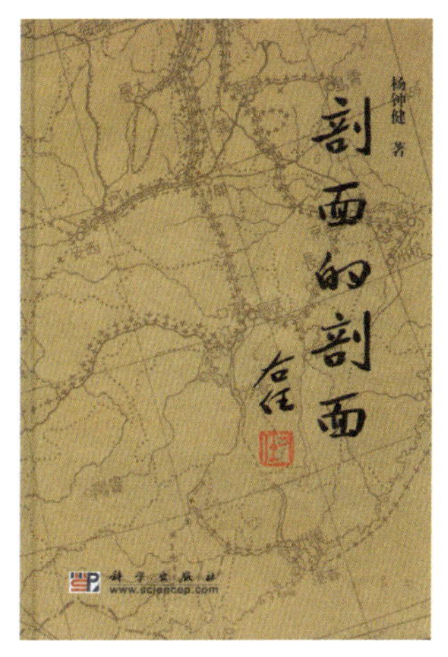

▲《剖面的剖面》封面。

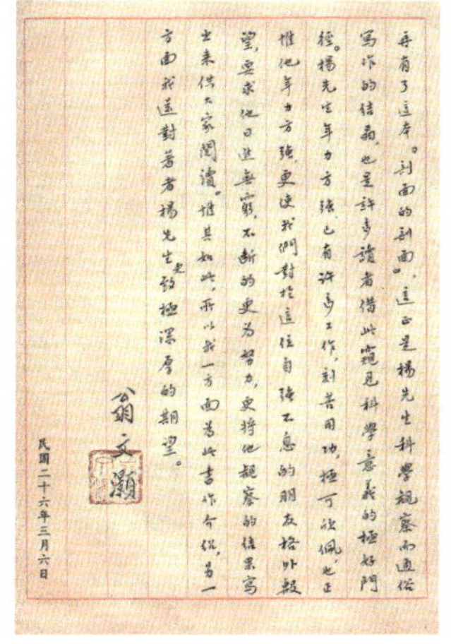
年有了这本“剖面的剖面”，这正是杨先生科学观察而通俗写作的结晶，也是许多读者借此窥见科学意义的极好门径。杨先生年力方强，已有许多工作，刻苦用功，极可钦佩，也正惟他年力方强，更使我们对于这位自强不息的朋友格外抱望，要求他日进无穷，不断的更为努力，更将他观察的结果写出来供大家阅读。惟其如此，所以我一方面为此书作介绍，另一方面我还对著者杨先生更致极深厚的期望。

翁文灏

民国二十六年三月六日

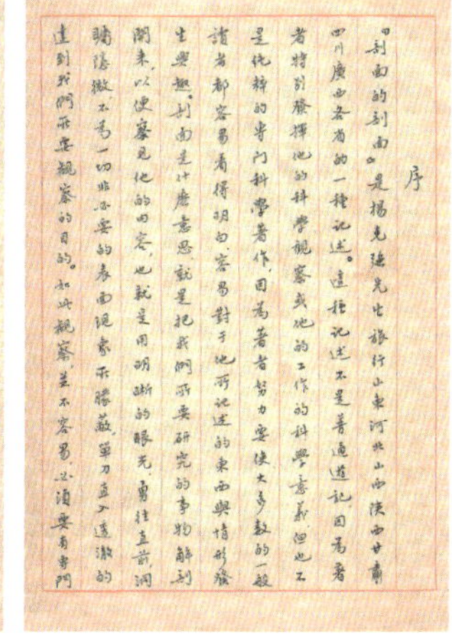
序

“剖面的剖面”是杨克强先生旅行山东河北山西陕西甘肃四川广西各省的一种记述。这种记述不是普通游记，因为著者特别发挥他的科学观察或他的工作的科学意义，但也不是纯粹的专门科学著作，因为著者努力要使大多数的一般读者都容易看得明白，容易对于他所记述的东西与情形发生兴趣。剖面是什么意思，就是把我们所要研究的事物解剖开来，以便察见他的内容，也就是用明晰的眼光，勇往直前，洞瞩隐微，不为一切非必要的表面现象所朦蔽，单刀直入，透澈的达到我们所要观察的目的。如此观察，并不容易，必须要有专门

▲ 翁文灏 1936 年为《剖面的剖面》所作序言的首页和末页。

一书，了却了杨老多年来的一桩心愿。

2009 年，古脊椎所、北京自然博物馆和西北大学联合举办了纪念杨钟健院士逝世 30 周年座谈会。为纪念杨钟健院士逝世 30 周年，西安出版社于 2008 年 12 月出版了《中国古脊椎动物学的奠基人——记杰出的地质古生物学家杨钟健》一书。2009 年 1 月，《化石》杂志也出版了纪念杨钟健院士逝世 30 周年的专辑。

2017 年 6 月 1 日，杨钟健院士诞辰 120 周年系列纪念活动由九三学社北京市委、中科院古脊椎所、中国古脊椎动物学会和莱阳市人民政府联合举办。全国政协副主席、九三学社中央主席韩启德出席会议并讲话。来自中国科学院、中国社科院、北京大学、西北大学、北京自然博物馆、重庆自然博物馆、中国古脊椎动物学会等单位的专家学者，以及杨钟健亲属等近 200 人出席在京纪念活动。中科院副院长、中国科学院大学校长丁仲礼，中科院古脊椎所所长周忠和，西北大学副校长张云翔，北京自然博物馆馆长孟庆金，杨钟健之孙杨大同，等等，在会上先后发言。同一天，山东省莱阳市人民政府在杨钟健院士发现和研究命名的新中国第一具恐龙骨架化石——棘鼻青岛龙化石产地莱阳白垩纪国家地质公园同步举办纪念会。

同年，由科学出版社出版的《奠基伟业　传奇一生——杨钟健院士年谱及纪念图集》也与读者见面了。这本书是由于小波、陈平富、任葆薏共同编辑的，参照、整理了杨老生前珍藏的大批书信、日记、著述与照片，同时也参考了很多回顾杨老生平的追念文章、年谱等资料，激励读者缅怀杨老追求真理、追求科学、自强不息、刻苦钻研的治学精神和高尚情怀，把对杨老的追思与怀念，变成促进中国科学事业发展、推动中国现代化进程的能量源泉。

2019 年，海洋出版社出版《杨钟健诗文选集》。该选集收入了杨钟健院士在不同时期撰写的诗作。杨钟健先生在他一生中除了写下数百篇科学论文以外，还写下了 2000 多首诗词。杨钟健先生是五四运动的积极参加者，他经历了我国历史上从封建社会到社会主义变革的各个时期。杨钟健先生时常把祖国的前途、人民的疾苦挂在心上，写下这些富有时代特色和探索精神的诗词。这些珍贵的诗文，记录下杨钟健生活的年代岁月，记录下他的喜怒哀乐，记录下他对所见所闻的思考。这本诗文选集让读者从诗歌中感受到杨钟健先生所经历的场景，体会到他内心深处的情感。

▲ 地质古生物学大师、中国古脊椎动物学奠基人杨钟健院士（1897—1979）。

2021 年，三联书店将杨老一生所作的七部游记，重新组合成三套游记出版。第一套包括《去国的悲哀》（1929 年）

和《西北的剖面》(1932 年)。第二套包括《剖面的剖面》(1937 年完稿)和《抗战中看河山》(1944 年)。第三套包括《新眼界》(1947 年)、《国外印象记》(1948 年)和《访苏两月记》(1957 年)。这些游记记录了杨老一生中重要的学习、考察和科研经历。这些游记，既是杨老个人的历史，也是古脊椎动物学的学科发展史，也是中国近现代史的缩影。这些游记，让读者有机会遥望杨老走过的风雨年代，进而在今天获得知识和情怀的给养。

为了铭记杨老对中国早期科学事业的贡献，古脊椎所曾在北京动物园内的陆谟克堂所史展厅中设置了“杨钟健纪念展室”。杨钟健纪念展室于 2015 年 9 月 11 日揭幕开展。展室内树立着杨老半身塑像，塑像后是翁文灏、丁文江、步达生、德日进、魏敦瑞、裴文中等中外奠基人的照片和简介。

◀ 杨钟健纪念展室内的杨老塑像及翁文灏、丁文江、步达生、德日进、魏敦瑞、裴文中等中外奠基人的照片和简介。

2021年12月2日，中科院古脊椎所举办“北京人”头盖骨发现92周年庆祝活动。同一天，古脊椎所主园区内的中国古动物馆完成升级改造重新开馆。古脊椎所原来在动物园陆谟克堂内的所史馆和杨钟健先生纪念展室，迁到中国古动物馆内成为一个专门展厅，对社会公众开放。新开放的杨钟健纪念展室门楣上，悬挂着“记骨室”的题字。纪念室内复原了杨钟健先生生前的办公环境，展板上介绍了杨钟健先生一生为中国古生物学作出的贡献，展柜里陈列了杨钟健先生野外工作时挖掘化石所用的工具、日常工作记录手稿及荣誉证书等。作为弘扬科学家精神和科学传播的重要平台，新扩建的所史馆和杨钟健纪念展室，从多方位呈现了中国古脊椎动物与古人类学的发展历程和杨老为发展中国古脊椎动物学的奋斗经历，让观众睹物思人、缅怀先贤。在庆祝活动中，中科院和研究所的领导及科研人员作了传承和弘扬老一辈科学家精神的讲话。杨钟健先生的家属代表参加了活动并向杨钟健纪念展室献花。纪念活动上还同时发布了中国科学院出品的电影片《科技脊梁：杨钟健》。

▲ 杨钟健先生的家属代表在新迁的杨钟健纪念展室内合影。从左到右依次为杨钟健先生的曾孙杨斯涵、孙媳张焕丽、儿媳任葆薏和孙子杨大同。

杨钟健院士为科学救国、奉献社会而奔波一世，为开拓、兴旺中国古脊椎动物学而奋斗终生。他数十年如一日努力奋斗，分秒必争，实现了自己年轻时的全部理想。他走过的传奇一生，像一部动人的乐章，激荡在世人心间。他开创的宏伟事业，像一座不朽的丰碑，屹立在世界的东方，令世人瞩目景仰。

如今，杨钟健院士安息在举世闻名的“北京人”故乡，安息在周口店猿人遗址的“科学家纪念园”内。多少往事，犹如昨日；多少记忆，犹在眼前。杨钟健院士依然活着——他活在世人的心间。

编后记

国际地质古生物学大师杨钟健院士是中国古脊椎动物学奠基人，也是中国科学出版事业和博物馆事业的功勋元老。中国科学院古脊椎动物与古人类研究所的前身是 1929 年 4 月于北京成立的中央地质调查所新生代研究室。在纪念中国科学院古脊椎动物与古人类研究所创建 95 周年之际，《杨钟健画传》与读者见面了。作为本书的编者，我们为能有机会与读者分享对杨钟健院士的缅怀与敬仰，感到欣喜、荣幸。

我们编写《杨钟健画传》的初衷，是要向读者、向后人、向有志从事科学研究的年轻人，真实地呈现杨钟健院士（以下敬称“杨老”）在逆境中图发展、以毕生精力推动中国古脊椎动物学从无到有、发展壮大的奋斗历程，呈现杨老皓首穷经、执着追梦而又胸襟坦诚的大师精神。

杨老和与他同辈的地质古生物界先驱们，用他们崇高的学术造诣和毕生的奉献精神，为“科学救国、科学报国”的初衷作了最感人、最具体的诠释。他们走过的辉煌而又艰辛的历程，与中国探求现代化的漫长之路遥相呼应。他们用双脚踏遍中国大地的山山水水，他们用双手抚摸中国大地的一石一土，他们把对中国大地的钟爱变成探索地球与生命历史的科学过程。在社会变革的风风雨雨中，杨老等学科前辈们用行动写下的历史篇章与心路历程，是了解中国现代科学发展史的珍贵遗产，是前辈们为中国、为后代留下的历史宝藏。

杨老从少年求学时期保存的大量照片、信函、日记等，让作者得以通过本书记录、追忆中国古脊椎动物学奠基人的成长过程，追忆杨老一代科学巨匠筚路蓝缕、艰辛创业的感人史诗，进而让后人、让所有有志献身科学的年轻一代，感受历史的召唤、体验时代的职责。我们也希望，本书能让读者中的年轻朋友听到历史的呼唤、感受科学前辈们彼时彼处的情怀与志向。

本书基于迄今最为全面的原始资料，将杨老一生的传奇经历，置于中国 20 世纪重大历史变革的框架中。本书的三位作者，近 10 年来耙梳、整理了杨老及杨老家人珍藏的大批照片、书信、日记、著述等原始资料，同时参考了众多回顾杨老的追思文章、年谱、文集等已经出版的资料，包括杨老夫人王国桢所作“忆往事”、杨老次子杨新孝所作《回忆父亲二三事》《杨钟健与美国科学家的学术交流活动》等文，借以梳理杨老在不同历史时期所参与的各种活动细节，确定不同事件的可靠日期、地点与相关背景。本书收纳的原始图文资料，都经过编者的严谨对比、考证。这不仅是我们今天纪念杨老、启迪后人的宝贵资料，更是为研究中国古脊椎动物学发展史、研究整个中国近代科学史乃至研究 20 世纪早期中国社会变革的珍贵财富。我们期待，本书能激励广大读者把对老一辈科学家的追思与怀念，转变成巨大的凝聚力与推动力，成为促进中国科学事业发展、推动中国现代化进程的能量源泉。

作为编者，我们感谢杨老及杨老家人为我们留下珍贵的历史资料，感谢古脊椎所前所长周忠和院士、所长邓涛博士等各位领导、师长和各有关部门在编写过程中给予的大力帮助与支持。张弥曼院士在百忙之中抽出时间，帮助鉴定照片人物和场景，并专门联系俄罗斯科学院古生物研究所米沙·史识金教授，逐一辨认、标示照片中访华的苏联古生物代表团成员。周忠和院士对编写过程予以持久的关注与鼓励，并为本书作序。邱占祥院士、邱铸鼎研究员、李传夔研究员（已故）、朱敏院士、徐星院士及王原博士、苗德岁博士、王晓鸣博士、尤海鲁博士等都对本书编写予以关注并提供有益的信息。我们感谢古脊椎所科技处、综合处、行政处、图书馆、资料档案室各位主管、同仁们提供的具体支持与帮助。我们感谢负责本书出版、编辑的中国科学技术出版社邓涵文博士，感谢出版人员精心完成设计、印刷本书的繁重工作。三联出版社的曹明明女士也曾对本书的编写提供无私的咨询与建议。我们特别感谢美国加州大学古生物博物馆、加拿大多伦多大学档案馆、美国新墨西哥州自然历史和科学博物馆卢卡斯（S. Lucas）博士、希尔卡·巴尔博（S. Barbour）女士等提供有关照片或资料。美国福特汉姆大学沈德容（G. Shen）博士、布朗大学里佩尔（L. Rippel）博士、肯恩大学格朗沃尔德（S. Gronewald）博士、孔旭荣博士和雷加尔（B. Regal）博士对本书撰写和相关研究提供有益的帮助，中科院南京地质古生物研究所戎嘉余院士为辨识中国古生物学会第一届全国代表大会的人员提供宝贵的信息，美国堪萨斯大学苗德岁博士审阅本书文稿并提供各种帮助，我们在此一并致谢。由于时间仓促，本书截稿时未能查清全部照片的原始拍摄者，因而决定一律不标明摄影者姓名。编者对于无法逐一致谢的原始拍摄者、对于其他可能疏漏的人士，在此一并致谢并表示歉意。在编写过程中，我们不仅感到历史的厚重，也感到自身资历、水平与研究力度的不足。本书疏漏、错误之处，敬请各界读者批评、指正。

于小波、陈平富、任葆薏
2024 年 2 月

作者简介

于小波教授，美国耶鲁大学生物学博士伦敦林奈学会会员，现任美国新泽西州肯恩大学生物学教授、中国科学院古脊椎动物与古人类研究所客座研究员。

陈平富博士，美国堪萨斯大学生态学和进化生物学博士，曾任古脊椎所信息管理中心主任，现任古脊椎所纪检审办公室主任。

任葆薏，古脊椎所副研究馆员、杨老次子杨新孝先生之妻。